中央财政支持高等职业学校提升专业服务能力项目成果教材

农产品经纪人基础知识与实务

杜一馨　主编

中国农业大学出版社
· 北京 ·

内容简介

本书为高职高专农业经济管理、农林经济管理及涉农专业相关课程的教科书。本书采用项目化的编写体系，将农产品经纪人基础知识与实务的主要内容分为8个项目，每个项目由若干个任务组成，突出实用性。按照高职高专人才培养目标要求，每个任务中包括案例、知识要点链接、核心技能点、实训活动、阅读资料等内容。特别是每个项目以"项目设置背景"、"引导案例"开篇，为学生在开始本项目学习前，先"身临其境"地了解项目的相关内容，为学生更好地完成后续的学习和实践任务打下基础。全书力求在内容上，系统全面；在体例上，围绕主题，突出案例；在选材上，务求实用；在表述上，通俗易懂。

本书可供高职高专相关专业学生使用，也可作为农产品经纪人的培训教材，或作为从事农产品经纪业务工作人员的学习参考书。

图书在版编目(CIP)数据

农产品经纪人基础知识与实务/杜一馨主编. —北京：中国农业大学出版社，2014.1(2022.3重印)

ISBN 978-7-5655-0879-0

Ⅰ.①农… Ⅱ.①杜… Ⅲ.①农产品-经纪人-基础知识 Ⅳ.①F323.7

中国版本图书馆CIP数据核字(2013)第319038号

书　　名 农产品经纪人基础知识与实务
作　　者 杜一馨　主编

策划编辑 康昊婷　姚慧敏　伍　斌　　**责任编辑** 韩元凤
封面设计 郑　川　　**责任校对** 陈　莹　王晓凤
出版发行 中国农业大学出版社
社　　址 北京市海淀区圆明园西路2号　　**邮政编码** 100193
电　　话 发行部 010-62818525,8625　　读者服务部 010-62732336
编辑部 010-62732617,2618　　出　版　部 010-62733440
网　　址 http://www.cau.edu.cn/caup　　**e-mail** cbsszs@cau.edu.cn
经　　销 新华书店
印　　刷 北京溢漾印刷有限公司
版　　次 2014年3月第1版　2022年3月第2次印刷
规　　格 787×1 092　16开本　15.75印张　388千字
定　　价 41.00元

图书如有质量问题本社发行部负责调换

编写人员

主　编　杜一馨

副主编　仝彦丽
　　　　　车红莉

前　言

在我国市场经济的舞台上，已经成长起来的农产品经纪人，成为农户与商户建立市场关系的桥梁。他们努力开发地区农业资源，建立产地交易市场，积极与经销商建立合作关系，将本地区的农产品推向全国乃至世界市场。他们在搞活农产品市场、提高农民的收入、发展农村经济等方面发挥了重要的作用。

进入21世纪，农村经济进入了一个崭新的阶段，因此对农产品经纪人也提出了更高的要求，本教材就是根据这一需要编写的。教材结合我国农产品经纪业务特点，参考了农产品经纪人国家职业资格鉴定标准的内容，为高职高专学生了解和掌握农产品经纪业务的基础知识和技能提供支持和帮助。本教材也可作为有志于从事农产品经纪人工作的各界人士的自学用书以及农产品经纪人的培训教材。

本教材本着理论够用、强化应用、培养技能的原则，采用项目化的编写体系突出实用性。设计了8个项目，内容包括：农产品经纪人概述；农产品市场信息的调查与分析；农产品经纪人与客户交易技巧；农产品网络营销技巧；农产品市场营销技巧；农产品经纪人应具备的相关法律知识；农产品经纪人应具备的经营管理知识；农产品经纪人应具备的物流知识。每个项目及项目下的任务都有案例引导，每个任务学习结束后，均有提高学生综合应用能力的课外实践实训活动设计，以巩固所学知识，边学边用，以达到理解和掌握知识的目的。本教材由杜一馨担任主编，负责总体架构设计及后期文字加工和定稿。仝彦丽、车红莉担任副主编。具体编写分工为：项目一、项目二、项目五、项目六、项目七、项目八由杜一馨编写；项目三由车红莉编写；项目四由仝彦丽编写。

本教材在编写过程中得到了北京农业职业学院教务处领导的大力支持，得到了中国农业大学出版社领导和同志们的悉心指导和帮助，参阅了许多专家、学者的相关专著、教材、论文及实践素材，还有来自农村经营管理一线的工作者和农产品经纪人也为本书的编写提出了宝贵的意见和建议，在此特向这些领导、作者及朋友们表示诚挚的谢意！

由于编者水平所限，书中难免存在不完善的地方，甚至疏漏和错误，敬请读者批评指正，以便使我们对有关农产品经纪人理论和实践的认识不断加深和提高，共同为农村经济发展贡献力量。

编　者

2013年9月

目　录

项目一　农产品经纪人概述

◈ 项目设置背景

农产品经纪人的出现是农业市场化的必然产物，是农民闯市场的主力和“红娘”。农产品经纪人在沟通消费需求与生产供给、推进农业产业结构调整、促进农民增收致富方面起着重要作用。农产品经纪人作为一个正式的职业纳入国家的职业大典，并制定了相应的职业标准，明确了农产品经纪人是指从事农产品收购、储运、销售以及销售代理、信息传递、服务等中介活动而获取佣金或利润的经纪组织和个人。农产品经纪人作为一个正在成长和壮大的新的职业群体，需要掌握必备的专业知识和具备相应的职业素质。通过本项目学习，使学生了解农产品经纪人的职业特点，强化学习者的经纪意识和服务理念，掌握经纪活动的基本知识和技能，学会利用经纪活动服务“三农”，繁荣农村经济，培养造就一批懂市场、会经纪、能谈判、善管理、有引导和带动作用的现代农产品经纪人队伍。希望有更多的人加入到这个群体中，共同为促进我国农产品流通发挥积极的作用。

◈ 引导案例

农产品经纪人带农致富

“以前虽丰收，但销路、价格不佳。现在咱自己有了经纪人，再也不用为产品销售发愁了，只管专心搞生产就行了。”2006 年以来，抚顺市实施农产品经纪人工程，通过普遍培训、定向培养等形式，把 3 000 多名农民、致富骨干培养成改变传统农业产销方式、促进农民增收的“头雁”。农产品经纪人一头连市场、一头连农户，穿梭于城乡之间，成为农户与市场衔接的桥梁和纽带。

活跃在抚顺城乡的农产品经纪人，在带领农民闯市场、搞活农产品流通、助农增收方面发挥了重要作用，农民们都亲切地称他们是“致富路上的头雁”。随着市场化进程的加快，农产品经纪人在农产品收购、物流、加工、销售、劳务、餐饮等领域，对搞活农村经济发挥了不可替代的作用。培养农产品经纪人，对于提高农民市场经济意识、促进农产品流通和解决农民“买难卖难”，帮助农民增收致富具有重要意义。

从 2006 年开始，抚顺市每年举办一期农产品经纪人培训班，专门请来沈阳农业大学、抚顺农业特产学校等科研院校的专家授课。培训的内容涉及农产品经纪人职业道德、基础知识和专业知识、市场信息采集与分析、产品鉴别及等级评定、农产品储运、合同法等。学员们学以致用，尝试用新方法养殖家禽牲畜、用新技术种植经济作物、用新思维经营农产品。清原满族自治县英额门镇椽子沟村党支部书记徐等一运用所学知识在大地上种植中草药获得成功，许多村民表示要跟他学习种植中草药。徐等一和 460 户村民办起药材合作社，种植龙胆草等药材 5 000 多亩，由他包销，有 100 多户村民年收入超过 10 万元。在农产品经纪人的示范作用下，全市农民改变观念，涌现出香菇村、花卉村、药材村、草莓村、樱桃村等，全市农村产业结构、产品结构迅速得到优化。

改编于辽宁日报　2012-08-31

任务一　农产品经纪人的职业特点

◈ 案例

农产品经纪人成为农业产业结构调整新引擎

走进云南省双江自治县忙糯乡小坝子村黄河组，随处可见村民们在地里采收蔬菜，拖拉机在山路上来回穿行。每天，这里都要出产2吨"精品早秋王"包菜，运到千里之外的大市场。农业产业结构调整使这个曾经寂静的高寒贫困村寨变成了车水马龙的"绿色"蔬菜基地。

黄河组有24户人家，距离双江县城32公里，距离忙糯乡政府15公里，海拔2 150米，10年前这里人均收入不足1 000元，"种稻种出稻草秆，包谷种得癞痢头"这是黄河组当时的真实写照。穷则思变，多年来，黄河组村民一直在尝试农业产业结构调整，但因找不到合适的市场，新兴产业形不成规模，仍然改变不了农产品零星销售、价格低的现状。如今，黄河组的村民靠蔬菜产业致富了，家家户户都买了运输车、摩托车，盖起了漂亮的新居，过上了幸福的生活。说到村里的变化，村民们都说多亏有了"红娘"的牵线搭桥。

村民所说的"红娘"就是农产品经纪人，他们从事农产品销售的中介服务，是促使生产者和消费者"联姻"的"红娘"，他们为农民群众找到了大市场。有了市场，黄河组村民大胆调整产业结构，放弃种稻谷、种玉米，改种蔬菜。

这些活跃在农村的农产品经纪人，将一家一户的小生产与市场连接起来，起到很好的沟通、中介作用。在他们的推动下，忙糯乡小坝子村农业产业结构调整的步伐明显加快，形成以蔬菜种植和销售为主的专业村，有效地促进了区域经济的发展，农产品经纪人已成为农业产业结构调整的新引擎。

改编于云南农业信息网　2011-07-19

安顺市政府加强农产品经纪人队伍建设

在安顺市镇宁自治县，农产品经纪人一般采用"企业＋经纪人＋农户"的模式从事经纪活动。一个经纪人联系并引导着若干个农户的生产活动，少的几户，多的达百户、千户。如果按照一个经纪人牵手10户农民，每户农民有2～3个劳动力来估算，镇宁有3 500名农产品经纪人不仅自行解决了就业问题，还促进了上万农民的就业。

目前安顺市农产品经纪人主要发展模式有：个体经营、松散型合作经营、农产品经纪人协会以及具备一定农产品经纪人性质的农村专业合作经济组织。安顺市农村经纪人发展个体经营、松散型合作经营占了大多数，而农村经纪人协会、具备一定农村经纪人性质的农村专业合作经济组织发展还比较滞后，这不利于农村经济的发展。针对农村经纪人发展中面临的困难和问题，安顺市工商、民政、金融、税务等部门联合出台了农村经纪人有关扶持措施，进一步明确农村经纪人协会性质、宗旨、任务。对经批准的农村经纪人协会，工商部门在注册登记上给予支持，并明确其独立的法人地位，税务部门在所得税等方面给予减免，对评级后信用良好的农村经纪人给予必要的信贷支持。同时，安顺市正积极通过相关现代信息手段，加大对农村经纪人及协会对促进农村经济发展、农业产业结构调整和增加农民收入等方面所起到积极作用的宣传，形成全社会关心、支持农村经纪人发展的良好氛围。

改编于新华网　2011-06-23

◈ 知识要点链接

一、农产品经纪人的概念和作用

农产品作为主要依靠自然周期而生产的产品，无论是作为城乡居民直接端上餐桌的日常消费品，还是工业品的原材料，抑或加工食品，都需要经过大的流通过程。在由生产地到消费地的转移过程中，除了少部分由生产者直接卖给消费者(含加工业者)外，基本都要经过农产品经纪人的活动才得以实现。可以说，是农业文明催生了商品交换，有了商品交换，又孕育了农产品经纪人，从这个意义上讲，农产品经纪人是一个既古老又年轻的职业。

(一)什么是农产品经纪人

经纪人的种类很多，按组织形式划分，经纪人可以分为：个体经纪人、合伙经纪人、公司制经纪人；按经纪的商品划分，可以分为：一般商品经纪人、产权经纪人、证券经纪人、保险经纪人、体育经纪人、期货经纪人、文化经纪人和交通运输经纪人等。

农产品经纪人是指从事农产品收购、储运、销售以及销售代理、信息传递、服务等中介活动而获取佣金或利润的经纪组织和个人。农产品经纪人作为从事农产品收购、储运、销售等市场中介服务的职业群体，是把农业生产与市场需求紧密连接起来的桥梁和纽带，对于提高农民进入市场的组织化程度，解决农产品“卖难和买贵”问题，促进现代农业发展，推动农村经济结构调整，帮助农民增收致富，提升我国农业参与国际合作和竞争的能力与水平等都有着十分重要的作用。

(二)农产品经纪人的特征与类型

1. 农产品经纪人的特征

(1)农产品经纪人以收取佣金为目的。农产品经纪人提供经纪服务，其最终目的是在交易成功后向委托人收取相应的费用作为酬劳，以求得自身的持续发展。

(2)农产品经纪人为促成他人交易而提供服务。农产品经纪人提供经纪服务是为促成他人之间的交易，并非是为自己完成商品交易。

(3)农产品经纪人的活动主要包括居间、行纪、代理等业务形式。居间是指农产品经纪人为交易双方提供交易信息，或作为交易媒介撮合交易成功的商业行为。行纪又称信托，是指农产品经纪人接受委托人的委托，以自己的名义与第三方进行贸易的商业活动，如代购、代销、寄卖等。代理是指农产品经纪人接受委托人委托，在受托权限内，以委托人名义与第三方进行交易，由委托人直接承担相应法律责任的商业行为。

2. 农产品经纪人的类型

由于农产品的范围较广、不同地区的经济发展水平差异较大、各地农产品经营方式和习惯不同，人们在划分农产品经纪人类型的标准很多，相应的类型也很多，归纳起来目前农产品经纪人大致有以下三种类型。

(1)销售型。主要为当地农产品找市场，把农产品销售出去，即直接从事购销业务。从事这方面业务的，绝大多数属于初入市场的。

(2)信息型。主要提供需求信息，指导农民进行生产销售，经纪人本身不从事购销活动，其收入主要来自农民的销售提成。比如，河北唐山市一部分经纪人自己开设专业网站搜集和提供蔬菜、果品等方面的供需信息，为农民的产品找到好的销路、卖出好的价格打下基础。山东金乡县大蒜信息协会就是把周围四省 7 个主产县的大蒜经纪人联合起来，分片包干，将种植面积、产量、储藏量、成交量、价格等及时汇总，很快用手机发布给农户、经营户及政府有关部门，同时从中收取一定的信息服务费。

(3)复合型。既从事农业生产，又利用自身信息优势搞销售；或者既搞加工储运业务，又从事农产品的购销业务。

(三)农产品经纪人的特殊地位与作用

由于受生产方式、知识结构和信息不对称等多方因素的制约，我国农民的市场意识普遍淡薄，农业产业化落后于工业现代化。长期以来，产品流通问题成为困惑农民的核心问题，并成为农业发展的巨大障碍，农民常常陷入生产和市场的矛盾中不能自拔，"丰产不增收"、"谷贱伤农"的情况随处可见。农产品经纪人的应运而生，为农业经济的发展注入了新的活力。

1.农产品经纪人是农产品销售的信息员

农产品经纪人由于自身的专业性和借助中介组织的优势，把握信息有很强的针对性、系统性和连续性。农产品经纪人掌握信息、了解市场，一般会根据市场的需求信息向农民提供正确的生产信息和有效的技术咨询。据了解，目前我国农产品经纪人中有很大一部分本身就是"有技术、懂经营"的规模种养者，农民到底种什么、养什么，如何提高农产品的产量和质量，如何才能销路畅通并获得高额回报，他们的种养示范就活生生地向农民提供了正确的生产信息，强化了信息传播，促进产前引导。

农产品经纪人往往经纪的品种是比较单一的农产品，所以对某种农产品供求的有关信息掌握得比较完整，而且对这种农产品供求的发展变化、价格的走向等，一般有准确的分析和判断。在从事生产经营的过程中，将各地的市场信息、技术信息、产品信息等及时向农民传递，有效地解决信息不对称问题，从而指导农民调整经济结构，避免生产的盲目性，减少农民的损失。

2.农产品经纪人是农业产业结构合理化的推进者

一方面，农产品经纪人作为生产和消费的纽带，一边连着农民的生产，一边连着市场上的需求，如何使农民的生产经营与市场需求相适应，农产品经纪人可以发挥他的桥梁作用，让二者有机地结合起来，使农业的产业结构顺应市场发展趋势而逐渐趋于合理。另一方面，农产品经纪人是促成农民与他人交易的关键联结点。农产品经纪人掌握着农产品的供求状况，担负着农产品市场变化的信息传递任务，对农业生产起着一定的引导作用，而且可以把零散的农产品集中起来进行交易，从而加快农业产业化经营。此外农产品经纪人使农户由分散购销变成集中购销，批量交易有助于农户争取有利的交易条件，如享受数量折扣、送货上门、技术服务等，可以有效地降低交易成本，简化交易关系，从而把组织的优势和农户独特的生产潜力相结合。

3. 农产品经纪人是农民致富的领路人

农产品经纪人不断将农民的产品推销出去，农民辛苦种植的农产品不再烂在田间地头，农民通过劳动生产获得的收入就能有确实的保障，使农民致富之路不再遥远，农民致富行为不再盲目。改革开放后，农村经济得到极大的发展，一大批具有专业性质的农产品基地逐渐形成。因此要把农产品推向市场，加快农产品转化为商品的速度，就需要有良好的流通渠道。农产品经纪人在这个方面可起到很好的沟通、中介作用。农产品经纪人可以把本地的农产品资源介绍给市场，把市场需求和本地生产紧密连接起来，在本地形成强大的商品优势，使资源优势能快速转化为市场优势。

农产品经纪人将农业再生产过程的产前、产中、产后诸环节联结为一个完整的产业系统，引导分散的农户小生产转变为社会化大产业，为农业形成大产业、进入大市场、获得大效益创造了条件，一个出色的农产品经纪人可以带动当地一个产业，帮助一方农民致富。

4. 农产品经纪人是农业产业化的促进者，推动了农产品加工业的发展

农业产业化是农村经济发展的必由之路，“市场＋经纪人＋农户”的模式是形成农业产业化的有效经营方式。一个经纪人往往联系着若干农民，少则几户，多则成千上万，规模优势由此产生。农产品经纪人的出现及其职能的专业化，有助于农产品加工企业专心致志于本职工作，如农产品加工企业可以和经纪组织签订长期的合同，由经纪人负责原材料的采购或产品的经销，收取一定的佣金。这对于农产品加工企业来说，可以在一定程度上节省费用，腾出精力来抓产品的开发与生产，提高专业化水平和产品竞争力，把其他职能交给经纪人去完成，这本身是一种合理的社会分工，必然会产生分工合作的乘数效应。

5. 农产品经纪人是改变农民观念的宣传员

农产品经纪人的产生发展，对农民的思维方式、行为方式和生产方式的转变起到了推动作用，农民观念的改变，又对加快农业产业化进程和“三农”问题的解决具有重要意义。

农产品经纪人依赖市场生存，必须在具体经纪活动的过程中，了解经营，学会管理，掌握市场的变化形势，同时，还必须要随时调整经营理念。无论是农产品的生产、包装，还是储运、销售等方面，农产品经纪人都必须了解到最新的符合时代要求的做法。因此，农产品经纪人往往有着较强的市场经济意识和一定的组织能力。以经纪人的行为和观念作为先导，把新的信息，好的观念带到农村，传给农民，培养和加强农民的市场意识，使农产品更快、更好地走向市场。

6. 农产品经纪人是拓宽农村劳动力就业门路的指导者

农村劳动力大量剩余，是不容忽视的问题。农产品经纪人在这方面发挥的作用主要体现在：一方面，通过邻里效应，使一批从事生产的农民分离出来，加入到农副产品流通大军中去，率先走上富裕的道路；另一方面，通过大户带小户，使农副产品营销规模不断扩大，同时创造其他需求，拉动农村运输、商饮等非农产业的发展，转化吸收大批农村剩余劳动力。对农民而言，正是由于各类农产品经纪人队伍的壮大，使他们没有销售之忧，能够根据农产品经纪人提供的市场信息，积极地发展多种经营和特种种（养）殖业，带动当地主导产业发展，增加农民的收入。

二、农产品经纪人从事的经纪活动内容

解决“三农”问题的核心就是要搞活农产品流通，实现农业生产和市场需求之间有效的衔接。农产品经纪人上连市场、下接农户，架起了农民与市场之间的桥梁，在传递市场信息、密切

产销联系、搞活农产品流通、推动农村产业结构调整、提高农民组织化程度、拓宽农民就业渠道、促进农民收入增长等方面发挥了积极的作用,成为沟通产销的重要牵线人和引导农民走向市场的带头人。农产品经纪人需要开展的工作内容多、范围广,总体来讲主要有以下几个方面。

1.为供需双方传播信息

这是经纪人的基本职能,经纪人受商品供给方或需求方的委托,带着供给方或需求方的信息去寻找相应的需求方或供给方,从中牵线搭桥,促成交易,完成经纪业务后,经纪人则收到相应的佣金。在这种活动中,经纪人只是为供求双方提供相互交流的机会,撮合双方成交。

2.代表委托人进行洽谈

经过委托人的授权,农产品经纪人可以代表委托人与交易方进行洽谈,并把洽谈进程及时向委托人通报。

3.提供交易咨询

在交易者不熟悉商务、法律等事宜时,农产品经纪人可以提供咨询,并协助办理有关交易手续。

4.草拟交易文件

农产品经纪人可以根据委托方的意愿进行经纪活动中有关文件的草拟工作。交易文件虽可由经纪人代为草拟,但必须通过协商而最终确定,并由当事人签名盖章。

5.为交易提供信誉保证

农产品经纪人的活动和职能,是交易安全的一种保障,起着经济担保的作用。这种担保不是负连带赔偿责任的担保,而是以信誉条件保证交易能够完成的契约。

三、农产品经纪人的职业资格与职业资格证书

职业资格是对要从事某职业的劳动者所必备的学识、技术和能力的基本要求。1994 年劳动部和人事部实施的国家“职业资格证书”制度,明确了职业资格包括从业资格和执业资格。职业资格证书是国家对达到职业资格规定的必备的学识、技能和能力的劳动者发给的证明,要获得职业资格证书必须经过考试、考核。国家要求所有取得“农产品经纪人职业资格”证书的从业人员必须要遵守职业道德,加强自律管理,提高思想素质和执业水平。

(一)农产品经纪人的职业资格要求

农产品经纪人作为中间商人,在农村市场中发挥着重要的作用,为了加强对经纪人的管理,国家实行了职业资格制度,经纪执业人员要经过培训、考试、审查的资格认定,合格后才能取得经纪执业证书。

1.农产品经纪人职业资格证书

农产品经纪人职业资格证书是农产品经纪人从事经纪活动时手中拥有权威高效的职业资格证明,是向客户证明自己的身份、获取客户的信任的重要凭证,是完善农业社会化服务体系、农产品市场体系和质量安全保障体系的需要。农业社会化服务体系、农产品市场体系和质量安全保障体系涵盖了农业生产、加工和销售的全过程,涉及农产品的检验、检测、防疫和科技推广等各个领域。取得了国家职业资格认证证书,就是取得了国家的资质,取得了从事经纪活动的资格,见图 1-1。

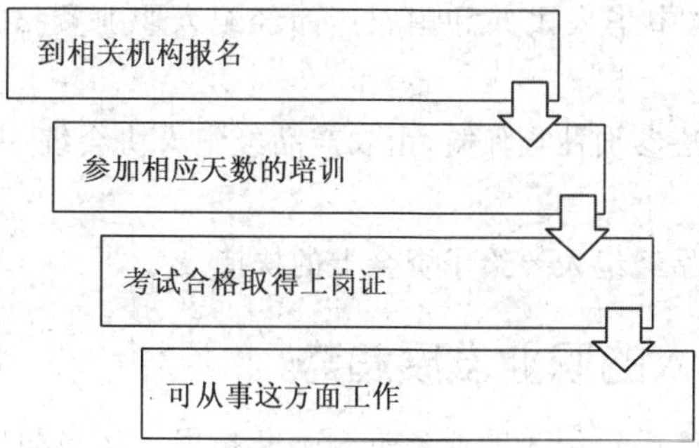

图 1-1 取得农产品经纪人资格的流程

2.农产品经纪人的从业资格认定

考虑到我国农民的文化素质相对偏低，而且农产品经纪活动也不需要太多太复杂的技术工作，所以国家对农产品经纪人职业资格取得上设置的门槛也相对较低，只要具有初中以上文化程度，身体健康，具有一定的判断、推理、计算、语言表达能力等条件的任何一个公民都具有报名资格。农产品经纪人资格分为初级、中级和高级。各级经纪人应具备的条件不同。其中初级资格相当于国家职业资格五级，中级相当于国家职业资格四级、高级相当于国家职业资格三级。

(二)农产品经纪人的注册登记与监督管理

根据我国《经纪人管理办法》的规定，从事经纪业务的个人或组织，都必须到工商行政管理机关注册登记，才能成为合法的市场经纪人，从事经纪活动。工商行政管理机关是我国综合性的行政监督管理部门，各地农产品市场管理部门应会同工商行政管理部门加强对农产品经纪人的监督管理，对有犯罪、经济违法行为的都要加以处理，甚至取消其农产品经纪人的经纪资格。

四、农产品经纪人的优惠政策

(1)农产品经纪人的合法权益受国家法律保护。任何单位或个人不得侵害农产品经纪人的利益，不得向其乱收费、乱集资、乱罚款。

(2)农产品经纪人协会对农产品经纪人进行职业技能培训。农产品经纪人的培训费用应由农业产业化专项资金给予支持。

(3)农产品经纪人贩运鲜活时令农产品优先办理“绿色通道”手续。农产品经纪人在贩运鲜活时令农产品时，相关部门要凭《中华人民共和国农产品经纪人职业资格证书》优先办理“绿色通道”手续。

(4)农产品经纪人贩运鲜活时令农副产品进城，交警、城管(执法)等管理部门应给予大力支持。农产品经纪人贩运鲜活时令农副产品进城时，对于一般性的违章，交警、城管(执法)等管理部门对他们应以教育为主，不得随意罚款、扣车。

(5)农产品经纪人的经营范围不受限制，其经营收入或佣金收入为合法收入。除国家法律法规明令禁止的行业、经营项目、经营方式外，农产品经纪人的经营范围不受限制，其经营收入或佣金收入为合法收入。

(6)农产品经纪人凭《中华人民共和国农产品经纪人职业资格证书》可享受减免工商管理费。

(7)农产品经纪人依法参加社会保险,由农产品经纪人协会统一代为办理,并可享受已出台的优惠政策待遇。

(8)金融机构对农产品经纪人要给予资金上的扶持。

五、农产品经纪人的职业发展趋势

经过多年的发展,农产品经纪人的业务范围不断拓展。从当初以当地盛产的粮食、蔬菜、水果、畜禽、禽蛋以及其他农副土特产品为主,逐步拓展到农用生产资料、日用工业品、农产品深加工领域;经纪区域由以县域为主逐步向省内和全国辐射,一些经纪人营销区域的触角已伸向国外市场。另外,农产品经纪人的经纪模式也不断创新。组织形式逐步形成了“市场+经纪人+农户”、“市场+经纪企业+农户”、“市场+行业协会+农户”等多种模式;经营形式由单一的农产品购销发展到购销、储藏、加工、运输“一条龙”服务,从简单贩运逐步向批量销售、契约销售、期货销售和联合销售转变;营销手段也从肩挑手提发展到电话、互联网、电子商务、专用运输工具等现代化方式。具体表现在以下几个方面。

1.组织化程度逐步提高

由个体经营向公司、专业协会、专业合作社、交易中心、批发市场等经营服务实体转化。农产品经纪人初期,往往以个体经纪行为出现,他们主要依托批发市场,或与农产品贸易公司合作,进行农产品的经营。经过一段时间的发展,一些有实力的农产品经纪人通过开办农产品贸易公司,与农民、生产基地进行合作;随着《农民专业合作组织法》的深入实施,“新农村现代流通网络工程”建设、“万村千乡市场工程”建设的深入推进,农产品经纪人将更多地依托农村流通网络体系,通过创办农产品营销协会、农业专业协会、专业合作社、农产品贸易中心、批发市场等组织服务实体,或通过加入行业协会、农产品经纪人协会、专业合作社的形式,提高组织化的程度,进行经纪行为。

2.经营模式呈综合性、集约化

在市场经济条件下,新型农村市场中介组织、农产品经纪人如雨后春笋般发展起来,在数量上实现了迅速扩张,随着资金的积累和营销渠道的不断拓宽,一批率先进入市场的农产品经纪人和农产品运销户开始从过去的分散经营向规模经营转变。为了能吸引客户,获取更多的利益,公司化、集团化成为农产品经纪人的发展方向。

3.经营手段向现代化方向迈进

技术手段和通信工具的日新月异使农产品经纪人的装备有了较大改善,运用现代化的营销手段有利于扩大区域范围,提高效率。传真、无线通信等现代通信手段已成为相当一部分农产品经纪人不可缺少的经纪工具。通过互联网开展营销已开始兴起,今后必将成为农产品经纪人开展经纪活动的重要手段。

4.经营领域上向多元化方向拓展

不少农产品经纪人不再单纯地从事农副产品的经纪活动,开始逐步向相关环节延伸,由单一收购、运销型,向生产、加工、保鲜、储藏、运销等一体化经营转型发展。经纪人的服务内容扩展到劳务输出、技术应用、项目洽谈等多方面。

5. 经营区域向全球化方向发展

随着中国加入世界贸易组织，以及全球经济贸易一体化逐渐加强，国际间的分工日趋紧密，农产品的国际贸易日趋频繁。农产品经纪人作为农产品市场流通的重要生力军，随着经纪业务规模的不断扩大，本地市场已经满足不了经营需求，他们积极开拓新市场，扩大农产品的流通范围，逐步由本地营销为主转向本地与外地、国内与国际并重，实现销售市场多元化，并将在农产品国际贸易中发挥越来越重要的作用。"买全国"、"卖全国"，"买全球"、"卖全球"将成为常态。

6. 综合素质有较大提高

随着国家对农产品市场流通和农产品流通经纪业务的日益重视，涌现出一批农产品经纪行业的精英，他们具有现代营销理念和良好的综合素质，逐渐成为行业的领军人物。

◈ 核心技能点

通过学习对农产品经纪人职业有全面正确的了解和认识。

◈ 实训活动

通过实地调查或上网查找相关资料，了解农产品经纪人的职业要求，为今后从事该方面工作打下基础。

任务二　如何做好农产品经纪人

◈ 案例

经纪人证书让生意更好做

"有了这个'红本本'，我要把生意做得更大！"北京怀柔区九渡河镇杏树台村农民谷洪中手持着刚刚拿到的国家农产品经纪人职业资格证书，笑得很自信。在怀柔，像谷洪中这样经过培训，考取国家认证的中级农产品经纪人职业资格证书的"专业经纪人"已有近400人。

农产品经纪人职业资格证书是农产品经纪人从事经纪活动时手中拥有的权威职业资格证明，是向客户证明自己身份、获取客户信任的重要凭证。通过实施农产品经纪人培训"阳光工程"，怀柔区先后有482名农民学员系统学习了"农产品经纪人基础知识"、"农产品经纪人技能知识"、"农产品经纪人必备素质及职业发展趋势"等理论知识和操作技能，最终有近400人通过技能考核鉴定，取得了由国家人力资源和社会保障部、农业部联合制发的中级农产品经纪人职业资格证书。

长哨营满族乡项栅子村正蓝勤业农产品产销合作社长期从事小杂粮、满族小吃等农副产品产销生意。以前由于没有人具有农产品经纪人从业资格，业务一直平平淡淡。2011年该合作社副社长通过考试拿到了国家农产品中级经纪人职业资格证书，深感自己的生意"真是好做多了"。2012年合作社开发出具有满族浓郁特色的年糕、杂面、山珍、柴鸡蛋等九大系列50多种农副产品，订单一直供不应求。合作社还在怀柔城区投资开办了以满族特色火锅宴及满族特色小吃为主菜系的“满乡庄园”，带动周边农户 2 000 多户，人均年增加收入 4 000 多元。

农民经纪人持证经营是农村民间流通组织步入专业化、职业化发展轨道的重要环节，对于规范农产品流通市场，提升农产品竞争力，加快农副产品商品化速度，促进农民增收都将发挥积极作用。

改编于中国妇女报　2012-01-29

◈ 知识要点链接

农产品经纪人要与农产品打交道，要在市场中求发展，要和交易双方进行沟通，还需时常和其他的经纪人往来。因此，作为农产品经纪人，要在市场当中生存，更好地服务于农村经济的发展，就必须掌握一定的知识，具备一定的从业素质。

一、成为一名农产品经纪人应具备的思想准备

1. 市场意识

农产品经纪人要学会运用市场学的诸种手段，根据买卖双方市场采取相应的对策。

2. 法律意识

农产品经纪人要善于运用法律武器来保证自身正当的权利。在签订经纪合同时，要熟悉合同条款，明确责、权、利之间的关系，避免造成不必要的损失。

3. 信息意识

农产品经纪人应当建立自己的市场信息库，关注市场行情的变化，学会应用计算机储存和处理市场信息。

4. 信用意识

农产品经纪人要以自身的诚实、公平、高效赢得供需双方的信任，并使经纪活动持续进行。

5. 科技意识

农产品经纪人要有相应的科技文化素养，了解自己经纪的商品性能，才能游刃有余、决胜市场。

二、农产品经纪人应具备的知识结构

1. 基础知识

经纪人应具备一定的文化水准。从事农产品经纪活动应具备初中以上的文化程度，对相关的基本知识或常识能理解、会运用；同时还应会运用现代化的通信工具，并以此作为一种手段去捕捉信息、传递信息，为供需双方起到沟通的作用。文化基础程度越高，对业务变化的适应能力越强，成为优秀经纪人的可能性就越大。

2. 农产品商品及相关专业知识

农产品经纪人要与农产品打交道，要在市场中求发展，要和交易双方进行沟通，还时常和其他的经纪人往来，这些方面的活动要求经纪人必须具备多方面的专业知识。这些知识主要涉及如下几个方面的内容。

(1)农产品商品的基础知识。农产品涉及的范围非常广泛，而且随着市场经济的发展，农产品细分化的趋势愈加明显。作为农产品的经纪人来讲，应根据自己的实际情况有针对

性地掌握自己所经纪的农产品的分布范围、品种类别、等级鉴定、市场价格、总体数量等相关内容，做到心中有数。同时，也应多了解经纪范围之外的农产品情况，抓住机会，拓宽经纪领域。

(2)与农产品相关的基础知识。从一定意义上来说，农产品经纪人应该是某一项农产品领域的专业人士，不仅要熟知农产品的基本含义，还要掌握一定的操作技能，比如对某项农产品如何去分辨优劣，怎么鉴定等级，以及具体的质量要求等。另外，作为农产品经纪人，还应根据本行业经纪项目的特点，了解相关的农产品安全卫生知识，使自己经纪的农产品符合食用、使用的标准；能正确地运用相关的工具，防止意外事故的发生。

3. 财务会计知识

农产品经纪人在具体的经纪活动中，不仅要核定自己的经营成本、利润等问题，而且还要给交易双方做些涉及农产品成本、利润等方面的咨询服务，掌握财务会计知识是必要的。而且，作为经纪人来说，学好会计知识，有助于自己理财能力的提高。

4. 经营管理知识

经纪人虽然提供的是中介服务，但整个经纪活动中蕴含着丰富的经营管理思想。经纪活动不是简单地联系农产品供需双方，而是一系列的经营活动。在这个经营活动中，需要经纪人了解市场需求，掌握农产品的采购、销售的若干方法；能根据实际情况对农产品发展趋势做出合理的判断与预测；对农产品成本做出正确的核算。从经纪人本身的发展着眼，如何运作整个经纪人队伍，同样需要经营管理知识的帮助。

5. 公关知识

农产品经纪人要和各方面、不同层次、不同地域的客户联系，因此，只有掌握了必要的公关知识，才可能和各种人员建立密切联系，更多地去了解人们的需求，使经纪活动的质量更高、更好，很好地运用公关知识是成功必备的手段。

6. 谈判知识

在市场经济活动中，谈判是不可缺少的一项内容。经纪人在经纪业务时，也需要用谈判的手段来解决诸多的问题和争端。通晓谈判程序、掌握高超的谈判技巧对于一个农产品经纪人来讲，是至关重要的。

7. 经济地理知识

农产品地域性很强，而且我国幅员辽阔，农产品种类丰富多样。作为农产品经纪人，应该多掌握农产品的分布概况、具体产地、交通状况等基本地理知识。必要的时候，还要对国外相关的农产品分布情况加以了解和熟悉，以扩大经纪空间。

8. 相关法律知识

在社会主义市场经济体制下，需要用法律、法规来规范、约束市场主体的经济活动。农产品经纪人同样要依法进行活动。精通政策和法律、法规，使自己的中介活动合理、合法，不仅能很好地完成委托人交给个任务，而且也可以运用法律武器保护自己的合法权益。

9. 信息技术应用知识

在信息社会，掌握信息是非常重要的，而能熟练地运用获取信息的工具同样也很重要。对于农产品经纪人来讲，进行经营的资本就是可靠的信息，经纪人和客户之间实际上交换的是信息商品和咨询服务，信息的价值和质量是决定经纪收益的重要因素。农产品生产有时间上的限制、地域上的差别、价格上的差异，做到及时、准确地了解各方面的信息尤为重要。农产品经纪人可以通过接触各种媒体、查阅文献资料、调查了解实际情况、咨询相关部门等方式来获取信息。由于农产品经纪人通常居住在乡村，信息传递时常有一定的困难，所以，经纪人必须要克服不利的客观条件，不断学习掌握现代信息技术知识及手段，使自己在最有利的时间内掌握最新的信息，这样，才可能走在市场的前面。

此外，农产品经纪人还要多加强对语言的学习，熟知各地的方言、忌语、风俗习惯等。

三、农产品经纪人的职业能力

在经纪活动中，良好的事物观察、信息筛选能力，一定的社交和应变能力，都是农产品经纪人顺利工作的根本保障。

（一）良好的观察能力

观察能力是人们本着特定目的，带着计划，按照一定步骤去观察客观事物现象时，能掌握现象中具有本质的、典型的外部特征的一种能力。经纪人既要观察市场的变化，也要了解具体农产品的外观、性状等指标。观察能力对农产品经纪人而言，尤为重要。经纪人应该时刻培养这种能力，做到眼睛勤看，头脑多想，心中善记，客观、及时、准确、全面、周密地去观察。

（二）获取和鉴别信息的能力

随着市场经济的发展，科学技术的进步，信息传播的数量和速度不断加大、加快。广泛地获得信息，从众多的信息中鉴别出有价值的内容，是当务之急。在这种情况下，经纪人应注重以下几个环节。

（1）善于捕捉信息。农产品经纪人以自己经纪业务为核心，围绕着相关的项目主动、及时地去捕捉信息，为经纪活动提供有预见性的、指导性的参考信息。

（2）提高信息鉴别水平。获取一定的信息资料后，应学会运用科学的方法，把原始的信息通过归纳、分析、对比、综合等手段，去粗取精，去伪存真，提炼出有价值的信息。

（3）良好的社交公关能力。社交公关能力反映的是一个人与社会融和、与他人交往沟通的能力，可以体现自身与公众利益之间建立起来的相互了解和信赖关系的能力。农产品经纪人是买卖双方的纽带，连接着城乡之间，活动的范围比较广泛，良好的社交能力可以充当经纪活动的润滑剂，调整经纪人与他人之间的各种关系；一定的公关手段，可以让经纪人迅速打开经纪业务局面。那么，如何培养良好的社交公关能力呢？农产品经纪人可以从以下几个方面入手：一是真诚待人，利义并重。真诚待人，是做人的基本原则。在此基础上，注重利与义的结合。作为经纪人而言，单纯突出某一个方面，都是不恰当的。二是随机应变，灵活把握。市场是变化的，社会是进步的。农产品经纪人面对变化的局面，必须讲究灵活，注意策略，具体问题具体分析。三是知晓公关知识，掌握社交技巧。经纪人应适当运用新闻宣传、广告宣传和实物宣传等公关手段；注重礼节，注意个人的仪容仪表；举止得当，语言规范。在与人交往过程中，做到以理服人、以情动人，形成一个畅通的社交渠道。

四、农产品经纪人应具备的职业素质

农产品经纪人的内在素质在很大程度上影响着经纪业绩。农产品经纪人必须不断提高自身的素质，使自己的经纪活动建立在更为合理和科学的基础之上。综合而言，农产品经纪人应具备以下基本素质。

（一）政治思想素质

在社会主义市场经济体制下，农产品经纪人是为农村经济的发展、为提高农民的收入服务的。作为经纪人来讲，必须有着比较高的政治思想觉悟，正确领会和贯彻党和国家的各项方针政策，有强烈的时代感和责任心，使自己成为一个有理想、有道德、有文化、有纪律的新型农产品经纪人。讲求职业道德，使经纪活动建立在良性发展的轨道之上。

（二）心理素质

良好的心理素质，是经纪人取得成功必备的条件之一。一般而言，农产品经纪人的心理素质包括以下几个方面。

1. 良好的性格，稳定的情绪

良好的性格有助于人际间的沟通，稳重的性格有利于增加客户的信任，积极向上而又饱满的情绪会激发人们的工作热情，推动经纪事业的开展。这就要求农产品经纪人在开展业务活动的过程中，面对复杂多变的情况，克服自己性格中不利的因素，善于控制自己的情绪。做到冷静而礼貌、耐心而果断，避免喜形于色、怒而变色，要经常保持较为平和的心态，使自己有比较好的心理承受能力。

2. 坚强的意志，坚定的信心

持之以恒、百折不挠的意志品质，遇败不馁、树立必胜的信心，才可以使农产品经纪人在变化无穷的市场竞争中求得生存，发展壮大。

3. 身体素质

农产品经纪人的经纪领域有很强的地域性，经常要走村串户，往返于城乡之间，甚至翻山越岭、跋山涉水，消耗大量的体力和精力。健康的体魄、旺盛的精力是农产品经纪人必须具备的身体素质。

五、加强农产品经纪人队伍建设

1. 提高农产品经纪人整体素质

农产品经纪人大都来自农村，其本身的文化程度、知识水平、竞争适应能力、服务观念、政策理解力、市场知识、法律法规知识等知识能力素质，有些已适应现代市场经济发展的基本要求，因此，要加强农产品经纪人的培训工作。培训主要内容包括：一是专业知识、专门技能的培训，使之胜任市场经济发展的要求。二是经营规则培训，加强信誉第一的经营理念，与广大农民结成共同的利益整体，防止有侵害农民权益、欺行霸市、欺农损农的行为发生。三是强化法制观念培训，了解与农产品经纪人业务相关的各种法律和法则，规范农产品经纪人的经营行为，对注册的经纪人定期进行核查，有违法行为者取消其经纪人资格。

2. 提高农产品经纪人的组织化程度

从农民起家的农产品经纪人大多底子薄，实力弱，处于小打小闹、单打独斗的状态，抵御市场风暴的能力不强。应当因势利导，有效组织联合起来。一是组织各种专业经纪人的合作组织，成立农产品经纪人协会、农产品经纪人合作社，促进农产品经纪人之间的联系、联合，增强市场竞争力。二是在农产品经纪人队伍普遍发展的基础上，大力倡导农产品经纪人与种养专业户组成联合体。农产品经纪人合作组织应坚持四个原则，即“入社自愿、民主管理、重在服务、共同致富”的基本原则。

3. 实行扶持政策，营造农产品经纪人发展的良好氛围和环境

一是鼓励金融部门为农产品经纪人提供信贷支持。二是完善服务，增强对农产品经纪人的支持力度，工商、民政部门对农产品经纪人和其协会的注册登记要简化手续；公安、交通、农机、航道、港口、通信等部门要积极创办“绿色通道”，保证农产品货畅其流；加强市场的设施建设，筑巢引凤，方便各类经纪人的营销活动。三是少收费，依法减免税收，要切实减轻农产品经纪人的负担，坚决制止各种向农产品经纪人乱收费及各种摊派。

4. 强化治安管理，为经纪人保驾护航

强化社会治安管理，打击不法商贩的欺行霸市，为农民进入市场保驾护航，使农产品经纪人安心、放心。在市场管理上，尽可能地减少对他们的经营限制，维护他们的合法权益。

◈ 核心技能点

一个成功的农产品经纪人只有具备较好的知识结构和较强的能力与素质，才能适应现代经纪业的发展要求。农产品经纪人首先必须具有良好的政治思想素质、心理素质和身体素质。此外，在经纪活动中，良好的事物观察能力、信息筛选能力、社交和应变能力，都是农产品经纪人顺利工作的保障。掌握农产品经纪人的职业操守，在工作中养成自觉遵守职业规范的习惯。

◈ 实训活动

针对农产品经纪人的素质要求，小组讨论如何做好农产品经纪人，你认为哪些职业能力和职业素质是最重要的。

任务三　农产品经纪人的经纪方式

◈ 案例

大胆创新，让农产品“活”起来

宁波市农产品经纪人除了进入山东寿光、宁波、上海、杭州等各大市场外，还通过农超对接、网络销售、农社对接等创新手段，促进农产品流通上百亿元。

“中国连锁经营协会农超对接示范项目”、“宁波市十佳农产品经纪人”、“市级示范性合作社”、“市级菜篮子基地”……在鄞州区农乐果蔬专业合作社理事长叶圣鸟的办公室里，悬挂着好几块烫金的奖牌，经过四年多的努力，叶圣鸟带领的团队，已经和家乐福、三江、加贝等大型连锁超市建立了稳定的供应关系，年销售额近千万元。进入超市的门槛很高，为保障超市连锁门店的供应，必须要有充足的供货量，这需要合作社具有一定规模，当超市搞促销提前半个月下订单时，经纪人不仅要提前估算出半个月后比市场价优惠的价格，而且要有更大量货源的保障，更重要的是，超市对产品质量要求很高。此外，在资金、物流等方面也需要有足够的实力。面对超市的高要求，叶圣鸟首先利用基地西瓜优势，逐步打入各大超市。

农产品经纪人谢行张在当前农产品公务团购大幅下降的情况下，通过建立余姚市名特优

农产品展示展销中心，代销当地百余家农业龙头企业、农民专业合作社、种（养）殖大户的优质农产品。销售的价格即为批发价，通过厂方、合作社给的返利赢利。谢行张全新的销售模式，打破了部分优质农产品价格虚高的迷雾，吸引了大量散客、外地游客和企业。从2011年起，谢行张在淘宝网上开设了网店，如今，余姚榨菜、梅干菜、年糕等土特产，成为宁波游子常采购的好东西。

慈溪海通"时代农场"则采取农产品与社区对接的方式，通过基地现摘蔬菜，直接向社区配送并进入居民家庭，走在了新型消费前列。

改编于宁波市农办网　2013-03-04

◈ 知识要点链接

一、农产品经纪人的组织模式

在市场经济条件下，农村经纪人要担当起连接千家万户的小生产与千变万化的大市场的重任，一个迫切的问题就是要提高农村经纪人的组织程度。按照农村经纪人组织形式的不同，可以把农村经纪人分为以下几类：

1. 个体经纪人

个体经纪人是以个人财产作为经营资本，以个人名义从事经纪活动，并以全部财产承担无限责任的经纪人。其主要活动动特点：一是投入的人力、财力、物力都是比较有限的，业务规模一般也比较小；二是灵活、方便、高效，承担的风险相对比较小；三是主动出击多，委托方主动上门的少。在实际运行中，由于是个体形式，缺乏竞争力，规模较小，抵御市场风险能力弱，无法形成专业化经营。

2. 合伙经纪人

合伙经纪人是指具有经纪人资格证书的人员合伙设立的经纪人事务所或合伙经纪人组织。合伙经纪人开展的经纪业务具有较强的专业性，合伙人员在资金、技术、经营等方面各自都有一定的优势，总体的资金实力、业务能力、经营手段等都强于个体经纪人。但由于合伙经营的约束和激励机制缺位，在一定程度上降低了其运行效率。

3. 农产品经纪人协会

农产品经纪人协会是指从事农产品经纪业务的个人、企业、农民专业合作社、社团组织，以及与此业务相关的科研院所、教育培训机构和专家、学者等联合组成的从事农产品流通经纪业务的社会团体。这类协会多数是自发组建的，没有明确的产权关系，本着民办、民管、民受益的原则，运行效率较高，有利于市场信息流通。

例如中国农产品流通经纪人协会成立于2007年12月，英文译名："CHINA FARM PRODUCE BROKERS ASSOCIATION"，缩写为"CFPBA"。协会是在党中央和国务院领导亲切关怀下，由中华全国供销合作总社牵头，国家工商总局、共青团中央、全国妇联共同发起组建的全国性、行业性、非营利性的社团组织，接受主管单位中华全国供销合作总社和社团登记管理机关民政部的业务指导和监督管理。

协会的成立，得到了国家领导人和社会的广泛关注。时任中共中央政治局委员、国务院副总理回良玉为协会的成立致贺信。回良玉同志指出：培育和发展农产品经纪人队伍，是进一步搞好农产品流通、发展现代农业、推进社会主义新农村建设的客观要求。组建中国农产品流通经纪人协会，对于加强农产品经纪人队伍建设，引领和带动广大农民致富奔小康，具有重要的意义。协会的宗旨是：坚持为农服务方向，开拓城乡市场，加强诚信体系建设，强化自律机制，维护会员合法权益，成为联系政府与农产品经纪人之间的桥梁和纽带，发挥协会在建设社会主义新农村和全面建设小康社会中的积极作用。

协会拥有骨干会员队伍2 000多家，联系着全国3 000多个各级农产品（农民、农村）经纪人协会和600余万各级各类农产品经纪人。会员主要由中国境内从事农产品流通的个人、企业、专业合作社、社团组织、科研院所、教育培训单位、供销合作社以及有关的专家、学者等联合组成。为更好地为广大农产品经纪人做好各项服务工作，协会还设立了办公室、会员部、信息部、业务部等服务部门，并开通了“中国农产品服务中心”网站（www. rich-farm. net）。

4. 农产品经纪人有限责任公司

农产品经纪人有限责任公司是由两个或两个以上具有经纪人执业资格的农产品经纪人共同出资设立的，是农产品经纪人的专业化组织。农产品经纪人有限责任公司的特色在于其专业性和规模性比合伙组织更强，组织程序和规章制度更趋严格。农产品经纪人有限责任公司的业务范围限于农业产品的各个阶段和各个领域，满足了农业专业化的需求，降低了交易成本，促使农产品经纪人更好地在激烈的市场竞争中发挥作用。农民通过农产品经纪人有限责任公司，将生产流通、经营和服务结合起来，可以获得加工、销售环节增值形成的利润，从而确立自己的市场主体地位，增强抵御市场风险的能力，实现增收。

二、农产品经纪业务的操作程序

农产品经纪业务的操作程序主要包括以下几个阶段。

1. 寻找商机

寻找商机是经纪业务的前提。农产品经纪人的经纪机会一是凭借经纪人的诚信，客户找上门的；二是经纪人走出门寻找客户。不论是哪一种方式获得的商机，都离不开信息。

2. 接受委托

委托是指当事人和经纪人双方的约定。经纪人可受卖方委托向第三方推销产品，宣传介绍交易商品的质量、数量、性能特征、适用范围、经济效益等，为其选择有需求并且具有较强实力的买家；也可受买方委托为其选择需要的、质量上乘的产品。当委托人向经纪机构或经纪人提出委托要求时，即标志着经纪活动开始运作。

3. 购销洽谈

洽谈的过程分为三个阶段，即准备阶段、正式洽商谈阶段和洽谈结果阶段。在准备阶段，要先确定洽谈目标，然后对确定的洽谈目标进行可行性研究，并根据已明确的洽谈对象，制订洽谈方案，为正式洽谈打下基础；在正式洽商谈阶段，是双方实现交易的重要阶段，一般包括开局、商品推介、双方报价、讨价还价等环节；在洽谈结果阶段，是经济双方协商，双方目标最后达到了统一，愿意进行交易，就进入确认协议签约的阶段。签约之后，双方都要为实施协议做准备工作。

三、农产品经纪人的经纪方式

(一)传统的农产品经纪方式

1. 代购代销

农产品经纪人可以接受外地客户的委托，在本地或交通便利的地方设点收购委托人所需的农产品，再批发给客户；或者可以为外地客户提供相关的农产品信息、组织货源，协助客户与农民商谈价格，从中收取中介服务费。见图 1-2。

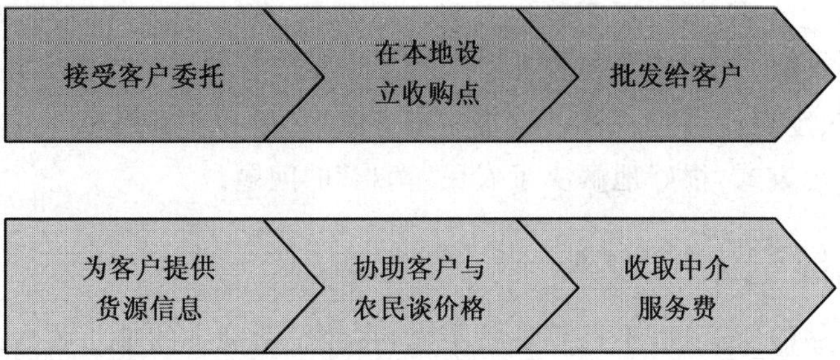

图 1-2　代购代销经纪方式

2. 委托购销

对于本地农民生产的农产品，经纪人可以接受农民的委托在目标市场或其他地方与人联手经纪，把农产品推向市场。见图 1-3。

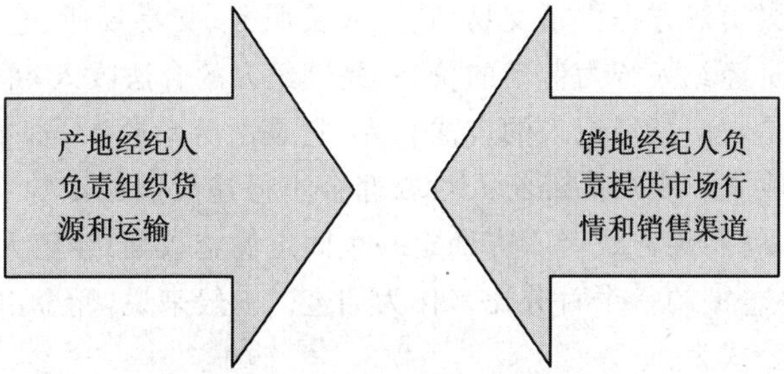

图 1-3　委托购销经纪方式

3. 分购联销

这种方式是由多个农产品经纪人在农村设立不同的收购点，然后统一组织外销的一种经纪形式。在农户分布比较分散或外销的农产品数量比较大的情况下，需要多个农产品经纪人共同合作，使农产品相对集中，便于外销。具体做法是：由当地经纪人负责提供市场行情和销售渠道，由产地农产品经纪人负责组织货源和运输。这种合作式的经纪方式，可以保证经纪工作顺利进行。见图 1-4。

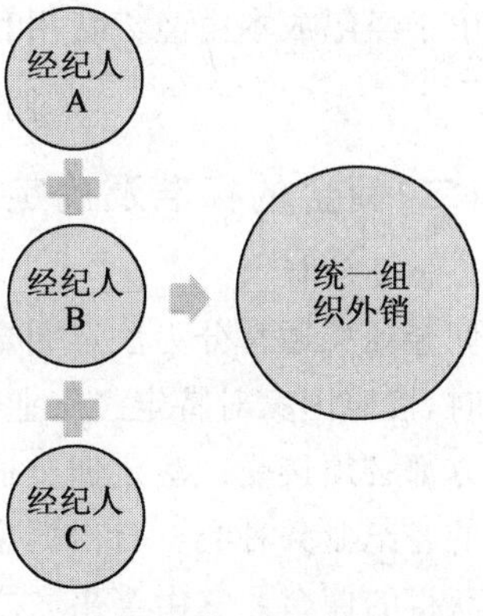

图 1-4　分购联销经纪方式

(二)创新型的农产品经纪方式

1. 产销直挂

产销直挂即“从菜园子到菜篮子”的蔬菜销售模式,是通过建立无公害蔬菜销售专营店,将农村菜园子直接搬到市民家门口,在最短的时间内让更多的市民吃上物美价廉的无公害新鲜农产品。

2. 定点专供

定点专供是在农产品尚未成熟之前,由经纪人直接与农户签订收购合同,直接将农产品销往专供点。这种经纪方式,不仅需要经纪人洞察市场、经营权专营,更主要的是农产品要质量上乘、在市场上具有独占性和不可替代性。

除了产销直挂、定点专供方式外,“超市专柜方式”、“院校配餐方式”、“观光采摘方式”等,也是非常灵活的经纪方式,很好地解决了农民“卖难”的问题。

四、农产品经纪人的收入

经纪人没有商品的所有权,不从事现货买卖,在经纪活动中的唯一收入是佣金。佣金是经纪人智力劳动的价格。经纪人为委托人提供(居间、行纪、代理)约定服务后,委托方(人)或当事人双方,依照法律规定或者双方约定,对经纪人履行经纪职责的劳动耗费所给予的价值补偿,是经纪人在一定的社会劳动时间内所创造的劳动价值和社会价值的体现,是经纪人的劳动报酬、风险报酬和经营报酬的综合收入。

(一)佣金的性质

佣金是经纪人为买卖双方提供了交易信息、人员服务、交易场所、仓库、保管、运输等服务而收取的费用。佣金是经纪人智力劳动的价格,是经纪人的合法收入,是经纪人赖以生存和发展的物质基础。佣金是农产品经纪人的合法收入,它是由劳动收入、资本收入、经营收入和风险收入等构成的综合收入。农产品经纪人收取佣金不得违反国家法律、法规和政策规定。经纪人可以在交易之前,就和买方或者卖方商定一个固定佣金数额;经纪人也可以事先和买方或者卖方谈好,按照交易金额的一个百分比来作为佣金。一般来说,佣金由经纪成本和经纪利润两部分构成。其表示公式为:

$$佣金=经纪成本+经纪利润$$

由于经纪成本由经纪费用和税收构成,因此,佣金的公式也可以表示为:

$$佣金=经纪费用+税收+经纪利润$$

(二)佣金的标准及确定方法

1. 佣金的标准

佣金标准通常分为法定佣金和自由佣金两种。法定佣金是指农产品经纪人从事特定经纪业务时,按照国家对特定经纪业务规定的佣金标准获得的佣金。法定佣金具有强制效力,当事人各方都必须接受。法定佣金适用于市场发育程度较高、分工明确、专业化程度高、经纪活动量大的经纪业务种类。自由佣金是指农产品经纪人按农产品经纪人与委托人协商确定的佣金标准获得的佣金。它由当事人之间协商确定,并写入相应的经纪合同中,一经确定,即对当事人双方均有法律约束力,违约者要承担违约责任。目前我国经纪活动中大量的佣金是自由佣金。

2.佣金的确定方法

佣金确定的办法通常有固定佣金、比例佣金和差额佣金三种。固定佣金就是不论成交标的额的大小,按照经纪业务件数收取固定金额的佣金。这类佣金适合于交易额比较小或经纪业务独立性不是非常强的经纪业务。比例佣金就是按照成交额的一定比例提取的佣金,一般来说,交易额越大,提取的比例就越低,如果交易额非常大,可以采用封顶的办法,明确规定最多只能收取多少佣金,这类佣金比较适合于交易额比较大的经纪业务。差额佣金也称包价佣金,就是农产品经纪人代理委托人进行交易时必须满足委托人规定的卖出最低价,超出最低价部分的收入,可以作为佣金归农产品经纪人所有,这种计算佣金的方法是国际上通用的一种方法。

经纪活动作为一项经营活动,其目的就是要实现佣金最大化,进而实现利润最大化。由于目前国家对佣金缺乏统一的管理,农产品经纪人在开展经纪活动中,必须在合法的前提下,根据不同经纪业务的特点,选择合适的佣金标准和收取办法。

(三)佣金的支付方式

佣金的支付由经纪业务的委托方负担,除法律另有规定外,佣金的支付时间由农产品经纪人与委托人自行约定,可以在经纪业务成功后支付,也可提前支付。一般情况下,佣金应该在经纪成功、交易双方在签订经纪合同后收取。农产品经纪人在签订经纪合同时,应将佣金的数量、支付期限及中介不成功时的中介费用的负担明确写入合同。农产品经纪人收取佣金应当开具发票,并依法纳税和缴纳行政管理费。农产品经纪人为了防止事后不能拿到报酬,可在签订合同时,预收部分报酬或者费用,经纪业务结束后再支付剩余部分的佣金,也可与委托人签订"专用经纪合同"。

(四)农村经纪人如何安全地获取佣金

(1)避免供求双方见面。当协议没有达成之前,经纪人要注意保守供求双方的信息秘密,不要随意透露对方信息,以免自己被他人甩掉。

(2)运用法律手段保护自己的利益。就是通过签订经纪合同来保护自己的权益,只要签订了经纪合同,经纪人就可以按照经纪合同中的约定进行索要,经纪合同在法庭上就是最好的证据。

(3)调查对方的信誉。特别是进行大宗交易时,调查对方信誉,确保安全。

(4)控制交易进程。

五、农产品经纪人的管理

伴随着农产品经纪人数量与业务量的迅速扩张,有些问题亟待在实际工作中解决。一是整体素质亟待加强,少数经纪人受拜金主义等多种因素影响,不讲诚信,无视商业信用和职业道德,形成价格垄断,坑农、害农、损农现象时有发生。二是经纪市场缺失规范,经纪行为亟须改进。在农村经纪人管理较为混乱,无照经营、"地下"经营较多。农产品经纪人队伍存在经纪行为不成熟、职业行为不规范、综合素质低,有相当数量的经纪人没有资格证书。三是经纪人业务水平有待进一步提高,一些农产品经纪人缺少必要的业务知识。

(一)深化职能服务,壮大经纪人队伍

按照精心培育、壮大队伍的原则,积极引导具备相应条件的人员从事经纪行业。在市场准

入环节中，依据实际情况调整相应政策，政府部门最大限度简化注册登记程序，允许部分农民季节性地从事经纪活动，对季节性或临时性从事经纪活动的农村经纪人，引导其办理个体工商户登记。要充分利用当地各种媒体，宣传国家有关法律、政策，鼓励更多的农民从事农产品经纪人行业。要积极协调有关部门，建立适应现代农业要求的专业市场，为农产品经纪人中介销售搭建平台。

(二)建立农产品经纪人组织

随着农产品经纪人队伍不断壮大，他们在搞活农产品流通、调整农业产业结构、带领农民增收致富等方面发挥的作用越来越大。一方面，经纪人自身迫切需要组织起来，解决自身难以解决的问题，并得到更多的支持和帮助。另一方面，政府也需要对这个群体进行组织和引导，让他们更好地为社会服务，为农民服务，并规范健康发展。

1.通过农产品经纪人组织加强对农民培训

农产品经纪人组织不仅让农民经纪人注重自身学习，还定期对农民进行培训，形成了良好的学习氛围和机制，很容易解决单个经纪人自身素质不过关的问题。经纪人组织应充分发挥乡镇党校、培训基地、农家课堂、各种行业协会组织等农村培训主阵地的作用，依托当地的地域特色、农业产业特色实施有针对性的培训；通过技术讲座、示范基地现场授课，经纪人大户现身说法等方式，让各类经纪人接受经纪管理基础知识、市场营销知识和有关法律法规的培训学习。为进一步增强培训农村经纪人的实效，还应开展多种形式的帮扶、带动活动，如带领农产品经纪人到专业批发市场参观、学习、交流，招商引资，洽谈农产品贸易项目，解放思想，开阔视野。

2.通过农产品经纪人组织把经纪人、农户有效地组织起来

农产品经纪人组织使经纪人之间、经纪人与农户之间在竞争的同时加强了彼此联系，互相沟通信息，对市场的洞悉也更加敏锐。

3.通过农产品经纪人组织增强经纪人实力和竞争力

经纪人组织起来之后，其经济实力和竞争能力大大增强，不仅可以实现规模化、集约化经营，也更有可能涉足农产品深加工，延伸产业链条。

(三)完善农产品经纪人的激励和约束机制

随着我国农业产业结构的调整和农业产业化进程的加快，农产品经纪人自身素质的提高和有效激励与约束机制的建立成为经纪人发挥作用的重要保证。

1.农产品经纪人的激励机制

(1)报酬激励。农产品经纪人凭借自己拥有的信息资源从事农产品经纪活动，需要取得佣金作为报酬，是一种有偿行为，而且他们为了维持自身的生存取得佣金也是必需的。佣金激励是农产品经纪人激励制度最基本的激励方式，也是最有效的激励方式，对于农产品经纪人作用的发挥起了关键作用。

(2)声誉激励。优秀的农产品经纪人和组织在沟通农产品产销信息、活跃农产品市场、加快农产品流通、优化农业产业结构、促进农民收入增加等方面都起到了积极作用。这些作用的发挥会使农产品经纪人受到政府、工商行政管理部门及农产品生产者的赞誉，使他们获得一种认同感和受人尊重的心理享受，获得名誉和地位上的提高。自身声誉和地位的提高对于农产品经纪人来说就是一种很好的激励效果，使他们更加努力地从事经纪行业，为农产品的销售做

出贡献。

另外一种形式的声誉激励是政府及工商行政管理部门对农产品经纪人的培训。培训对于提高农产品经纪人的业务技能和自身道德素质水平有很大作用。而且农产品经纪人也会将培训当作自我价值的一种实现过程，具有良好的激励效果。

(3)自我激励。报酬激励是农产品经纪人维持生存的基础，而声誉激励则是农产品经纪人对身份、声誉和地位的心理认同，因此这二者本身也可以看作农产品经纪人自我激励的一种低端形式，即为了生存而努力工作获得佣金，为声誉和地位的提高努力工作获得心理认同与别人的尊重。农产品经纪人自我激励的更高级形式是一种精神境界的升华，即努力为了促进农产品的销售和农产品价值的实现，促进当地农民的增收和农业经济的发展而积极从事经纪工作。从这意义上来说，这是一种很难达到的道德高度，需要良好的报酬激励作为基础，声誉激励作为辅助。

2.农产品经纪人的约束机制

激励和约束是一对既对立又统一的有机体，激励意味着给予农产品经纪人物质和精神上的满足，以刺激其为农产品生产者的利益工作；而约束则是运用法律、道德等手段抑制农产品经纪人对个人不正当利益的追求。激励机制要有效，必须权衡激励与约束这两个作用，即在给予农产品经纪人激励的同时，还必须让农产品经纪人承担一定的经纪风险。

(1)自我道德约束。农产品经纪人的自我道德约束同自我激励相符，是其道德水准和高度的具体体现。经纪人诚实守信，注重商业信用和职业道德，从而会积极努力地为农产品生产者销售农产品，避免价格垄断和坑农害农的行为发生，这样也有利于其报酬收入的实现。

(2)声誉约束。从事农产品经纪活动的主体大多是在本地农村中生活的人或者组织及公司等，考虑到自身的生存和未来的发展，他们会比较看重破坏商业契约、不守职业道德和坑农害农行为等缺乏商业信用之后的损益情况，尤其是农产品生产者的鄙弃给自己造成恶劣的影响，甚至受到法律制裁等。这样的约束条件会促使农产品经纪人积极消除短视利益行为，努力提高自身的职业道德和商业信誉。

(3)市场准入约束。政府及相关行政管理部门应首先出台农产品经纪人管理办法，对即将进入经纪人市场的农产品经纪人进行考试或考核。通过者发给农产品经纪人资格证书，并对其进行登记注册，以利于规范和管理，从而在农产品经纪人的市场准入上进行约束。

(4)经纪行为约束。经纪行为约束主要是从法律上规范农产品经纪人与农产品生产之间的契约合同。由于有的农产品经纪人与农户采取“口头协议”从事经纪活动，造成一些协议无法履行，致使农民利益受到损失；也有的利用虚假信息诱导农民签订合同而产生坑农害农行为，从而严重影响了农产品经纪人的自身形象，因此要从法律上对农产品经纪行为进行规范，即通过书面合同形式保护农产品生产者利益。

(5)考核约束。考核约束是在农产品经纪人市场准入的基础上定期对农产品经纪人的经纪情况进行考察，包括其经纪行为、契约的履行、农产品生产者对其的评价等，从而了解经纪人的商业信用情况。考核之后可以对农产品经纪人进行定级，以提高其信用水平、扩大其所经纪的农产品种类与地域范围等。

(6)政策法规约束。政策法规是规范农产品经纪人市场、避免坑农害农现象发生、保护农产品生产者利益最重要的一种方式。国家要以法律、法规的形式，明确界定农村经纪人的法律地位、法律条件、经纪方式、经纪组织形式、权利及义务、行为规范等有关问题，为农产品经纪人的发展创造良好的制度环境。

(7)市场竞争约束。市场竞争是指农产品经纪人在所从事的经纪活动之间的竞争。市场竞争约束的实现首先要求政府和工商行政管理部门积极鼓励农产品经纪人的发展，形成规范有效的经纪人市场，并使之形成有序的竞争环境。这样商业信誉好、守道德的经纪人在竞争中会更受到农产品产需双方的信任，其经纪活动也会顺利进行，既有利于农产品经纪人佣金收人的提高，也有利于农产品的流通和农民收入的增加。

(8)组织和协会约束。农产品经纪活动的主体包括个人、合伙组织及经纪公司等。对于经纪公司，其本身有自身的规章制度，可以形成对自身农产品经纪人的约束。对于个人与合伙组织，可以由工商行政管理部门组织形成农产品经纪人协会，其中可以吸引农产品生产者加入。因为农产品生产者是与农产品经纪人的直接接触者，他们对经纪人的评价是一种很好的激励与约束手段，会直接影响到农产品经纪人未来的经纪活动和生存状态。因此，通过政府部门对协会的管理和农产品生产者对协会的监督会形成一种有效的经纪人规范和约束制度。

核心技能点

通过本任务的学习，掌握农产品经纪人的经营方式以及佣金的计算方法。

实训活动

1. 通过上网或实地调查，了解当前主要的农产品经纪人的组织模式，并分析各种模式的适用条件及各自的优势与劣势。

2. 了解国家对农产品经纪人的管理办法。

阅读资料

农产品经纪人在我国的发展历史

经纪人是商品交换关系的产物，也是农业文明的产物，其存在和活动在我国有着悠久的历史。据史料记载，在西汉初期，市场上就有说合牛马交易并收取佣金的人，称为驵侩，后变为牙商，或马侩、市侩、牙人、牙郎等。

宋初，官府向牙人发放身牌和制定“牙人付身牌约束”，遇有商贾贸易，牙人要对其宣读，牙人本身受付身牌约束，不能逾越。元代又改称船牙。明代，官府设官牙，其职责是收取商税、契税、管理市场、主持口岸对外贸易。从事中介活动的牙行、牙人要领牙贴，每贴收银若干，牙贴就是牙税，领有牙贴才是合法经营。清初，乾隆以后，海禁开放，只允许广州一口岸对外贸易。行商在“承商”时都要在户部领“部贴”，办理立案，费用数万两。牙行的发展受到很大影响。中华民国成立后，为了大力发展商品经济，当时的《六法全书》、《民法总则实行法》专门规定了有关经纪人的各种法律，承认了经纪人活动的合法性，并对经纪人权利和义务作了相应的规定，促进了农产品经纪人的发展。但总的来说其地位比较低，从事一般现货商品中介，在各大城市都有其足迹，被称为“掮客”(替人买卖货物从中得到佣金)，上海称之为“黄牛”。

1949 年新中国成立以后，农村经纪业是在夹缝中求生存，谋发展。1950 年 11 月 14 日，中央人民政府贸易部发布了《关于取缔商业投机的几项指示》，对当时的官僚资本采取了没收政策，对民族资本采取限制改造的政策，证券和各类物资交易所被关闭，对经纪人和投机商人分别采取利用、改造、取缔措施。1956年，我国"一化三改"任务完成后，实行了高度集中的计划经济管理模式，不承认商品生产和交换，在这种体制下，经纪人完全失去了存在的土壤，在农村，经纪人被当作"资本主义尾巴"割掉了。

党的十一届三中全会以后，农产品经纪人的发展大致可分为三个阶段。

第一段是自发形成的地下经纪阶段。党的十一届三中全会以后，伴随商品经济的发展，农村的经纪活动首先开始出现。但由于认识上的不足，政策上对经纪活动还是以打击、限制为主，各种经纪活动一般都非公开进行。

第二阶段是在探索中恢复与发展阶段。1984年党的十二届三中全会提出我国社会主义经济是公有制基础上的有计划的商品经济。1987年党的十三大进一步提出社会主义有计划商品经济的体制应该是计划与市场内在统一的体制。党的改革开放政策极大地解放了人们的思想，提高了人们对与商品生产有密切联系的经纪人的认识，我国经纪人进入了一个新的阶段。1986年，重庆市工商局批准成立了全国第一家经纪人公开活动场所——重庆市工业品贸易中心。武汉市工商局也于1987年11月开展了经纪人活动试点，批准成立了正式的经纪人组织，116名经纪人取得了合法资格。此后，深圳市、海口市、广州市、上海市、南京市等地工商局也在充分肯定经纪人的积极作用的前提下，积极探索对经纪人的培育和管理。此时农产品经纪人也开始活跃在社会经济生活的许多领域。

第三阶段是快速发展规范阶段。1992年，党的十四大提出建立社会主义市场经济体制，彻底解放了人们的思想，从此我国经纪人进入了全新的发展阶段。各地陆续制定法规、规章，明确经纪人存在的合法性和正当性，保护经纪人合法权益，对经纪人进行监督管理，引导经纪业健康发展。福建、山东、广东等省人大以条例形式颁布了经纪人管理地方法规；济南市、上海市、四川省等省市以政府令形式颁布了经纪人管理的地方规章。国家工商行政管理局在部分省市制定地方法规规章的基础上，于1995年10月26日颁布了我国第一部规范经纪人活动的全国性行政规章——《经纪人管理办法》。在政府的保护和推动下，经纪人发展迅速。经纪人广泛活跃在农产品和农业生产资料的产供销、农产品期货、农业科技、农村产权、农村文化体育等各类市场上，以其熟练的专业知识和社会化服务，在沟通供需、活跃流通、传播信息、引导生产、促进社会资源的合理配置等方面，发挥着日益重要的作用。农产品经纪人所发挥的重要作用得到了党中央、国务院和地方党委、政府的充分肯定。早在2000年中共中央、国务院《关于做好农业和农村工作意见》(即2000年中央1号文件)中就指出，"改革以来日益活跃的农民经纪人队伍和各种形式的民间流通组织，是搞活农产品流通的重要市场中介，是推动农业结构调整的一支重要的力量"。2003年，由中华全国供销合作总社申请，原国家劳动和社会保障部批准，将农产品经纪人作为一个正式的职业纳入国家的职业大典，并制定了相应的职业标准。自2004年到2011年的所有中央1号文件，包括国家的"十二五"发展规划、国务院2009年40号文件均把发展农产品经纪人或农村经纪人，作为搞好农产品流通，发展现代农业，推进新农村建设的重要措施列入其中。在此背景下，经国务院领导同意、民政部批准，于2007年底，成立了广大农产品经纪人的联合组织——中国农产品流通经纪人协会。

农产品经纪人国家职业标准

1 职业概况

1.1 职业名称

农产品经纪人。

1.2 职业定义

从事农产品收购、储运、销售以及销售代理、信息传递、服务等中介活动而获取佣金或利润的人员。

1.3 职业等级

本职业共设三个等级，分别为：初级（国家职业资格五级），中级（国家职业资格四级），高级（国家职业资格三级）。

1.4 职业环境

室内、外常温。

1.5 职业能力特征

具有一定的判断、推理、计算、语言表达能力，色、嗅、味、触感官灵敏，空间感、形体感强。

1.6 基本文化程度要求

初中毕业。

1.7 培训要求

1.7.1 培训期限

全日制职业学校教育，根据其培养目标和教学计划确定。晋级培训期限：初级不少于200标准学时；中级不少于150标准学时；高级不少于100标准学时。

1.7.2 培训教师

培训初、中级人员的教师必须具备相关专业助理讲师以上专业技术职称或本职业高级职业资格证书；培训高级人员的教师，必须具备相关专业讲师以上专业技术职称。

1.7.3 培训场地与设备

能满足教学需要的标准教室和技能模拟训练场地，备有代表性的农产品标准样品，品种齐全；收购、评审质量、分等定级、计量计价的仪器设备；具有模拟交易结算室及计算机等相关设施。

1.8 鉴定要求

1.8.1 适用对象

从事或准备从事本职业的人员。

1.8.2 申报条件

——初级（具备以下条件之一者）：

(1)经本职业初级正规培训达规定标准学时数，并取得毕（结）业证书。

(2)在本职业连续见习工作2年以上。

——中级（具备以下条件之一者）：

(1)取得本职业初级职业资格证书后，连续从事本职业工作2年以上，经本职业中级正规培训达规定标准学时数，并取得毕（结）业证书。

(2)取得本职业初级职业资格证书后，连续从事本职业工作4年以上。

(3)取得经劳动保障行政部门审核认定的,以中级技能为培养目标的职业学校本职业(相关专业)毕业证书,且从事本职业工作1年以上。

——高级(具备以下条件之一者):

(1)取得本职业中级职业资格证书后,连续从事本职业工作3年以上,经本职业高级正规培训达规定标准学时数,并取得毕(结)业证书。

(2)取得本职业中级职业资格证书后,连续从事本职业工作6年以上。

(3)取得本职业中级职业资格证书的大专以上毕业生,并连续从事本职业工作2年以上。

(4)取得高级技工学校或经劳动保障行政部门审核认定的,以高级技能为培养目标的职业学校本职业(相关专业)毕业证书,且从事本职业工作1年以上。

1.8.3　鉴定方式

分为理论知识考试和技能操作考核两部分。理论知识考试采用笔试方式,满分为100分,60分及以上者为合格。理论知识考试合格者方能参加技能操作考核。技能操作考核采用现场实际操作方式进行,技能操作考核分项打分,满分为100分,60分及以上者为合格。

1.8.4　考评人员与考生配比

理论知识考试考评员与考生的比例为1∶20,每个标准教室不少于2名考评人员;技能操作考核考评员与考生的比例为2∶1,即2名考评员负责一名考生,考生逐一操作,考评员逐一评分。

1.8.5　鉴定时间

理论知识考试为120分钟;技能操作考核初级为120分钟,中级、高级各为150分钟。

1.8.6　鉴定场所及设备

理论知识考试在标准教室进行。技能操作考核应在符合本职业要求的实验室和模拟场所进行,实验室、模拟场所应具备有关的仪器设备、工具材料、计算机等。

2　基本要求

2.1　职业道德

2.1.1　职业道德基本知识

2.1.2　职业守则

(1)爱岗敬业,诚实守信;

(2)遵纪守法,办事公道;

(3)精通业务,讲求效益;

(4)服务群众,奉献社会;

(5)规范操作,保障安全。

2.2　基础知识

2.2.1　农产品商品基础知识

(1)农产品的概念及分类;

(2)农产品的商品性状;

(3)农产品的规格与质量标准;

(4)农产品的鉴别及等级评定方法。

2.2.2　财务会计知识

(1)会计基础知识;

(2)会计报表分析的基础知识。

2.2.3 经营管理知识

(1)农产品的经营特点及业务管理;

(2)农产品的包装、保管、运输;

(3)农产品的购销业务成本核算;

(4)WTO相关知识。

2.2.4 经济地理知识

(1)我国主要农产品的地理分布;

(2)各种运输线路、运输工具的选择;

(3)我国公路、铁路主干线的地理分布。

2.2.5 相关法律知识

(1)合同法的相关知识;

(2)消费者权益保护法的相关知识;

(3)产品质量法的相关知识;

(4)计量法的相关知识;

(5)税收征收管理法的相关知识;

(6)道路运输管理条例的相关知识;

(7)野生动物保护法的相关知识;

(8)野生植物保护条例的相关知识;

(9)保险法的相关知识;

(10)国家绿色食品标准的相关知识;

(11)食品卫生法的相关知识;

(12)动植物检疫法。

2.2.6 安全卫生知识

(1)安全食品生产知识;

(2)运输工具及机械设备的安全使用;

(3)安全用电知识;

(4)防火、防盗、报警、补救知识;

(5)环境保护知识。

2.2.7 信息技术应用知识

(1)微型计算机的基础知识;

(2)微型计算机系统的基本组成;

(3)微型计算机系统的操作应用;

(4)计算机网络及互联网(Internet)的初步知识;

(5)计算机病毒的防治常识。

3 工作要求

本标准对初级、中级、高级的技能要求依次递进,高级别涵盖低级别的要求。

3.1 初级

职业功能	工作内容	技能要求	相关知识
一、市场信息采集与分析	(一)市场信息采集	能采集所经营的农产品市场信息	所经营农产品的产量、品质及供求状况
	(二)市场分析	能对采集的市场信息进行初步分析	
二、建立客户与谈判订约	(一)建立客户	1. 能根据市场供需情况找到客户 2. 能回答客户提出的所经营农产品的价格、质量、等级、规格等问题	1. 与客户沟通的基本技巧 2. 所经营农产品的相关知识
	(二)谈判订约	能以口头方式表达合作意向	客户的心理常识
三、产品鉴别及等级评定(按所经营的产品的类别,选择表中所列六项中一项的一个品种)	(一)粮食品级鉴别	1. 能合理取样 2. 能应用感官、简易工具对抽取的样品进行品种鉴别及定级,误差率不超过规定标准的40%	所经营粮食作物的鉴别方法及规格质量标准
	(二)果蔬及花卉品级鉴别	1. 能对所经营果蔬及花卉分类 2. 能合理取样 3. 能应用感官、简易工具对抽取的果蔬及花卉样品进行品种鉴别及定级,误差率不超过规定标准的40%	1. 所经营果蔬及花卉的品种、质量、等级的一般知识 2. 所经营果蔬及花卉的鉴别方法及规格质量标准 3. 无公害产品知识
	(三)林产品品级鉴别	1. 能够合理取样 2. 能应用感官、简易工具对抽取的样品进行品种鉴别及定级,误差率不超过规定标准的40%	所经营林产品的品种、性状、特点、鉴别方法及规格质量标准
	(四)畜禽产品品级鉴别	1. 能识别病、健畜禽 2. 能鉴别畜禽品种、肉的质量及等级 3. 能应用感官、简易工具对抽取的畜禽副产品进行品种鉴别及定级	1. 畜禽的产地、品种、特性 2. 畜禽肉的质量等级标准 3. 主要畜禽副产品的性状、特点、鉴别方法及规格质量标准
	(五)水产品品级鉴别	1. 能识别所经营水产品的种类 2. 能感官判断所经营水产品的鲜活程度 3. 能对抽取的样品进行品种鉴别及定级,误差率不超过规定标准的30%	1. 所经营水产品的品种、质量、等级的有关知识 2. 所经营水产品保鲜的一般知识 3. 所经营水产品的鉴别方法及规格质量标准 4. 所经营水产品的产地分布情况
	(六)其他农副产品品级鉴别	1. 能够合理取样 2. 能应用感官、简易工具对抽取的样品进行品种鉴别及定级,误差率不超过规定标准的40%	所经营其他农副产品的品种、性状、特点、鉴别方法及规格质量标准

续表

职业功能	工作内容	技能要求	相关知识
四、农产品储运	(一)储存	能对所经营农产品进行储存、保管和养护	所经营农产品的仓储知识
	(二)运输	能安全地将所经营农产品运送到目的地	所经营农产品运输安全知识
五、核算与结算	(一)核算	能对所经营的农产品毛利进行粗略的估算	所经营农产品毛利的计算方法
	(二)结算	1.能使用各种验钞工具、清点现金准确无误 2.能填制购销结算凭单	1.伪钞的识别知识 2.常用购销业务凭单的基本内容及填制方法

3.2 中级

职业功能	工作内容	技能要求	相关知识
一、市场信息采集与分析	(一)市场信息采集	能通过广播、电视、报刊等渠道采集所经营农产品市场信息	市场调查的基本知识
	(二)市场分析	能对采集的市场信息进行分析筛选和判断	市场分析的基本知识
二、建立客户与谈判订约	(一)建立客户	1.能同客户有效沟通 2.能根据市场供需情况找到一定数量的客户	公共关系的基本知识
	(二)谈判订约	能以协议形式表达双方的合作意向	商务谈判的基本知识
三、产品鉴别及等级评定(按所经营的产品的类别,选择表中所列六项中一项的一个品种)	(一)粮食品级鉴别	能鉴别样品的品种及定级,误差率不超过规定标准的30%	主要粮食作物的品种鉴别及规格质量标准
	(二)果蔬及花卉品级鉴别	1.能识别果蔬及花卉的品种 2.能鉴别果蔬及花卉的绿色环保等级 3.能鉴别果蔬及花卉样品的质量、等级,误差率不超过规定标准的30%	1.主要果蔬及花卉的品种、质量、等级的知识 2.主要果蔬及花卉的鉴别方法及规格质量标准 3.绿色产品等级知识
	(三)林产品品级鉴别	能鉴别样品的品种及等级,误差率不超过规定标准的30%	1.主要林产品的品种、性状、特点、鉴别方法及规格质量标准 2.国家对林木采伐的政策及有关规定
	(四)畜禽产品品级鉴别	1.能估算畜禽的出肉率,误差率不超过规定标准的6% 2.能鉴别病、健畜禽胴体	1.畜禽屠宰的常识 2.畜禽胴体的卫生检疫知识
	(五)水产品品级鉴别	1.能识别主要水产品的种类 2.能判断主要水产品的鲜活程度 3.能鉴别样品的品种并定级,误差率不超过规定标准的20%	1.主要水产品的品种、质量、等级知识 2.主要水产品的产地分布情况 3.主要水产品保鲜知识 4.主要水产品的鉴别方法及规格质量标准
	(六)其他农副产品品级鉴别	能鉴别样品的品种并定级,误差率不超过规定标准的30%	其他农副产品的品种、性状、特点、鉴别方法及规格质量标准

续表

职业功能	工作内容	技能要求	相关知识
四、农产品储运	(一)储存	能根据农产品的特性进行分类储存、保管和养护	主要农产品仓储知识
	(二)运输	1. 能根据农产品的地理分布选择合理的运输路线 2. 能根据农产品的特性选择合理的运输工具	运输工具及路线优化选择方法
五、核算与结算	(一)核算	能对经营商品的成本、费用、税金进行一般核算	成本核算的一般知识
	(二)结算	能用信用卡进行结算	信用卡的使用知识

3.3 高级

职业功能	工作内容	技能要求	相关知识
一、市场信息采集与分析	(一)市场信息采集	能通过互联网采集所经营农产品市场信息	互联网的应用常识
	(二)市场分析	能在广泛采集信息的基础上,对所经营农产品的供求情况做出分析判断	市场预测与决策相关知识
二、建立客户与谈判订约	(一)建立客户	1. 能同客户密切沟通、广泛联系 2. 能稳定地维系一批客户	1. 商务谈判的技巧 2. 与所经营农产品相关的法律、法规知识
	(二)谈判订约	1. 能通过洽谈,促成交易的实现,避免风险 2. 能以书面形式签订有效合同	
三、产品鉴别及等级评定(按所经营的产品的类别,选择表中所列六项中一项的一个品种)	(一)粮食品级鉴别	能鉴别样品的品种并定级,误差率不超过规定标准的20%	1. 国内市场主要粮食作物的品种鉴别及规格质量标准 2. 国际市场主要粮食品种及质量标准
	(二)果蔬及花卉品级鉴别	1. 能识别国内主要果蔬及花卉的品种 2. 能应用仪器设备鉴别果蔬及花卉的绿色环保程度 3. 能鉴别国内主要果蔬及花卉样品的质量、等级,误差率不超过规定标准的20%	1. 国内市场主要果蔬及花卉的品种、质量、等级的知识 2. 国内市场主要果蔬及花卉的鉴别方法及规格质量标准 3. 我国果蔬及花卉品种及产地分布情况 4. 有机产品知识 5. 国际市场主要果蔬及花卉品种及质量标准
	(三)林产品品级鉴别	能鉴别样品的品种及等级,误差率不超过规定标准的20%	1. 国内市场主要林产品的品种、性状、特点、鉴别方法及规格质量标准 2. 国家森林保护有关法律、法规 3. 国际市场主要林产品品种及质量标准

续表

职业功能	工作内容	技能要求	相关知识
三、产品鉴别及等级评定（按所经营的产品的类别，选择表中所列六项中一项的一个品种）	（四）畜禽产品品级鉴别	1.能估算畜禽的出肉率，误差率不超过规定标准的4% 2.能鉴别病、健畜禽副产品	1.畜禽屠宰、的基本流程 2.畜禽副产品的卫生检疫知识 3.国际市场主要畜禽产品品种及质量标准
	（五）水产品品级鉴别	1.能识别我国主要水产品的种类 2.能鉴别样品的品种并定级，误差率不超过规定标准的10%	1.我国主要水产品的品种、质量、等级知识 2.我国主要水产品的鉴别方法及规格质量标准 3.我国主要水产品的产地分布情况 4.国际市场主要水产品的质量标准
	（六）其他农副产品品级鉴别	能鉴别样品的品种并定级，误差率不超过规定标准的20%	1.国内市场其他农副产品的品种、性状、特点、鉴别方法及规格质量标准 2.国际市场其他农副产品的产地及质量标准
四、农产品储运	（一）储存	能合理使用仓储空间，提高仓储利用率	仓储管理的知识
	（二）运输	能科学选择运输路线和运输工具，做到装载商品结构合理，数量准确，节省运费	农产品装载的基本知识及运输费用的核算方法
五、核算与结算	（一）核算	能正确核算农产品成本、费用、税金	相关税收的法规知识
	（二）结算	能填制银行结算凭单	银行结算知识
六、培训与指导	培训与指导	1.能对初级、中级农产品经纪人进行培训 2.能够具体指导初级、中级农产品经纪人的日常经营业务活动	培训、指导的有关知识

4 比重表

4.1 理论知识

项　目		初级/%	中级/%	高级/%
基本要求	职业道德	5	5	5
	基础知识	15	10	15

续表

项　　目		初级/%	中级/%	高级/%
相关知识	1.市场信息采集与分析	10	15	15
	2.建立客户与谈判订约	30	25	20
	3.产品鉴别及等级评定	25	20	15
	4.农产品储运	5	10	10
	5.核算与结算	10	15	15
	6.培训与指导			5
合　　计		100	100	100

4.2　技能操作

项　　目		初级/%	中级/%	高级/%
技能要求	1.市场信息采集与分析	15	20	25
	2.建立客户与谈判订约	40	40	40
	3.产品鉴别及等级评定	30	20	10
	4.农产品储运	5	5	5
	5.核算与结算	10	15	15
	6.培训与指导			5
合　　计		100	100	100

项目二　农产品市场信息的调查与分析

◆ 项目设置背景

市场是经济利益群体实现物质、信息、劳务、价值等供求交换活动及其关系的总和。农产品市场信息是农产品市场上各种经济关系、经济活动现状、经济活动变化情况及与市场营销有关的各种消息、情报、图表、数据资料的总称。农产品市场信息一般可通过文字、语言、数据、凭证、报表、符号、广告、商情等进行传递。农产品经纪人要掌握市场经营的技能，必须从掌握市场信息，掌握市场经营主体的各种需求活动开始，这是农产品经纪人职业操作的首要环节。农产品经纪人的经营活动首先是面对产地与销售两个市场，要想掌握两个市场，就要熟悉两个利益群体的活动趋势，活动规律，变化动向。其中首先是掌握两个市场的信息，并做出及时的分析判断，选择正确的市场经营目标和经营策略，这是农产品经纪人应掌握的基本功。通过本项目的学习，学生不仅要掌握农产品市场信息采集的基本知识，更重要的是要树立起“农产品市场信息的意识”，充分认识到市场信息采集是农产品经纪人做出正确经营决策的关键。

◆ 引导案例

农产品经纪人依靠市场信息带农致富

河北省卢龙县木井乡潘贯各庄村的养殖户近来格外高兴，因为他们养殖的肉羊还没出栏，就被北京的客商订购了，价格比当地市场还要高。“多亏了我们村经纪人的牵线搭桥，这批羊又稳赚几万块。”一位养殖户在给羊喂料时笑呵呵地说。

潘贯各庄村是传统的肉羊养殖专业村。为了更好地为养殖户提供全方位服务，该村经纪人潘晓新牵头，成立了卢龙县第一家双利农产品经纪有限公司，实行“经纪公司＋特色村经纪人＋农户”的模式，160 位农产品经纪人加入，形成了多形式、多渠道的农产品销售网络。农产品经纪人依托农产品资源优势，利用互联网和在外销售人员等多种灵活方式，架起了农产品销售“绿色桥梁”。当地 75％的农产品是通过经纪公司、经纪协会、经纪人组织销售的，促进了当地农产品的流通和销售。

近年来，卢龙县按照“市场＋经纪人＋农户”的模式，大力引导培育和扶持农产品经纪人。对农产品经纪人实行“零门槛准入”，对农民申请农产品经纪人资格的，优先予以核准。有文化、善经营、会管理、头脑灵活的经纪能人应“市”而生，他们将当地的果蔬、生猪、肉羊、水产等农产品信息通过互联网对外发布，吸引了全国各地客商前来购买。如今，卢龙县 2 100 多名农村“经纪能人”活跃在农村一线，他们忙时跑市场，闲时搜集信息，成为农民与客商之间的桥梁，实现了一人带动一行、一行带动一方致富。

改编于阿里巴巴农业频道专题　2013-02-25

任务一　农产品市场信息及市场调查

◈ 案例

浙江嘉善农村经纪人一年卖出6亿农产品

2009年浙江省嘉善县农村经纪人销售的农产品总产值达到6亿多元人民币。浙江嘉善县罗星街道鑫锋村农产品经纪人王明德与50位农户签订了蔬菜订单合同，每天要收购近5 000千克蔬菜，全年收购量约达150万千克。他做蔬菜营销已经10多年，每天忙着收购蔬菜，每天都要联系市场，“每天都很忙”。王明德和大部分农民一样，以往也过着面朝黄土背朝天的生活，10年前的一次偶然机会，他多了一个新的身份——农产品经纪人，代理村内农产品的销售，从此生活发生了翻天覆地的变化。现在，他既能帮助农民解决农产品销售难题，自己也走向了致富的道路。而同是鑫锋村的张大伯则坦言：“以前收获的时候总担心农产品不好卖，现在有了农产品经纪人，我们只要种好地，再也不用为农产品的销路发愁了。”

农产品经纪人凭着对市场信息的准确把握，一头连着市场，一头连着农户，极大地帮助了嘉善县的优质农产品走出本地，畅销全国。2009年，该县1 159名农产品经纪人共卖出6亿多元的农产品。

改编于中国新闻网　2010-03-22

◈ 知识要点链接

农产品经纪人经营的成功与否，关键是要看他对市场的了解程度，而了解和把握市场的最好武器就是进行市场调查。农产品市场和其他市场既有联系又有区别，因此要准确进行农产品市场调查，就必须先了解农产品市场的特点。

一、农产品市场的特点

农产品市场是买卖双方实现农产品所有权交换的场所。狭义的农产品市场是指进行农产品所有权交换的具体场所，广义的农产品市场则是指任何形式的农产品交易活动和交换关系的总和。农产品市场的特点主要有：

1. 交易的产品具有生产资料和生活资料的双重性质

农产品市场上交易的农副产品，一方面可以供给生产单位用作生产资料，如农业生产用的种子、种畜和饲料，工业生产用的各种原材料等；另一方面，农产品又是人们日常生活离不开的必需品，居民的“米袋子”、“菜篮子”都要由农产品市场供应。

2. 交易的产品供给具有季节性和周期性

农业生产具有季节性，农产品市场的货源随农业生产季节而变动，特别是一些鲜活农产品更是如此。农业生产的周期性特点，决定了其供给在一年之中有淡季、旺季之分，数年之中有丰产、平产、歉产等各种情况出现。这些自然规律，人为因素很难改变。

3. 交易的产品市场风险比较大

农产品是具有生命的产品，在运输、储存、销售中会发生腐烂、霉变及病虫害等，极易造成损失，所以农产品市场营销必须有很好的组织，尽量缩短流通时间，改善设施，降低这种风险。

4.交易的产品在现代化市场与传统小型分散市场并存

农产品在集中交易时具有地域性特点，通常采用集市贸易的形式，规模小而且分散。而在大中城市、交通枢纽等地则有规模较大的现代化农产品市场，如现代化的批发市场、期货市场、超级市场等。

农产品市场的这些特点，使农产品的销售具有自己的规律和特点。农产品经纪人要自觉地按照客观规律指导自己的经纪活动，才能取得预期的经营成果。

二、农产品市场的分类

(一)按照农产品交易场所的性质划分

1.产地市场

指在各个农产品产地形成或兴建的定期或不定期的农产品市场。产地市场的主要功能是为分散生产的农户提供集中销售农产品和了解市场信息的场所，同时便于农产品的初步整理、分级、加工、包装和储运。产地市场的主要特点是：接近生产者，以现货和批发为主要交易方式，专业性强，主要从事某一种农产品交易，如山东寿光蔬菜批发市场、河北永平县南大堡蔬菜批发市场等都是具有一定规模的产地批发市场。

2.销地市场

指在农产品购买者所在地设立的农产品市场，可进一步分为销地批发市场和销地零售市场。销地市场的主要职能是把经过集中、初步加工和储运等环节的农产品销售给消费者。

3.中转市场

中转市场是指连接农产品产地和销地的农产品集散中心，其主要功能是将来自各个产地市场的农产品进一步集中起来，经过加工、储藏与包装，再分销到各地的批发市场。这类市场多设在交通便利的地方，如公路、铁路交会处，此类市场一般规模都较大，建有大的交易场所和停车场、仓储设施等配套服务设施。

(二)按照农产品销售方式划分

1.农产品批发市场

农产品批发市场是将来自各产地市场的农产品进一步集中起来，经过加工、储藏和包装等环节，再通过销售商分散销往各地。通常情况下，农产品批发市场的流通范围广，农产品吞吐量大、周转快，农产品价格相对较低。不仅农产品产地和中转集散地设有批发市场，作为销地的大中城市也可设立批发市场。

2.农产品零售市场

农产品零售市场，相对于批发市场而言，就是进行农产品小量交易的场所，是通过零售方式直接向消费者提供农产品的最终交易场所。通常情况下，农产品零售市场的辐射范围小，交易方式主要是现货交易，单次交易数量小，而农产品的价格高于批发市场。此类型的市场主要有三种，即露天市场、农贸市场和超市。

(三)按照农产品交易形式划分

1.现货交易市场

现货交易市场是进行现货交易的场所或交易活动，所谓现货交易是指买卖双方谈判(讨价还价）达成口头或书面买卖协议，商定付款方式或其他条件，在一定时期内进行实物商品交付和货款结算的交易形式。它是商品经济社会最基本、最常见的市场形式。

2. 期货交易市场

狭义的农产品期货市场是指农产品期货交易的场所；广义的农产品期货市场是在市场经济发展过程中，围绕农产品期货合约交易而形成的一种特殊的经济关系，是一种特殊的交易活动。农产品期货市场上交易的农产品是一种代表性的商品，具备可储藏、品质可评价、批量大、价格波动大等特点的农产品方能上市交易。目前，我国共有三家农产品期货交易所，分别是郑州商品交易所、大连商品交易所和上海期货交易所，交易的农产品主要有大豆、小麦、豆粕、绿豆、天然橡胶等品种。

（四）按照农产品商品性质划分

按照农产品商品性质划分，农产品市场还可以分为粮食市场、蔬菜市场、肉禽市场、水产品市场、果品市场、植物纤维市场等。

三、农产品市场信息的含义与特征

（一）农产品市场信息的含义

农产品市场信息是指在农产品商品经济活动中，能客观描述农产品市场经营活动及其发展变化特征，为农产品生产经营、管理和进行市场预测提供各种有针对性的、能产生经济效益的知识、消息、数据、情报的总称。用科学的方法和手段收集、整理农产品商品信息，加强对信息的管理和利用，是现代农产品销售与营销管理的重要内容，也是信息工作的基本任务。

（二）农产品市场信息的特征

市场信息的内容包括很多方面，有生产性信息、消费性信息、供给信息、需求信息、金融信息、销售信息、储存信息等，还有特定信息。所谓特定信息是指以专门进行某项市场调研为目的而收集的有关市场容量、消费需求、社会购买力，消费结构、某产品的市场占有率等方面的信息，这些数据构成市场信息的基本内容。不论哪一方面内容的市场信息，都具有以下几个基本特征：

1. 市场信息必须产生于市场

只有市场经济活动所产生的信息才称之为市场信息。

2. 市场信息是与市场交易有关的数据

市场信息不仅是指有交易行为的经济活动所产生的信息，而且还包括非交易行为信息，因为市场上的各种经济活动大量的是属于非交易活动，如市场调研、商品实体运动、市场管理等方面的活动。因此，只要是与市场交易有关的数据都是重要的信息。

3. 市场信息的价值性在于信息的有用性和时效性

同样内容的信息，对于一个具体的企业具体的人来说，有用程度不一样，价值大小也就不同。而传递信息的快慢也反映信息价值的大小。有的时候，把握信息的时机，传递信息的速度对于企业来说意义非同一般，尤其对于企业的市场营销而言，信息的时效性更为重要。

4. 市场信息具有较强的传递性

市场信息从信息源出发，经过通道传递才能被接收并进行处理和运用。

四、农产品市场信息的作用

市场信息在企业经营与市场营销活动中起着重要作用。就农产品市场而言,市场信息主要有以下作用:

1. 市场信息是从事经营活动的前提

经营是指企业有效地利用资源,为实现企业目标、提高产品形象、企业声誉和经济效益而对企业生产、科技、经济等活动进行运筹、谋划、管理的综合职能。发挥经营职能,实现经营目标,都要利用市场信息,以便开拓市场,服务用户,提高营销效率,市场信息成为企业经营的起点。

2. 市场信息是市场预测的基础

市场预测是经营决策的前提。预测的准确度关系到企业的经营决策,影响企业的经济效益。特别是农业生产具有强烈的季节性和明显的地域性,生产前如何做出决策意义重大,因此,必须进行充分的市场预测。市场预测必须应用过去的数据,结合现在的情况与数据,去预测未来。这些过去和现在的数据、情况,都是市场信息,因此,市场信息是市场预测的基础。

3. 市场信息是经营决策的依据

没有调查研究就没有发言权,不了解市场情况、用户情况,就无法有针对性地搞好经营决策。要知己、知彼、知用户、知市场,就必须掌握市场信息,实现经营决策化及最优化。

4. 市场信息是市场营销管理有机组成部分

企业市场营销管理包括市场环境分析、市场营销战略与策略、市场营销管理等主要内容。任何一个内容都离不开市场信息,任何一项市场活动又会产生大量的市场信息。在一定意义上讲,市场营销管理就是市场信息管理。

5. 市场信息是市场营销控制的依据

一方面,企业需要依靠市场信息建立营销计划、营销战略、营销策略及市场营销策略组合等营销手段;另一方面,企业通过市场营销机制的运行及其信息反馈,对产品实行有效控制。

6. 市场信息是内外协调的依据

企业经营是使内部条件、外部环境、经营目标三者之间协调,以实现企业活动动态协调最优化的过程,市场信息则是内外协调的主要依据之一。当市场环境变化的信息出现时,企业必须及时做出相应决策,采取相应的管理行动,使内部条件和经营目标、方针、战略适应这种变化,在与外部环境变化相协调中求得动态发展。

五、农产品经纪人应掌握的信息

1. 政策信息

农产品经纪人应及时了解党和国家及地方关于发展农业的方针、政策和措施;及时了解党和国家关于加大对农业的投入、减轻农民负担和增加农民收入等有关农业、农村、农民增收的最新消息。

2. 价格信息

近几年市场对农产品的价格影响较大,种植和养殖方向不断发生变化。因此,经纪人获取有关可靠的市场变化信息,随时指导农民调整种养结构,避免产业雷同造成的损失。

3. 科技信息

适时掌握科研单位新研发出的新品种、新成果、新技术信息等，从采集的信息中获得效益。

4. 农资信息

面对农资供应渠道多、门类复杂的现实，经纪人更应了解化肥、农药等方面的信息，还要掌握生物资源代替化学药物的信息，以便指导生产者及时选用。

◈ 核心技能点

农产品经纪人的经纪活动是适应环境变化，对不断变化的环境做出积极反应的动态过程。经纪人能否有效地发现、分析和预测环境的变化及其趋势，关系到经纪人的生存和发展。通过对农产品流通市场的信息收集，可以提高农产品经纪人的市场意识，培养农产品经纪人的市场信息搜集能力，树立以农产品流通为导向的经营理念。通过学习要求学生了解作为一名农产品经纪人应掌握的市场信息。

◈ 实训活动

考察附近的农产品交易市场或批发市场，调查了解以下内容：

1. 了解该市场每年的农产品交易额；
2. 了解该市场的经营主体和消费群体；
3. 分析讨论该农产品交易市场的优势和劣势、机会和风险；
4. 如果你是从事农产品交易业务的经纪人，你最关心的信息有哪些？
5. 分析调查结果，为该交易市场发展提出建议。

任务二 农产品市场信息的调查手段与整理方法

◈ 案例

安顺市万名农产品经纪人跑“活”农经市场

安顺市板凳山村是西红柿种植专业村，110 户农民种了 500 余亩西红柿，平均亩产 6 000～7 000 千克。过去由于信息闭塞，西红柿外销没有出路，季节一过，大量西红柿烂在地里，让农民遭受了巨大的损失。

在有关部门的帮助下，板凳山村组成了农产品经纪人队伍。10 多名农产品经纪人陆续前往湖南、广东等地打开市场。如今，该村西红柿亩产销售额达到了 1.4 万～1.5 万元。由于经纪人的利益和农民相关，他们成了农业新技术、新品种的有效传播者和有效载体。据不完全统计，目前安顺市农村专业合作经济组织有 2 200 多个，农产品经纪人有万余人，其中近 200 多人获得了工商部门颁发的农产品经纪人资格证书。近年来，村里有 20 个熟悉市场的经纪人跑市场，寻找和提供大米、西红柿、辣椒、茄子、生姜等销售信息，带动了全村种植业的发展，村民的收入比以前增加了，不少人家盖起了漂亮的小楼。目前在安顺开发区板凳山村，一批农村经纪人活跃在田间地头，让该村的瓜果蔬菜在外省市场有了"活"路。

安顺市各县区结合实际，帮助农产品经纪人提高服务技能，掌握市场信息，使其更好地服务当地农村经济发展。政府利用现代远程教育站(点)、农经网、科技信息网、报纸杂志、广播电视等现代信息网络，把收集整理的农副产品供求信息、市场行情、市场走势分析等资料，传播给农产品经纪人，同时帮助农产品经纪人与外地客商建立联系，充分发挥信息平台牵线搭桥的作用。据统计，该县目前有近 1 000 名了解信息、懂市场的农产品经纪人，每年完成的农产品交易额上亿元。

改编于安顺日报　2011-06-22

◈ 知识要点链接

一、农产品市场调查的内容和步骤

(一)农产品市场调查的基本内容

农产品市场调查是指根据农产品市场调查的目的和需要，运用一定的科学方法，有组织、有计划地搜集、整理、传递、存储和利用市场有关信息的过程。其目的在于通过了解农产品市场供求发展变化的历史和现状，为决策者制定政策、进行预测、做出经营决策、制订计划提供重要依据。农产品市场调查的内容十分广泛，具体内容要根据调查和预测的目的以及经营决策的需要而定，最基本的内容有以下几个方面：

1. 市场环境调查

农产品经纪人在开展经纪活动之前，要对市场环境进行调查研究，市场环境调查的内容包括：

(1)政治环境。政治环境主要指党和政府有关经济政策，如农业发展方针、价格、财务等方面的政策。

(2)经济环境。经济环境主要指地区经济发展状况，包括农业生产水平、科技水平、产业结构、交通运输条件、国民收入、人口及其构成、居民收入及其消费结构、市场价格水平等。

(3)自然地理环境和社会环境。农产品的生产、销售、运输等环节与自然地理环境如该地的自然资源、地形地貌和气候条件等，有着密切的关系，农业生产受自然条件的制约尤为突出；此外，有些农产品生产经营还受社会文化、职业构成、民族分布特点、生活习惯等条件的影响。

2. 市场行情调查

市场行情调查是指对各种农产品商品在市场上的供求情况、存货状况和市场竞争等情况进行的调查。其中产品价格是影响需求和消费者购买行为的重要因素，合理的价格能提高商品的竞争能力和市场占有率。农产品经纪人就是要通过市场调查获得所生产经营产品的价格信息，及时调整经营计划，确定自己的价格策略。

3. 消费者需求情况调查

消费者需求情况调查是调查一定时期一定范围内人口变化，居民生活水平的变化，购买力投向，购买者爱好、习惯、需求构成的变化，特别是对各类农产品商品的数量、质量、品种、规格、式样、价格等方面的要求及其发展趋势的调查。

4. 生产者供给情况调查

生产者供给情况调查是对某种农产品生产规模、生产结构、农业科技水平、生产力布局、自然条件和自然资源等情况进行的调查。要特别重视农业生产情况的调查,因为农业生产状况直接影响到农产品市场状况。

5.销售渠道调查

销售渠道的通畅情况调查是了解商品销售渠道的过去和现状,包括商品的价值运动和实体运动的各个环节、销售人员的基本情况、销售渠道的利用情况及其存在的问题等。

6.农产品市场发展趋势调查

农产品市场发展趋势调查主要包括两方面内容。

(1)产品生命周期调查。产品生命周期调查要了解哪些产品处于试销期;哪些产品处于发展期;哪些产品处于饱和期;哪些产品处于滞销期。处于试销期的产品,消费者不太了解,产品利润少或亏本。处于发展期的产品,销售量迅速增长,利润大幅度上升。处于饱和期的产品,竞争加剧,产品价格开始下降。处于滞销期的产品,供过于求,价格下跌。

(2)新产品发展市场调查。新产品发展市场调查是为了改进所经营的产品品种所做的调查,调查内容主要包括:消费者需要什么新产品、新品种;需要的迫切程度和普遍程度如何;市场上有没有类似的新产品;其销售状况和发展趋势如何;新产品、新品种的经济效益如何等。

(二)农产品市场调查的步骤

1.拟订市场调查方案

市场调查是一项复杂的工作,应该有计划、有组织地系统地进行。在着手调查之前,应该制订一个周密的调查方案,使调查过程有统一内容、统一方法,统一步骤,以利于顺利完成调查任务。

2.确定市场调查目标

确定市场调查目标即确定调查的目的、范围和要求,也就是确定调查的主题。市场信息浩若烟海,经纪人进行市场调查时,必须根据已确定的目标和范围收集与之密切相关的资料,而不必面面俱到。实践中,市场调查的目标往往是为了解决某个特定的问题。

3.提出调查项目

调查项目是调查目的和任务的具体化,它要求项目制定者对调查对象及其特征有深刻认识。调查项目应该由熟悉被研究对象本质的调查人员集体共同制定,只有这样,调查项目才能与实际相符,经得起实践检验。

4.搜集和利用现有资料,进行初步调查

现有资料一般为二手资料,包括有关年度总结报告、专题问题报告以及政府公布的统计资料,公开出版的期刊、文献、报纸、书籍,研究机关的调查报告与研究报告,经济年鉴手册等。通过对这些资料的分析,经纪人可以初步了解和发现各影响因素之间的关系,从而确定调查问题的方向。

5.运用一定的调查方法进行实地调查

在初步调查的基础上,进一步确定调查的具体问题,并运用一定的调查方法,如通过询问、观察或问卷调查等,获取一手资料。

6.编制调查表

调查表(表2-1)就是将确定的调查项目按一定的顺序排列起来形成的表格。一张好的调查表项目要少而精,项目的措辞要明确,形式上还要让被调查者易填、易答。

表 2-1　农产品市场情况调查表

________县(市、区)

序号	市场名称	建办时间	经营面积/m^2	交易额/万元	注册资本/万元	总投资/万元	市场投资主体	供销合作社股份/万元	经营范围

填表说明：

1. 经营面积、交易额以 2012 年度数为准；

2. 该表统计的是全县(市、区)农产品市场情况(包括集贸市场)；

3. 如属区域性、地方性交易市场或一般性的农贸市场及配送中心请注明。

二、农产品市场调查的原则和方法

(一)农产品市场调查的原则

(1)实用性。收集、筛选信息就是为了应用信息。因此，信息应具备实用性，它必须为信息拥有者带来明显的经济效益，否则就没有实用价值。

(2)价值性。构成效益的因素很多，同样的信息由于受到地区差异的影响，资源、成本、技术、销路等因素的不同，效益也不一样，应根据自己的实际条件衡量选择。

(3)时间性。时间是信息的生命，信息只能在一定时间内才能有价值。所以，搜集到有用的信息后应准确判断，迅速决策，方能充分发挥信息的作用及潜能。

(4)广泛性。收集信息时尽量全面，不仅收集直接反映市场交易活动的信息，还要收集与市场供求有关的信息。

(5)准确性。收集信息力求准确，能真实地反映事物本来面目，避免虚假信息造成决策的失误。

(6)针对性。收集信息要有针对性，紧紧围绕经营活动收集信息，节省收集信息的时间和耗费。

(二)农产品市场调查的方法

1. 询问法

询问法是指调查者通过口头、电信或书面等方式,向被调查者了解情况、收集资料的调查方法。按调查者与被调查者接触方式的不同,可分为面谈调查、问卷调查、电话调查、留言调查和日记调查等。目前问卷调查法是询问法中最常用的一种方法,它是调查者针对调查目的(现象、意识、态度、倾向等),用事先拟订的一系列问题,向被调查对象了解情况或询问意见的方法。在农产品营销过程中,经常进行各种问卷调查,如客户需求调查、产品使用感受调查等。问卷调查是现代社会市场调查的一种十分重要的方法,而在问卷调查中,问卷设计又是其中的关键,问卷设计的好坏,将直接决定着能否获得准确可靠的市场信息。

(1)调查问卷的构成。一份比较完整的调查问卷通常由以下 4 部分构成,即被调查者的基本情况、调查内容、调查问卷说明、问卷编号。被调查者的基本情况包括被调查者的年龄、性别、文化程度、职业、住址、家庭人均月收入等;调查内容本身是指所调查的具体项目,它是问卷的最重要的组成部分;调查问卷说明其内容主要包括填表目的和要求、被调查者注意事项、交表时间等;此外有些问卷需要编号,以便分类归档,汇总统计。

(2)问卷设计的步骤。问卷设计共有 8 个步骤:

第一步,确定调查目的和调查对象。在收集信息资料调查前,应根据调查目的,确定调查对象。在市场细分的前提下,须认清调查对象是否为自己所针对的目标对象,这样才能提高调查信息的有效性。

第二步,根据调查目的确定调查内容。问卷调查目的不同,问卷的设计方式及其内容就不同。

第三步,确定调查问题的形式。问题的形式一般有以下几种:一是开放自由式问题,让被访者自由回答,不受限制;二是二分式问题,把问题简化成是与否两种答案,例如,你的家庭是否有机动车;三是多选式问题,对于一个问题列举几个答案,让被访者在限定的答案中选;四是顺位式问题,在提出问题时,让被访者按要求回答。

第四步,选择问题用语。在问卷调查中,应该注意以下几个方面:首先,询问的着眼点要明确;其次,要用平易语句,让被访者易于回答;再次,要避免有诱导性作用的问题;最后,避免过于涉及私隐。

第五步,设计问题的先后顺序。第一个问题必须有趣且容易回答,重要问题放在突出的位置,容易的问题放在前面,慢慢引入比较难答的问题。问题要一气呵成,注意问题的前后顺序和连贯性,不要让被访者的思绪中断。

第六步,问卷的版面布局。问卷的形式以及体裁的设计,与搜集资料成效的关系很大,应力求纸质及印刷精美,在某些开放性的问题后面留出充足的地方来让被访者填写其意见或建议,以便信息的搜集以及日后的作业处理。见图 2-1。

第七步,小规模进行调查。在设计市场调查问卷之后,有必要根据计划举行小规模的试验检查,以得知问卷的格式是否正确,调查的方式是否正确,调查的目的是否达到,调查的编组是否合理等,以便加以改正及控制调查的成本。

第八步,修订及定稿。将调查问卷进行修改后,印刷出来,在调查中使用。可以将调查中应该注意的问题编辑成册,以供相关人员的参考。

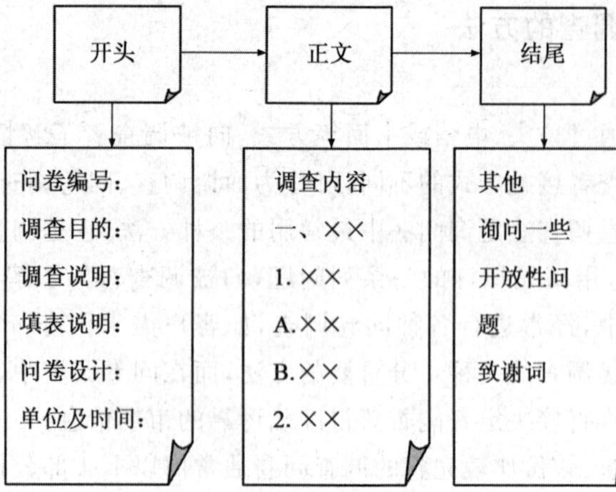

图 2-1 调查问卷的基本结构

关于大棚蔬菜在超市购买情况调查问卷

亲爱的顾客您好！

我们是北京××职业学院的在校大学生。为了很好地了解顾客在超市购买大棚蔬菜的原因，以更好地服务于大众，我们进行了本次调查，本次调查绝无商业性质，希望您在填表时不要有任何顾虑。谢谢您真诚的合作！

第一部分：被调查者基本情况

1. 您的性别：(　　)

A. 男　　B. 女

2. 您的年龄：(　　)

A. 20 岁以下　　B. 21～30 岁　　C. 31～60 岁　　D. 60 岁以上

3. 您的家庭情况：(　　)

A. 独身　　B. 两口之家　　C. 三口之家　　D. 其他

4. 您的家庭月收入：(　　)

A. 2 000 元以下　　B. 2 001～4 000 元　　C. 4 001～6 000 元　　D. 6 000 元以上

5. 您受教育的程度：(　　)

A. 小学及以下　　B. 初中、高中 / 中专 / 技校　　C. 本科或大专　　D. 研究生及以上

第二部分：大棚蔬菜在超市购买情况

注意：请选择与您相符的选项，谢谢！

6. 在超市购买蔬菜您是否经常选择大棚蔬菜？(　　)

A. 总是选择　　B. 经常选择　　C. 偶尔的选择　　D. 不经常买

7. 您选择大棚蔬菜主要原因是：(　　)※此题可多选

A. 价格　　B. 品种　　C. 购物环境　　D. 方便　　E. 质量

F. 产品新鲜

8. 您认为在超市购买大棚蔬菜的方便性如何：(　　)

A. 非常方便　　B. 比较方便　　C. 一般　　D. 比较不方便

E. 非常不方便

9. 超市里销售的大棚蔬菜的总体价格相对于其他蔬菜：(　　)

A. 很低　　B. 较低　　C. 一般　　D. 较高　　E. 很高

10. 超市里销售的大棚蔬菜的总体质量相对于其他蔬菜令您：(　　)

A. 很放心　　B. 较放心　　C. 一般　　D. 较担心　　E. 很担心

11. 超市里销售的大棚蔬菜的种类数量相对于其他蔬菜：(　　)

A. 很多　　B. 较多　　C. 一般　　D. 较少　　E. 很少

12. 您购买大棚蔬菜时，您会优先选择品牌吗？(　　)

A. 会　　B. 不会　　C. 说不准

13. 您认为超市在销售大棚蔬菜方面提供一些额外的服务，比如配菜服务、列出大棚蔬菜有益性特征等，对您购买大棚蔬菜的影响：(　　)

A. 很大　　B. 比较大　　C. 一般　　D. 不大　　E. 没有影响

14. 超市的大棚蔬菜做促销，您会更多地买这样的蔬菜吗？(　　)

A. 会　　B. 不会　　C. 不好说

15. 您对大棚蔬菜选择比较侧重于什么方面的蔬菜：(　　)

A. 反季蔬菜　　B. 当季蔬菜　　C. 遇见啥就买啥　　D. 不好说

16. 您认为大棚蔬菜有啥缺点吗？(　　)※此题可多选

A. 产品的价格较高　　B. 产品的种类不齐全　　C. 产品的质量保证不了

D. 产品包装不好　　E. 产品不新鲜　　F. 没有啥缺点

17. 您对大棚蔬菜相对于其他蔬菜的种植环境的感觉是：(　　)

A. 非常好　　B. 比较好　　C. 一般

D. 不太好　　E. 非常不好

18. 您了解大棚蔬菜吗？您心目中的大棚蔬菜是什么样？

---

2. 观察法

观察法是由调查人员在现场对调查对象的情况直接进行观察记录，取得第一手资料的调查方法。它不是直接向被调查者提出问题要求回答，而是凭调查人员的直观感觉或是利用录音机、照相机、录像机和其他器材，考察、记录被调查者的活动和现场事实，以获得必要的信息。这种方法可以比较客观地搜集第一手资料，直接记录调查的事实和被调查者在现场的行为，调查结果更接近于实际。还可随时随地进行调查，灵活性强。但这种方法只能反映客观事实的发生经过，而不能说明发生的原因和动机。同时，观察法常需要大量观察员到现场做长时间观察，调查时间较长，调查费用支出较大。

3. 实践法

实践法是调查者通过直接的调查以获得数据的一种方法。农产品经纪人到被收集对象的实地或现场收集信息资料，身临其境，带着问题到实地去调查研究，取得第一手材料，从中提取信息。

4. 阅读法

阅读法是从报纸、杂志、广告、简报中收集自己需要的信息。

5. 投书法

投书法是给信息咨询有关部门及亲朋好友发信件，请求他们提供有用信息。

6. 收听、收看法

收听、收看法是指通过收听广播、看电视，从中获取自己有用的信息。

7. 购买法

购买法是向信息单位和科研部门有偿索取信息，采取此法收集信息最为及时、准确、有效。

8. 预测法

预测法是根据市场供求规律，预测市场行情的发展趋势，正确进行决策。

9. 参会法

通过参加农产品展销会、农产品经纪人研讨会、农产品信息发布会等与农产品生产和销售相关的会议，一方面可以了解整个市场状况，另一方面可以借机宣传自己经营的项目，或建立情报网，或者找到生意伙伴签订合作协议。不管是哪一类会议，农产品经纪人若有机会都应参加，以直接掌握有关情况，获取第一手信息。此法具有活动范围广、信息传递快、比较准确等特点。

10. 互联网搜索法

通过互联网有针对性地搜索所需信息的方法，互联网中的信息多而全，涉及面广，且较容易搜集，成本也低。但这种方法需要信息收集者有一定的文化基础，能使用电脑，能用搜索工具。同时需要有信息处理能力，对繁多的信息能去伪存真，找到自己真正需要的信息。

三、农产品市场信息整理

(一)农产品市场信息整理的意义

在市场信息资料的收集阶段，我们获得了上百份甚至上千份的调查问卷，面对这些分散的、零碎的原始数据，调查者对调查对象还只是一些初步的感性认识，即对调查对象一些片面的、现象的和外部联系的认识，要认识调查对象的综合特征、本质、内部联系和发展规律，还必须以感性认识上升到理性认识。这就需要把所获得的感性材料，经过整理、思考和分析，形成概念、判断、推理，达到对调查对象整体的综合特征、本质和内在联系的认识。同时，在对信息资料的处理过程中，可以通过调查人员的智力劳动，创造性思维，使已有的信息发生交合作用，从而产生一些新的信息。对信息资料的处理过程，是由感性认识上升到理性认识的桥梁，是由调查资料的搜集向调查报告转换过程中的一个不可或缺的关键环节，一次调查活动的质量如何，在很大程度上取决于对信息资料的处理。

(二)信息资料的整理程序

信息资料的整理是信息搜集阶段的继续，也是信息分析利用的前提，因此，信息资料的整理是一项严密细致的、科学性很强的工作，需要有组织、有计划地进行。它的基本程序是：

1. 对原始资料进行审核、订正

为了保证统计资料的质量，在对原始资料进行汇总之前，必须对其进行审核，以便发现问题，及时纠正。

(1)市场信息鉴别。鉴别指对收集的信息要去伪存真，一般是将不同渠道获得的同一信息进行比较，或者将同一渠道获得的不同信息加以对照，判明信息的真伪。鉴别信息真伪的方法通常有验算、验审、核对、佐证、逻辑分析、复查等方法。

(2)市场信息筛选。就是剔除信息中那些不需要的内容，抓住实质内容。筛选是在鉴别的基础上，选择适用性强、价值大的信息资料，淘汰那些不适用、无价值、准确性差以及一些没有必要保存的适用性差、价值小的信息资料。

2. 选择分组标志，进行分组

按照最基本的、最能说明问题本质特征的统计分组和相应的统计指标对统计资料进行加工整理，即按照类别特征组织排列信息的方法。通过分类，把各种信息归入适当位置，把性质相同的归为一类，性质不同的归为另一类，分组后才能对被研究的社会经济现象进行准确的数量描述和数量分析。统计分组是统计整理的基础，分组科学与否直接影响统计整理工作的质量。

3. 统计汇总

统计汇总是选择适当的汇总组织形式和技术方法，按分组要求对原始资料进行汇总，计算各组及总体的单位数和标志总量。统计汇总是统计整理的中心内容，从一两条信息中往往只能看到市场变动的一个侧面，只有对多种信息进行综合分析，才能掌握市场动态。

4. 编制统计表、绘制统计图

统计整理的结果需要用一定的方式表现出来，整理表和统计图是表现统计资料的两种主要方式。其中整理表的设计是信息资料整理的关键，整理表是用来对调查中所取得的那些分散的、零碎的原始数据资料进行分类、汇总计算的工具，包括分组表、汇总表、简单分析计算表等，整理表一般包括调查单位基本信息整理表、调查问卷中主题信息整理表以及深度分析汇总计算表。对于大量的市场信息数据资料的表述，尽可能地用表格来表示，这样比较直观、清晰，一目了然。此外，为了醒目、形象、美观地突出特点和趋势，对市场信息资料的分析，往往用一些统计图来表示。在计算机高度普及的今天，统计图可使用统计分析软件来制作。在农产品市场分析中，经常用直方图、饼状图分析农产品某一个时点的市场占有率、农产品市场供应状况；用折线图分析农产品在一段时间内的价格、市场供应变化情况。

综上所述，对原始资料进行审核、订正是统计整理的前提，统计分组是统计整理的基础，统计汇总是统计整理的中心环节，编制统计表或绘制统计图是统计整理的结果。如 2012 年北京市农民人均现金收入情况统计表(表 2-2)。

表 2-2　2012 年北京市农民人均现金收入

2012 年	现金收入/元	比去年同期增长/%
1 月	—	—
1～2 月	—	—
1～3 月	5 453	9.4
1～4 月	6 846	12.2
1～5 月	8 258	12.6
1～6 月	9 832	12.6

续表 2-2

2012 年	现金收入/元	比去年同期增长/%
1～7 月	11 377	12.5
1～8 月	12 919	12.7
1～9 月	14 549	12.2
1～10 月	16 202	12.2
1～11 月	17 844	12
1～12 月	16 476	11.8

资料来源：北京市统计局，国家统计局北京调查总队，2013-01-22。

四、农产品经纪人应树立正确的市场信息意识

信息是农产品经纪人最重要的资本，成功的农产品经纪人，他们手中既不拥有商品，也不拥有大笔资本，但财源却滚滚而来，有时甚至让人感到赚钱只是举手之劳。他们获利的秘诀是什么？回答只有一个，即靠掌握信息。信息就是效益，信息就是金钱。因此，农产品经纪人应不断地充实自己的信息资本，并不断增值自己的信息财富。为此，必须做到以下几点。

1.农产品经纪人要强化市场信息意识

在信息时代的今天，农业领域中信息之间的交流愈来愈频繁，信息优势在“三农”中逐渐显现。作为一名合格的农产品经纪人，应具有强烈的信息意识，随时随地关注各种市场信息，自觉地从中分析、洞察出潜在的经纪业务，具有一种强烈的捕捉和获取信息并将它与自己的经纪业务发生联系的愿望。农产品经纪人可以凭着自身的优势，积极活跃在市场领域之中，从整体上把握市场信息的变化，及时预测市场价格的变化，有效地使农户与市场相衔接，推动和完善农村市场服务体系，帮助农民减少交易中的不确定性，帮助农民增收，从而提高农产品的商品性和经济效益。农产品经纪人应掌握的信息包括：产销地的环境信息、有关生产者和经纪人的信息、市场供应与需求信息、市场价格信息、流通和渠道信息、促销信息等。

2.农产品经纪人应会正确筛选信息

农产品经纪人掌握大量的信息之后，能够对市场的需求变化进行剖析，在不断的筛选中，向农民提供正确的信息，告诉农民该种什么、该养什么，该怎样才能更好地提高产量和质量，该怎样才能销路畅通并取得高额回报，从而带动地方经济，推动农业产业化规模的发展。并且通过把本地农产品推销到市场的过程中，及时地反馈信息，将有利于下一步农业生产的市场信息带回来为农民生产者服务，从而推动农业生产结构的调整。

3.农产品经纪人应建立自己的信息库

农产品经纪人，不论组织形式如何，都必须建立自己的信息库，用现代化手段储存各类信息，建立广泛有效的信息联系网络，以便为社会生产、流通、消费服务。

4.农产品经纪人应会正确传播信息

农产品经纪人所从事的是一项服务性的工作，他们在走南闯北中，不断散播自己所掌握的信息，一方面，他们凭着“三寸不烂之舌”引导农民进入市场，不断创新生产技术，发展新品种，让农民真正懂得了什么是市场以及怎样去适应市场。农产品经纪人在信息散播的同时促进了

农民素质的提高,使更多的农民跳出了单一的农业生产思维框架,从而走出农田,走向市场,走向富裕。另一方面,农产品经纪人必须懂得信息的时效性,不失时机地将自己所掌握的信息传递出去,及时地将它转化为经纪业务。

◈ 核心技能点

通过本任务的学习,明确统计资料的整理程序;掌握利用 Excel 绘制统计图和统计表的技术。

◈ 实训活动

假如你是一名水果农产品经纪人,请结合当地水果的销售情况,设计一份水果营销策划书(附调查问卷)。

任务三　农产品市场信息分析与预测方法

◈ 案例

农产品经纪人认真做好市场调研预测

东阳市巍山群峰茶叶专业合作社的胡朝洪,是一个带领 101 户茶农致富,实现合作社年营业额 970 万元的农产品经纪人。他自己拥有 1 个百亩茶园,还建有一家标准化茶厂,实现了茶叶产供销一条龙经营。胡朝洪率先富了,但他不忘带领乡亲一道走致富之路,在茶叶的生产和销售之间牵线搭桥。2006 年,他考取了农产品经纪人资格证书,集中附近村庄的茶叶种植散户,成立了巍山群峰茶叶专业合作社,而他则专门为农户提供茶叶流通、科技、信息等中介服务。

每年清明前后,春茶集中上市,是胡朝洪最忙也最辛苦的时候。他白天到茶农家里收购青叶,晚上就在茶厂里炒茶。有时候,茶叶炒好已到次日凌晨一两点钟了,他连睡觉都顾不上,就骑着摩托车赶到嵊州茶叶市场。在那里,胡朝洪不停地向各个茶叶中间商询问茶叶价格,了解其他茶商的茶叶品质,打探市场行情。有时,一天之内他还得跑两个市场,去完嵊州还得去新昌,为的是多了解信息。

以往,胡朝洪都是把茶叶卖给嵊州、新昌、苏州等地的一些茶叶批发商,虽然销量不错,但是利润不高。就在三四年前,他萌生了通过网络,直接把茶叶卖给消费者的想法,这样省了中间环节,增加了不少利润。几年前,他在《农村信息报》上看到,绿茶中有一种叫黄金芽的品种,市场价卖到每斤 4 000 多元。据他了解,东阳还没有这个品种。于是,他就到余姚买了近 5 000 株黄金芽的茶苗做母本,每株 2.5 元。胡朝洪说,顺利的话,他打算在东阳推广黄金芽的茶苗。接下来打算在加强茶园管理、提高茶叶品质的同时,着力开发新产品,带领更多农户走上发家致富之路。

改编于东阳日报　2011-11-18

◆ 知识要点链接

一、农产品市场信息分析的作用

农产品市场信息分析是以农产品市场流通过程中形成的信息流和物质流为研究对象，以信息科学、经济学、统计学、系统学和管理学等为基础理论指导，集成应用现代信息技术和工程技术的手段与方法，以农产品市场信息采集、信息处理和信息服务为研究主线，围绕农产品市场供给、需求、价格等核心内容，开展农产品市场形势分析研判与监测预警研究。市场信息分析在农产品经纪活动中起着重要作用。

1. 市场信息分析是经纪活动决策的前提

经纪活动要利用市场信息，以便开拓市场，服务用户．提高经纪活动的效率，市场信息是经纪活动的起点。

2. 市场信息分析是市场预测的基础

市场预测的准确度关系到经纪人的经营决策，影响着经纪活动的效益。特别是农业生产具有强烈的季节性和明显的地域性，开展经营活动前如何做出决策意义重大，因此，必须进行正确的市场预测。市场预测必然会应用到过去和现在的数据和资料，这些资料信息，都需要进行加工和分析。

3. 市场信息分析是经纪活动的有机组成部分

经纪活动的任何一个内容都离不开市场信息，任何一项经纪活动又会产生大量的市场信息。在一定意义上讲，经纪活动就是市场信息管理。

二、农产品市场信息分析的方法和内容

(一)农产品市场信息分析的方法

农产品市场信息的分析方法有基本统计分析方法和高级统计分析方法，从农产品市场调查活动来看，常用的并不是高级的数学和统计分析方法，而是一些普通而又简单的基本统计分析方法。在农产品经纪人实际调研分析中，只要能满足调研目的就行了。

1. 选择适宜的计算方法

根据调查对象，选择适宜的计算方法。在市场信息分析中关键是要知道哪些计算公式最适合调查对象，要针对不同的研究对象采用不同的分析方法，并能够把各种方法结合起来进行分析，挖掘出数据的深刻内涵。

2. 寻找隐藏在信息中的关键因素

对数据计算结果的思考和判断，是在数据资料的计算分析基础上，通过对数据的理性思考，寻找隐藏在信息中的关键因素，归纳出调查对象及研究主题的整体综合特征、内在联系、发展规律，形成自己的观点，拓展对调查对象的认识等。同时，要运用计算机对数据进行整理和深度分析，如用 Excel 进行信息资料的整理、分析和制作图表等。

3. 充分发挥数量分析的作用

数量性是调研报告最显著的特点，尤其是市场调研报告，在很大程度上是用数字说话的，没有数量分析，就不成其为市场调研报告。经过数据调查和整理阶段后，我们获得了较全面、系统的数据资料和图表。最能反映调查对象类型的数据表现方式，是指诸如绝对数与相对数、

总量指标与平均指标等表现形式。适当的数据表现形式可以使得所说明的问题更鲜明、更生动、更具体、更通俗和更深刻。因此如何运用数据，也是整理信息资料的技巧和艺术。

(二)农产品市场信息分析的内容

农产品市场信息分析的目的是掌握市场变化的动向，其主要内容是：

1. 信息鉴别

可将不同渠道获得的同一时期信息进行对照比较，或者将同一渠道获得的不同时期的信息加以对照比较，判明信息的真伪。

2. 信息筛选

筛选是在鉴别的基础上，剔除信息中那些不需的多余的内容，选择适用性强、价值大的信息资料。

3. 信息综合

从一两条信息中往往只能看到市场交易活动的一个侧面，只有对多种信息进行综合分析，才能掌握市场动态。

4. 信息析义

把收集的信息逐层深入分析，从原始信息中得到真正有利用价值的信息。

5. 信息推导

经营者运用自己丰富的知识和经验，寻找重要的市场机会。

三、农产品市场预测的概念和意义

市场预测是指在市场调查的基础上，对所获得的各种信息资料进行分析研究，并运用科学的方法，对企业和市场未来的发展趋势进行判断或估算，为经营决策提供可靠依据的一种活动。

农产品经纪人要想在市场竞争中占据有利地位，必须在产品、价格、分销渠道、促销方式等方面制定正确的策略，就需要在市场调查的基础上，运用已知的资料进行科学、准确的预测，从而减少决策的盲目性和风险性，以提高适应市场环境的能力。

四、市场预测的原理

1. 惯性原理

任何事物的发展变化过程常常表现出延续性特征，根据这一原理，就可以在了解事物过去和现在的基础上，预测事物的未来。这里需要注意两点：一是预测对象的发展变化应具有规律性；二是对规律起作用的客观条件必须保持不变。

2. 相关原理

任何事物的发展变化都不是孤立的，而是相互联系和相互影响的。一个事物的变化必然会影响到其他相关事物的发展变化。通过分析预测与相关事物的影响程度，可以推测其未来的发展趋势。

3. 类推原理

许多经济现象的发展趋势存在某些相同或相似性。因此，可以通过寻找并分析事物之间的相似性，根据已知事物的发展规律类推另一种事物的未来状态。

4.概率推断原理

概率表示某种事件发生的可能性,农产品经纪人可以通过分析统计资料提供的信息,寻找某事物发生的概率,由此对经营活动可能产生的效果进行预测。

五、农产品市场信息预测的内容

市场预测的内容十分广泛,概括起来主要包括以下四个方面的内容:

(一)市场需求预测

市场需求预测是预测消费者在一定时期内能够并愿意购买某种商品的数量。具体包括居民购买力预测、居民购买力投向预测和各种商品的需求预测三个方面。

1.居民购买力预测

居民购买力预测包括两个方面:一是人口数量及变化预测,人口的数量及其发展速度在很大程度上决定着消费者的消费水平;二是居民货币收入和支出的预测。

2.居民购买力投向预测

是指城乡居民和社会集团用货币向市场购买吃、穿、用、烧、住等各类生活消费品的分配比例及其内部的构成。它反映了市场上对各类商品的需求情况和各类商品间的相互比例关系。因此,它是安排市场、合理组织和分配商品货源、平衡市场供需的重要依据。

3.各种商品的需求预测

是指根据居民购买力总量和购买力的投向,预测各种商品需求的数量、花色、品种、规格、质量等。

(二)市场供给预测

市场供给预测是指对进入市场的商品资源总量的预测。它同市场需求预测结合起来,可以预测未来市场供求矛盾的变化趋势。市场供应预测主要是预测生产部门可以提供的商品量及商品构成,这必须了解同类产品现有的生产企业的数量、生产能力、材料供应、生产设备、生产技术和产品质量的现状等。

(三)市场环境预测

市场环境预测主要包括自然物质环境和社会人文环境预测。自然物质环境预测包括资源状况、地理状况和生态状况的预测;社会人文环境预测包括政治环境、科学环境、法律环境、文化环境和经济环境的预测。

(四)综合预测

综合预测主要是对产品的生产能力、生命周期、包装、价格、促销手段、销售渠道全面进行预测,从而调整组合策略,以达到盈利的目的。

六、农产品市场信息预测的方法

农产品市场预测的基本方法包括定性预测法和定量预测法。

(一)定性预测法

定性预测法是指预测人员根据所掌握的信息,利用经验和综合判断能力来预测市场发展趋势的一种方法,它主要包括集合专家会议法和德尔菲法。

(二)定量预测法

定量预测法是指运用数学模型和计量方法,来预测未来的市场需求。

1. 时间序列预测法

时间序列预测法是市场预测技术中的一个重要部分,在市场预测中被普遍采用。它是以事物过去和现在的发展变化趋势会延续到未来为前提,从预测对象的历史资料所组成的时间序列中,找出事物发展的规律,并用其来推断未来状况的一种预测方法。常用的时间序列预测法有:简单平均法、移动平均法、指数平均法和季节指数法。

2. 回归预测法

(1)"回归"的含义。回归是指用于分析、研究一个变量(因变量)与一个或几个其他变量(自变量)之间的依存关系,其目的在于根据一组已知的自变量数据值,来估计或预测因变量的总体均值。在经济预测中,人们把预测对象(经济指标)作为因变量,把那些与预测对象密切相关的影响因素作为自变量,根据二者的历史和现在的统计资料,建立回归模型,经过统计检验后用于预测。

(2)回归分析的基本条件。应用一组已知的自变量数据去估计、预测一个因变量值时,这两种变量需要满足以下两个条件:

①统计相关关系。统计相关关系是一种不确定的函数关系,即一种因变量(预测变量)的数值与一个或多个自变量的数值明显相关但却不能精确且不能唯一确定的函数关系,其中的变量都是随机变量。经济现象中这种相关关系是大量存在的。例如粮食亩产量 y 与施肥量 x 之间的关系,二者明显相关但不存在严格的函数关系,亩产量不仅与施肥量有关,还与土壤、降雨量、气温等多种因素有关,这样亩产量 y 存在着随机性。

②因果关系。如果一个或几个自变量 x 变化时,按照一定规律影响另一变量 y,而 y 的变化不能影响 x,即 x 的变化是 y 变化的原因,而不是相反,则称 x 与 y 之间具有因果关系,反映因果关系的模型称为回归模型。

七、市场调查报告的撰写

市场调查报告是市场调查人员对市场调查所获取的信息进行分析研究后形成的书面报告。它是市场调查的最后一步,是市场调查成果的集中体现。市场调查报告撰写的好坏直接影响到整个市场调查研究工作的成果质量。

(一)市场调查报告的特点

1. 针对性

首先,调查报告应明确调查的目的,并围绕该目的选择数据资料进行分析论述;其次,调查报告还必须明确阅读对象。

2. 新颖性

新颖性是指调查报告应从全新的视角去发现问题,要根据市场活动的新动向、新问题等提出新观点。

3. 时效性

市场信息瞬息万变,经营者的机遇也是稍纵即逝。如果市场调查滞后,就失去其存在意义。因此，市场调查要尽快完成，市场调查报告也应将调查中有价值的内容迅速、及时地总结出来，以供经营决策者参考，从而在竞争中取胜。

4. 科学性

市场调查报告不是单纯报告市场客观情况，还要通过对事实作分析研究，寻找市场发展变化规律。这就需要撰写者掌握科学的分析方法，以得出科学的结论，并在此基础上合理提出解决问题的方法、意见等。

(二)市场调查报告的基本结构

由于市场调查课题、调查人员的不同，市场调查报告的撰写也有所不同，但其基本结构是相同的，主要包括：

1. 扉页

扉页通常单独占一页纸，内容包括以下几项：一是调查报告的标题；二是委托进行市场调查的单位名称；三是执行该市场调查项目的单位名称、地址、电话及E-mail；四是调查报告完成日期等内容。

2. 目录

目录是整个报告的检索部分，应该较为完整地列出报告各章节的标题、附件所在的页码，以便使用人员对报告结构有一个清晰的了解。

3. 摘要

摘要是市场调查报告的内容提要，是对调查成果及结论的综述。由于有些决策人员日常工作繁忙，往往对调查的细节没有什么兴趣，只关心该项目的核心内容，因此，他们会通过阅读摘要快速地了解调查的结果。

4. 引言

引言主要是介绍调查报告的基本内容和轮廓，它可以包括以下四项内容中的全部或其中几项，一是介绍某研究领域的背景、目前的水平及发展状况等；二是对相关领域的文献进行回顾和综述，包括前人的调查研究成果，已经解决的问题，并适当加以评价或比较；三是提出目前尚未解决的问题或急需解决的问题以及解决这些问题的新方法、新思路，从而引出调查课题的目的与意义；四是概括调查报告的主要内容，或勾勒其大体轮廓。

5. 正文

正文是市场调查分析报告的主体部分，是市场调查报告的核心。它主要是运用科学、合理的分析方法对市场调查所收集的资料进行深入分析、推断，并对市场发展变化趋势和规律进行预测。

6. 结论与建议

结论即为调查与预测的结果，是用简洁明了的语言对研究前所提出的问题做出明确的答复。建议则是针对调查得出的结论，进行理性分析后提出的见解或解决问题的对策。建议最好具有可行性和可操作性，即说明应采取哪些具体的措施或要处理哪些已经存在的问题。

7. 附件

附件是将一些比较重要的原始资料、调查问卷、统计数据和图表、参考资料等作为附件集中附在报告的后面，它是对正文报告的补充或更详尽的说明。

(三)市场调查报告的撰写步骤

1. 确定调查报告的主题

主题是调查报告的中心思想,一般表现为调查报告的标题。标题的确定应注意以下四个方面:一是抓住事物的本质来确定主题;二是调查报告的主题必须与调查主题相一致;三是要根据调查和分析的结果重新确定主题;四是主题宜小而集中。

2. 整理写作材料

整理写作材料是指围绕调查报告的主题对市场调查取得的资料进行取舍的过程。在取舍材料时应注意以下几点:一是对调查资料要全面分析和比较,以获取尽可能真实、充分和完整的材料;二是选取的数据资料应具有准确性和精确性;三是根据主题的需要进行筛选,舍弃与主题无关的或关系不大的资料。

3. 拟定提纲

提纲是指市场调查报告的框架。调查报告的提纲有两种,一种是观点式提纲,即将调查人员的观点按逻辑关系列出来;另一种是条目式提纲,即从层次上列出报告的章、节。在实际拟定过程中,也可以将这两种提纲结合起来使用,先列出报告的章节,再列出各章节要表述的观点。

(四)撰写市场调查报告应注意的问题

1. 要做到通俗易懂

由于市场调查报告是给决策者做参考使用的,所以应使用简短、清楚的语句将所分析的事项阐述清楚,切忌使用不当的华丽词语。

2. 篇幅要适当

撰写市场调查报告要力求简明扼要、重点突出。篇幅冗长复杂的调查报告,使用者往往难以把握重点而产生反感的心理。

3. 要实事求是,尊重客观事实

市场调查报告的内容必须真实、准确,这就要求市场调查报告所使用的信息资料必须符合客观实际,撰写者不能为了迎合委托方的需求,故意篡改或删除数据。同时要注意信息资料的全面性,避免因结论和建议的片面性对决策者产生误导。

4. 版面设计合理

版面安排包括字体的类型、大小、颜色、字间距、空白位置的应用、插图及颜色的使用等。报告的编排要大方、美观,有助于阅读;另外,打印报告应使用质量好的纸张,打印和装订都要符合规范,这样会增强报告的专业性,以提高读者的信任感。

◈ 核心技能点

农产品市场预测是市场调查与分析的延续和发展,在进行了充分的市场调查和科学的市场分析后,下一步便是进行市场预测。随着市场经济的发展,了解市场的各种信息情报,并据此做出科学的市场预测,已成为农产品经纪人开展市场竞争与进行经营决策的重要依据。通过学习要求学生一是掌握市场预测的基本方法,并能根据实际情况,采用适宜的方法;二是要了解统计分析报告的撰写要求。

◈ 实训活动

分组有计划地收集市场某种农产品的价格变动信息，用统计方法画出价格变动趋势图，用以观察该种商品的价格长期变动趋势。再对影响该产品市场销售的其他因素，如消费者购买力和消费心理等做抽样调查，预测未来该产品的销售价格走势。

◈ 阅读材料

关于有机茶市场需求调查总体策划方案

一、调研背景

人类饮茶已有千年的历史，喝茶已成为一种生活方式，不仅要喝好茶，更要喝出品位、喝出文化、喝出健康，有机茶因此渐成市场新宠。有机茶是一种没有污染且高度洁净的茶叶，国际有机食品运动联合会为它制定的标准有100多条。对包括茶园的土壤、水质、空气和茶叶的采制、加工以及茶叶成分中的微量元素含量等都提出了十分具体的无害化要求。有机茶的开发于1983年始于斯里兰卡，随后印度、日本、肯尼亚和我国相继开始生产有机茶。1990年6月我国第1批有机茶由荷兰颁证组织到浙江进行考察并颁发有机证书，由浙江省茶叶进出口公司出口。全国有机茶产业的发展状况与浙江相比稍微滞后一些。从杭州中农质量认证中心提供的认证数据看，自20世纪90年代末期开始，我国有机茶生产得到快速发展。据不完全统计，2006年，全国已有认证的有机茶生产基地约30万亩，产量1.4万多吨；到2008年，认证基地面积上升到42万亩，产量达到2万吨。尽管有机茶产量每年有所增长，但目前所占比例还低于我国茶叶总产量的2%，由于市场的发育程度与消费习惯等原因，我国有机茶产业起步阶段的销售以国际市场为主。目前我国出口的有机茶种类有红茶、绿茶、乌龙茶等，主要的目标市场在西欧、日本和美国等发达国家。在20世纪90年代末至21世纪初，国内几家具有代表性的有机茶生产与经销企业(如浙江的更香、彩云间等)，在北京、上海等经济繁荣的大都市掀起了一股有机茶热潮。尽管如此，我国有机茶在国内的销售与消费总体来说不容乐观。相比快速增长的国内茶叶消费市场，有机茶在其中的消费比重还非常小。

由于缺乏国内有机茶消费的统计数据，在假定市场出清的前提下，目前国内生产的有机茶基本上是内销和外贸各占50%左右，与总体茶叶内销占75%左右的市场份额相比，有机茶内销市场潜力巨大。因此，要进一步推动我国有机茶产业的持续健康发展，就应该调整贸易方向，重视和培育国内消费市场，企业必须根据自己产品的特色选择合适的目标市场，因此，对国内有机茶市场需求的调研是非常有必要的。

二、调研目的

尽管茶叶在我国家喻户晓，但根据有机茶项目小组2008年和2009年对消费者的调查结果显示，目前国内消费者对有机茶的认知度还非常低。造成有机茶认知度低的主要原因是我国目前有机农产品的市场接受程度不高，消费者对有机概念认知非常模糊。从调查结果来看，39%的消费者选择茶饮因为其保健功能、25%是因为受家人和朋友的影响、18%是因为茶具有解渴功能，而对产品的种植和加工过程以及该过程是否对环境友好关注不多，在受访者中了解茶叶生产加工过程的人不到10%。因此，是否是有机产品不会影响到消费者对茶叶的购买行为。我国国内有机茶消费与总体消费来说不容乐观，通过此次调研可分析了解到有机茶在消费群体中的市场占有率，可辨别出消费群体对当前有机茶的认识了解程度，还可推断出消费者对当前茶产品的关注点放在哪里等，这些都为有机茶企业提供信息和依据。

基于此，要成功开发有机茶国内市场，选择合适的营销沟通手段，提高有机茶的市场认知度至关重要。此外，根据有机概念强调生态循环和环境友好的特征，可持续和可再生利用应作为有机茶营销策略的核心，针对相应的目标市场，制订合理的营销策略。

三、调研种类

报告撰写以定量分析为主，定量与定性分析相结合，在深入挖掘数据蕴含的内在规律和潜在信息的同时，对分析对象的性质、特点、发展变化规律作出判断，从而获得有意义的结论。定性分析与定量分析相互补充，定性分析是定量分析的基本前提，定量分析使之定性更加科学、准确，它可以促使定性分析得出广泛而深入的结论。总之，定量分析必须建立在定性预测基础上，二者相辅相成结合起来灵活运用才能取得最佳效果。

四、数据搜集的方法

本次调研采用问卷调查法和直接观察法。现在使用问卷进行调查的越来越多了，互联网也给问卷调查带来更多的机会。问卷调查节省时间、经费和人力，而且结果容易量化，问卷调查结果便于统计处理与分析。电子问卷和纸质问卷可以结合起来使用，针对人群不同，使用方式也不同，当然调查内容相同。当然问卷法也有很多缺点：调查问卷设计难，调查结果广而不深且质量常常得不到保证，问卷调查的回收率难以保证等。所谓直接观察法，指调查者在调查现场有目的，有计划，有系统地对调查对象的行为、言辞、表情进行观察记录，以取得第一手资料，它最大的特点总在自然条件下进行，所得材料真实生动，但也会因为所观察的对象的特殊性而使观察结果流于片面。问卷调查和直接观察法两者结合起来相辅相成可以使调研结果更加全面，不至于以偏概全。

五、调研对象、区域

1. 调研对象（消费人群）分析

主要是广大的中老年群体，其次是社会人员，主要是休闲，谈生意，朋友聊天，在校学生和社会青年，注重于浪漫情调和品位的人。

2. 调研区域

调研地区大的方面来讲主要针对公共场所，例如公园、广场、小区等。电子问卷调研方面区域比较广，可针对学生、社会青年和其他一些社会人员。问卷实地调查方面主要是针对各小区，休闲场所，广场等进行，这部分可侧重于对中老年人的调查。直接观察法可选择一些商场，超市及茶叶批发市场等进行调研。

六、调查内容与项目

调查的内容与项目主要包括以下几个方面：

1. 调查对象的基本情况

主要是调查对象的基本情况，包括性别、年龄、学历、月薪、职业等。

2. 购买动机

主要调查购买有机茶是为了健康，追求时尚，保护环境还是其他。

3. 购买行为

主要包括对有机茶的了解程度，一般的购买时间间隔，习惯购买哪种茶品种，何种价格可以接受,如何获得购买信息,通过哪种方式购买等。

4.有机茶的需求情况

主要包括以前购买普通茶和尝试购买有机茶的态度、何时购买、购买时会最注重哪些方面或哪些方面需要改进等。

七、抽样方法

本次调研主要采用简单随机抽样方法,即按照随机的原则从调查总体中不加任何分类、排序、分组等先行工作,直接地抽取调查样本单位。各单位被抽到的机会完全均等,相互独立,排除了抽样过程中各种主观因素的干扰。

八、提出结果的方式

调查的结果会以书面形式呈现出来,其中会对调查结果做一些总结,并附以表格形式进一步说明结果,力求能反映出有机茶产品在各个人群中的需求情况、各种人群购买有机茶产品主要是出于何种原因、主要针对有机茶产品的哪种作用而购买、主要购买有机茶产品中的哪一种、并且针对有机茶产品的生产销售方式方面有何建议等,这些结果都为一些以有机茶产品为主的公司或企业提供参考。

九、调研时间安排

调研总体方案的设计 2 周,调研方案的修改确认 1 周,问卷设计阶段 1 周,项目准备阶段 1 周,实地访问阶段 1 周,数据统计分析阶段 1 周,报告撰写阶段 1 周。

十、调研费用和物品安排

本次调研主要是在小范围内展开,总体数量不大,经费开支不大。在调查前做好准备,由负责人员保管,这些物品由调查主要负责人在调查前分发,并且在调查结束后要及时收回,以免遗失。

十一、调研人员安排

本次调研是课内作业,因此调研人员的分配比较简单,本人为主要负责人,在老师的指导下完成总体设计、问卷设计、数据分析等,舍友配合完成问卷实地调查的工作。调查设计:1 名;调查问卷与工具准备:2 名;调查人员:5 名;数据整理与分析:1 名。

农产品市场信息在市场监测中发挥重要作用

经历过价格“过山车”的农民一到播种季节就犯难:今年该种什么、种多少才能挣到钱?解决农民这块心病,农业部门提供的权威信息是重要的决策参考。而科学决策的背后必须要有农产品市场监测预警系统作支撑。

农产品市场监测预警是指通过定期对农产品生产、消费、库存、进出口、市场行情和生产成本等进行动态监测和深入分析,实施先兆预警,从而为政府部门、生产者和经营者提供决策参考服务的过程。农产品市场监测预警工作包括“监测—分析—预警”三个步骤,即需要回答“数据从哪里来”、“市场会往哪里走”、“政策该往哪里调”三大核心问题。在“监测”阶段,需要制定信息采集规范与标准、建立信息采集点系统、应用信息采集装备手段、配置数据存储设施设备,积极开展信息采集工作;在“分析”阶段,更多地依靠模型、系统、计算组件作为技术支撑,对农产品市场价格的走势做出准确判断和预测;在“预警”阶段,就是对农产品市场警情、风险进行识别与影响测定，在此基础上，有针对性地出台相应的政策工具，促使市场价格回归正常。

农产品市场监测预警的研究内容丰富，主要包括理论体系研究、关键技术创新和设备系统研发三个方面。其中，关键技术创新包括农业预警知识库构建与数据融合、农业风险识别与诊断技术、农产品消费替代及测定技术、农产品市场价格传导技术、食物安全信息公共服务技术等。

我国农产品市场监测预警研究起步较晚，与美国等发达国家相比存在差距，基础数据采集缺乏统一标准、即时性动态数据不足、智能化水平明显滞后等问题还未根本解决，研究仍处于"爬坡"阶段，我们还是在努力建立自己的监测预警系统。

目前，联合国粮农组织和美国农业部经济研究局等机构也会向各国提供一些农产品市场信息服务，我们也能应用他们的很多监测模型和系统。但是，农产品市场信息事关各国的社会民生和市场稳定。我们必须要建立自己的监测预警系统，及时准确地掌握农业生产经营、市场走势的情况。因此，我们要掌握基础数据资源并尽快开发一个核心系统和模型。

多年来，中国农科院农业信息研究所围绕农产品市场监测预警理论、方法、技术、设备、系统等方面进行了一系列的创新性研究，取得了以便携式农产品全息市场信息采集器（简称"农信采"）、中国农产品监测预警系统（简称"CAMES"）等为代表的重大科研成果。有的成果已经投入使用并发挥作用。

数据采集是监测预警的基础和关键，能否即时准确地采集到数据，影响着后续一系列的分析。过去，我国的农产品市场信息采集，采用的多是批发市场发布的信息，用手填写，或者上网速采，方式落后，数据的时效性和后期数据快速处理都不理想。"农信采"通过现代信息技术集成创新，嵌入行业标准，CAMES 智能支撑，多元化布局，实现了农业信息采集的及时、准确、有效。"农信采"与手机同样大小，携带方便，使用简单，目前已经进入推广阶段，在天津、河北、湖南、福建、广东等地 60 多个农产品批发市场试点，每天已有 69 个品种的田头市场、批发市场、零售市场的价格数据进行采集上报。

中国农产品监测预警系统包括众多的机理性生产、消费、价格分析模型，能够覆盖多品种、多市场、多区域，几乎涵盖了粮食、油料、糖料、蔬菜、水果等 11 大类 953 种农产品。这一系统具有监测、模拟、展望和预警四大功能，一株农作物从栽种到成熟收获，再到销售，都能有效地被系统监测到，并能实现短期监测预警和长期监测预警相统一。目前我们还在做这个系统。一旦系统投入使用，将大幅提升我国农产品市场监测预警的准确度。

农产品市场监测预警是一项任务重、要求高、时效性强的持续性工作，一方面从农业信息分析学角度，围绕农产品产前投入、生长生产过程、农产品贮运加工、农产品消费全过程"信息流"规律、控制方法与关键技术等核心问题开展科技攻关；另一方面要从产业发展角度，围绕热点展开科学研究，实施形势预判、供求预告和监测预警三结合。今后，我们还将加大对"农信采"的推广力度，争取覆盖全国各个市场，保证获取市场信息的准确性，同时还要继续完善中国农产品市场监测预警系统，让系统更好地发挥作用。

改编于农民日报　2013-06-04

项目三　农产品经纪人与客户交易技巧

◈ 项目设置背景

农产品经纪人要把农产品销售出去，要在市场中求发展，要和交易双方进行沟通谈判，这是作为农产品经纪人的主要职责。开发客户是每一个农产品经纪人都必须过的一关，需要寻找客户、接近客户、与客户进行洽谈、处理客户异议和促成交易，作为农产品经纪人想要顺利地进行农产品的销售，必须具备与客户进行交易的技巧。

任务一　寻找客户的技巧

◈ 案例

滦南专业合作社主动寻找客户解决销售难题

滦南县鑫华畜禽养殖专业合作社是滦南县最大的生猪和肉鸡养殖合作社，年出栏的生猪和肉鸡分别占全县总产量的1/5和1/3，以前合作社的畜禽产品大多通过各种关系牵线搭桥对外销售，收购标准不统一，价格波动大，回款周期长，养殖户最担心的就是销售问题。

为了解决销售难题，滦南县鑫华畜禽养殖专业合作社带领社员主动走进市场，寻找商机，积极拓宽销售渠道。合作社理事长王少华驱车赶往内蒙古寻找合作企业，20天里每天行程一千多里，与大大小小50多家交易市场、肉类加工企业、食品加工企业进行了接触和洽谈，最后与呼和浩特肉联厂等六家肉类加工企业签订了供货协议。自此，合作社每年出栏的12万头生猪和300多万只肉鸡找到了稳定的销路，“农企对接”让400多户养殖户吃上了定心丸。

资料来源：http://www.tssv.cn/xinhuats/xqzc/lnx/201110/135409.html

◈ 知识要点链接

一、寻找客户

寻找客户是农产品经纪人主动找出潜在客户即准客户的过程，是农产品经纪人销售活动的开端。寻找客户包含以下两层含义：一是根据推销品的特点，提出有可能成为潜在客户的基本条件。这个基本条件框定了推销品的客户群体范围、类型及推销的重点区域；二是根据潜在客户的基本条件，通过各种线索和渠道，来寻找符合这些基本条件的合格客户。

二、寻找客户的方法

农产品经纪人需要具备一种能力发现和识别潜在客户，并通过自己的工作来提高寻找客户的成效。寻找客户的方法非常多而且具有灵活性和创造性,作为农产品经纪人需要不断总结经验教训,需要考虑自己的主客观情况,才能找到一套适合自己的方法。

1.合作社或企业内部搜索法

在大多数情况下,一个农产品经纪人要搜索准客户,首先应从合作社或企业内部获得有关客户的信息资料。这样做既准确快捷,又省时省力,往往能收到事半功倍之效。比如客户服务电话记录、销售记录、客户来往账目等都是很好的内部资料。

2.逐户访问法

逐户访问法也称“地毯”式访问法、普遍寻找法、挨门挨户访问法或走街串巷寻找法,是农产品经纪人在特定的市场区域范围内,针对特定的群体,用上门、邮件或者电话、电子邮件等方式对该范围内的组织、家庭或者个人无遗漏地进行寻找与确认的方法,也称“扫街”。比如,将某市某个居民区的所有家庭作为普遍寻找对象、将某地区所有的宾馆、饭店、超市作为地毯式寻找对象等。

这种方法,通常在完全不熟悉或不太熟悉推销对象的情况下采用。但这种方式可能会对客户的工作、生活造成不良的干扰,一定要谨慎进行。

3.连锁介绍法

连锁介绍法又称为客户引荐法或无限连锁法,是指农产品经纪人请现有客户介绍未来可能的准客户的方法。连锁介绍法在西方被称为黄金客户开发法,是最有效的寻找客户的方法之一。

利用这个方法的关键是农产品经纪人必须注意培养和积累各种关系,为现有客户提供满意的服务和可能的帮助,并且要虚心地请求他人的帮助。口碑好、业务印象好、乐于助人、与客户关系好、被人信任的农产品经纪人一般都能取得有效的突破。

4.个人观察法

个人观察法也叫现场观察法,是农产品经纪人依靠个人的知识、经验,通过对周围环境的直接观察和判断,寻找准客户的方法。个人观察法主要是依据农产品经纪人个人的职业素质和观察能力,通过察言观色,运用逻辑判断和推理来确定准客户,是一种古老且基本的方法,是寻找客户的一种简便、易行、可靠的方法。不管是在何处与何人交谈,都要随时保持警觉,留意搜集可能买主的线索。

5.委托助手寻找法

这种方法在国外用得比较多,一般是农产品经纪人在自己的业务地区或客户群中,通过有偿的方式委托特定的人为自己收集信息,了解有关客户和市场、地区的情报资料等。在国内,一般是农产品经纪人在合作社或企业的中间商中,委托相关人员定期或者不定期提供一些关于产品、销售的信息。此外,老农产品经纪人有时可以委托新农产品经纪人从事这方面的工作,这对新农产品经纪人也是一种有效的锻炼。

6.广告寻找法

广告寻找法是农产品经纪人利用各种广告媒介寻找准客户的方法。这种方法的基本步骤是:①向目标客户群发送广告;②吸引客户上门展开业务活动或者接受反馈展开活动。例如,通过媒体发送农产品的广告,介绍其品质、购买方式、地点、代理和经销办法等,然后在目标区域展开活动。

7.资料查阅寻找法

农产品经纪人要有较强的信息处理能力,通过资料查阅寻找客户既能保证一定的可靠性,也可减小工作量、提高工作效率,同时也可以最大限度减少业务工作的盲目性和客户的抵触情绪,更重要的是,可以展开先期的客户研究,了解客户的特点、状况,提出适当的客户活动针对性策略等。需要注意的是资料的时效性和可靠性,此外,注意对资料(行业的或者客户的)日积月累往往更能有效地展开工作。

农产品经纪人经常利用的资料有:统计资料,如国家相关部门的统计调查报告、统计年鉴、行业在报刊或期刊等上面刊登的统计调查资料、行业团体公布的调查统计资料等;名录类资料,如客户名录(现有客户、旧客户、失去的客户)、工商企业目录和产品目录、同学名录、会员名录、协会名录、职员名录、名人录、电话黄页、公司年鉴、企业年鉴等;大众媒体类资料,如电视、广播、报纸、杂志等大众媒体;其他资料,如客户发布的消息、产品介绍、企业内刊等。

8.市场咨询法

市场咨询法是农产品经纪人利用社会上各种专门的行业组织、市场信息咨询服务等部门所提供的信息来寻找准客户的办法。如专业农产品信息咨询公司、工商行政管理部门、各级统计和信息部门、当地行业协会和其他相关部门等。

9.网络搜寻法

近些年来,随着互联网技术的不断发展与完善,各种形式的电子商务和网络推销也开始盛行起来,市场交易双方都在利用互联网搜寻客户。互联网的普及使得在网上搜索潜在客户变得十分方便,农产品经纪人借助互联网的强大搜索引擎可以搜寻到大量的准客户,对于新农产品经纪人来说,网上寻找客户是最好的选择。

10.交易会寻找法

交易会寻找法是利用各种交易会寻找准客户的方法。国际国内每年都有不少交易会,如广交会、高交会、中小企业博览会、农产品博览会等。充分利用交易会寻找准客户,与准客户联络感情、沟通了解,是一种很好的获得准客户的方法。参加展览会往往会让农产品经纪人在短时间内接触到大量的潜在客户,而且可以获得相关的关键信息,对于重点意向的客户也可以做重点说明,约好拜访的时间。

11.电话寻找法

电话寻找法是农产品经纪人在掌握了准客户的名称和电话号码后,用打电话的方式与准客户联系而寻找准客户的方法。电话最能突破时间与空间的限制,是最经济、有效率的接触客户的工具,您若能规定自己,找出时间每天至少打 5 个电话给新客户,一年下来能增加 1 500 个与潜在客户接触的机会。

◈ 核心技能点

掌握寻找客户的方法。

◈ 实训活动

1.为你们合作社的农产品设计一个寻找客户的方案。

2.阅读下列资料,思考弟弟的话带给我们什么启示?

有兄弟两个从小就失去了父母,长大后当起了小商贩。有一年夏天,弟弟对哥哥说:“总在我们这个村附近推销商品也不是办法,我们应该到更远的地方去寻找市场。”哥哥表示同意。于是,两个人就背着沉重的商品,辛苦地爬过一座山头,准备到另一个村落里做买卖。这天特别热,另一个村子又与他们相距很远,汗水湿透了他们的衣服。热得受不了的哥哥擦着满身的汗说:“太热了!以后再也不要到这种地方做生意了。”

弟弟笑着回答:“我的想法跟你不一样,我想这座山如果再高几倍,那该有多好。”

哥哥不以为然,抱怨地说:“你爬糊涂了,山当然要越低越好。”

弟弟说:“如果山很高的话,许多商人都会知难而退,我们就可以多做一些生意,赚更多的钱了。”

哥哥听了之后连连点头称是,再也不抱怨了。

任务二 接近客户的方法

◆ 案例

北京平谷是大桃之乡,以盛产大桃闻名于世。“平谷大桃”也是北京有名的农产品品牌之一。这里的农民大多数从事桃树种植,近年随着大桃产量的增长,销售变得越来越难,且桃子保鲜期短,采摘要求难度高,卖不出去就会烂,因此桃子成熟后迅速寻找商家批量售出是农户面临的最大问题。

于是,当地一些大桃经纪人就开始走出去寻找客户,拓展销售渠道。他们到大小超市、各地果品批发市场寻找买家,逐渐与一些客户建立了联系。老赵就是一名大桃经纪人,春天到了,他就请客户来村里居住,赏桃花,享受自然景色和清新空气,在热情招待之余,还请他们到地头考察农民的种植技术、绿色安全生产过程,使客户对桃子质量安全建立了信心。收获的季节,老赵请客户吃住在村里,为客户把好产品收购质量关,确定桃子采摘的最佳时间,组织劳动力进行产品分级、包装,最后联系好车辆、航班等,以最快的速度、最好的服务,将产品发送到指定地点。由于过程是在客户眼前完成的,老赵逐渐在客户心里树立起了“办事认真、懂产品、懂技术、值得信赖”的好形象,于是以后的收获季节,客户很少亲自上门了,而是把桃子的交易全权交给了老赵。

资料来源:农产品经纪人业务技能.李志荣.吉林人民出版社,2010-05

◆ 知识要点链接

“接近客户的三十秒,决定了销售的成败”这是成功销售人共同的体验。接近客户做得好,不但拉近了与客户的心理距离而且还可以尽快地促成交易;反之,未开口便吓跑了消费者。

一、接近客户前的准备

接近准备是农产品经纪人在接近某一特定客户之前进一步了解该客户情况的过程。前期准备工作做的充分可靠,农产品经纪人就会增强自信,从容应对销售过程中的变化,处理好各种问题,为取得销售成功奠定基础。

(一)了解目标客户的情况

1.客户个人或家庭消费情况

(1)一般内容。一般内容包括姓名、年龄、性别、民族、宗教信仰、受教育程度、居住地点、联系方式等。

(2)家庭情况。家庭情况包括工作单位、职业、职务、收入、价值观念、消费习惯、兴趣爱好等。

(3)需求内容。需求内容包括购买动机,需求的指向和特点,需求的排列顺序;购买能力,购买决策权限范围,购买行为在时间、地点、方式上的规律等。

2.组织购买者

(1)基本情况。基本情况包括法人的全称、简称、地址、电话、传真、邮政编码、交通运输条件;行业性质和生产规模;成立时间、发展经历;组织人事状况;主要领导个人情况等。

(2)生产经营情况。生产经营情况包括产品品种、产量;生产能力、设备状况;产品工艺、生产技术、研发能力;市场销售情况;管理风格与水平;发展、竞争策略等。

(3)购买特征。购买特征包括购买决策程序,购买时间、批量及频率,现有进货渠道,购买信用,支付方式,供求双方关系等。

(二)拟订销售方案

(1)设定访问对象、见面时间和地点。即访问对象是哪个部门、什么级别;可供选择的若干时间组合;见面的地点是办公室、家里、餐厅还是宾馆等。

(2)选择接近的方式。即选择当面洽谈、电话推销、产品解说还是一般性回访等。

(3)商品介绍的内容要点和示范。即产品的功能、特点、规格、价格等。

(4)异议及其处理。即事先设想客户可能提出的异议,初步拟订处理客户异议的方法和策略等。

(三)准备接近客户时使用的话语

在专业销售技巧中,初次见面时对客户说的话为接近话语。接近话语的步骤如下:

步骤1:称呼客户的名字叫出客户的姓名及职称——每个人都喜欢自己的名字从别人的口中说出。

步骤2:自我介绍——清晰地说出自己的名字和合作社或企业名称。

步骤3:感谢客户的接见——诚恳地感谢客户能抽出时间接见你。

步骤4:寒暄——根据事前对客户的了解,表达对客户的赞美,或结合客户的状况,选一些客户容易谈论及感兴趣的话题。

步骤5:表达拜访的理由——以自信的态度,清晰地表达出拜访的理由,让客户感觉到你的专业和真诚。

步骤6:赞美及询问——可以在赞美后,继续询问,引导客户的需求。

例如:农产品经纪人王维正以稳健的步伐走向张总经理,面带微笑,先向张总经理问好并进行自我介绍。

王维正:张总经理,您好。我是大华蔬菜合作社的农产品经纪人王维正,很高兴见到您,请多多指教。

张总经理:请坐。

王维正：谢谢，非常感谢张总经理在百忙中抽出时间与我会面。

张总经理：不用客气，我也很高兴见到您。

（王维正非常诚恳地感谢张总经理的接见，表示要把握住这个难得的机会，让张总经理感受到自己是个重要的人物）

王维正：贵公司在张总经理的领导下，业务领先业界，真是令人钦佩。我拜读过贵公司内部的刊物，知道张总经理非常重视人性化的管理，员工对您都非常爱戴。

（王维正将事前调查的资料中有关人性性化管理这点，特别在寒暄中提出来，以便接下来在诉求职工餐厅农产品供应时能有一个好的前提）

张总经理：我们公司是以直接拜访客户为导向，需要员工有冲劲及创意。冲劲及创意都必须靠员工主动去做的，用强迫、威胁的方式是不可能成为一流公司的。因此，我特别强调人性的管理，公司必须尊重员工、照顾员工、爱护员工，员工才会真正的发挥潜力。

王维正：张总经理，您的理念确实是反映出贵公司经营的特性，真是有远见。我相信贵公司在员工福利方面也不遗余力，已经做得非常多。我们合作社都是绿色农产品，质量安全有保证，我们也与几个大的公司餐厅建立了长期的农产品供应关系。

张总经理：餐厅农产品供应？

（王维正先夸赞对方，然后表达出拜访的理由）

王维正：是的。张总平常非常照顾员工，我们相信您也希望员工都能吃上放心的食品。

（王维正采用夸奖并提出询问的手法）

（四）做好接近客户的必要物质准备

（1）农产品经纪人自己使用的物品。包括公文包、记录本、通讯录、客户档案或资料卡片、身份证、钢笔、计算器等。

（2）与客户接触时展示给客户的用品。包括名片、样品或图片资料、农产品目录、价格表、推荐信函、小礼物、合同文本、收据等。

（五）做好与客户洽谈的心理准备

与客户洽谈的心理准备包括要充满自信、要诚恳、要有锲而不舍的意志。

1. 自信

客户是不会向一个没有主见、态度冷淡、对失败抱有恐惧心理的农产品经纪人购买产品的。农产品经纪人必须具备两方面的自信：首先是对自己的产品有信心，确信产品质量优良，能使客户得到真正的利益，能满足客户的需求；其次，是对自己的推销能力有信心。

2. 诚恳

作为农产品经纪人，若能与客户坦诚相见，有帮助其解决问题和困难的一片诚意，客户会了解和愿意接受的，同时也会对农产品经纪人表示积极的态度。

3. 坚强的意志

农产品经纪人在推销过程中往往会遇到很多困难，但不要灰心，不要放弃，要有坚强的意志和锲而不舍的精神，只有这样才能做好推销工作，最终实现推销目标。

二、接近客户的 A-I-D-M-A-S 步骤

1. Attention

快速地进入，通过寒暄进入主题并表现你的专业水平，让客户对你的第一印象是非常不

错，这叫作引起注意。

2. Interesting

要使客户觉得跟你说话会很高兴，叫作引起他的兴趣。

3. Desire

与客户谈话的过程中要着重于产品的解说，在进行产品展示时，你的表达要非常有层次，引发客户对这个产品的兴趣，促使他产生想尝试的欲望，这叫作引起客户的购买欲望。

4. Memory

当你和客户解说引起了他的购买欲望，如果他当时没有立即采取购买行动，你最起码要做到，让客户对你以及对你所销售的产品都能留下深刻的印象。

5. Action

给客户留下深刻的印象后，他会有一种购买的行动。

6. Satisfaction

客户买完东西以后，让客户感觉到，买你的东西是一件非常愉快的事情，叫作购买满意。

三、接近客户的方法

1. 产品接近法

指利用产品的某些特征来引发客户的兴趣，从而接近客户。使用这种方法产品应具有某些吸引力的突出特点。

2. 介绍接近法

指通过自我介绍或他人介绍来接近客户的方法。介绍的内容包括姓名、工作单位、拜访的目的等。为获取客户的信任，一般应递交名片、介绍信等相关证明材料。

3. 社交接近法

指通过与客户开展社会往来接近客户的方法。采用这种方法一般不开门见山地说明用意，而是尽量先与客户形成和谐的人际关系。

4. 馈赠接近法

指通过赠送礼物来接近客户的方法。馈赠礼物比较容易博得客户的欢心，取得他们的好感，从而拉近与客户的关系，而且客户也比较乐于合作。

5. 赞美接近法

指利用一般客户的虚荣心，以称赞的语言博得客户的好感，接近客户的方法。农产品经纪人要注意观察客户的仪表，在称赞客户时要真诚、恰如其分，切忌虚情假意，以免引起客户的反感。

6. 反复接近法

指在一两次接近不能达成交易的情况下，采用多次进行推销访问来接近客户的方法。该方法一般在交易较大的重点生意中经常采用。

7. 服务接近法

指通过为客户提供有效并符合需要的某项服务来博得客户的好感，赢得客户的信任来接近客户的方法。

8. 利益接近法

指利用产品能为客户带来的实际利益以引起客户的兴趣并接近客户的方法。采用这种方法时，农产品经纪人应把产品能给客户带来的利益放在第一位，以引发客户的兴趣，增强购买信心。例如，一位农产品经纪人在介绍产品时说："我们这种化州橘红果品质极佳，具有健胃行气、润肺养生、醒酒降血脂等功效，特别适合像您这样的商务人士吃。"从客户关心的重点入手，引发客户对所推销产品的兴趣。

9. 好奇接近法

指农产品经纪人通过引发客户的好奇心来接近客户的方法。好奇心是人们普遍存在的一种心理。农产品经纪人在采用该方法时，应注意新奇，但不荒诞，并注意在恰当的时机将谈话引入正题。

10. 求教接近法

指农产品经纪人通过请客户帮忙来解答疑难问题，从而接近客户的方法。农产品经纪人采用这种方法主要是利用对方好为人师的特点。运用求教接近法时一定要注意问对方擅长的问题，并在求教后及时将话题导入有利于促成交易的谈话之中。

以上接近客户的方法，是农产品经纪人接近客户最常使用的，如能够综合使用各种方法，效果会更好。

◆ 核心技能点

掌握接近客户的技巧，做好接近客户的准备工作。

◆ 实训活动

接近客户的角色扮演：将三位学员分成一组做角色扮演，分别扮演农产品经纪人、客户、观察者进行接近客户演练，时间 30 分钟，观察者要提供观察后的感想，不同的角色每位学员都要扮演一次。

任务三　销售洽谈知识

◆ 案例

农民跨国"商战"卖泥鳅

赣榆县墩尚镇银河村泥鳅养殖大户张家敏的出名缘于他的跨国"商战"。早在 2002 年，一个韩国老板看中了银河村适合泥鳅生长的自然条件，投资兴建了一个泥鳅养殖场，前些年养泥鳅失败的张家敏在养殖场里替韩国老板打工。通过一年的摸索，他发现泥鳅生病很正常，只要加强疾病预防就行了。张家敏还从韩国老板那里得知，在国内才卖 10 元 1 千克的泥鳅在韩国能卖到 160 元 1 千克。张家敏下决心再养一次泥鳅，2003 年养了 6 亩，年底 15 吨泥鳅全部卖到韩国，价格每千克 30 元，一年净赚 10 万元。

尝到甜头后，张家敏 2004 年养了 40 亩泥鳅，在他的带动下，全村泥鳅养殖面积一下增加到 400 亩，一半以上的村民做起了泥鳅发财梦。可是到了年底卖泥鳅的季节，泥鳅产量猛增到 300 吨，6 个收购泥鳅的韩国经销商趁机把价格压到 14～16 元钱 1 千克，而如果要保证养殖户的利润，泥鳅的价格必须达到每千克17元。为每千克1元钱的差价，双方都不容让步，交易进入了僵持阶段，张家敏劝说养殖户都不要急。

为了摸清韩国泥鳅市场的真实情况，张家敏悄悄以1.2万元月薪聘请韩国的一个客商担任经纪人，天天帮自己收集泥鳅的价格信息。这位客商主要通过了解韩国各大港口的泥鳅报关价格，再根据市场上的零售价、批发价，综合后及时发回国内。韩国人很喜欢吃泥鳅，一年的市场容量达1.3万吨，当时的泥鳅供不应求，价格正在上涨，而不是经销商所说的下跌。得到这个宝贵的信息后，张家敏让各位养殖户一定要坚守价格底线按兵不动，同时与韩商进行了再次谈判，最终韩国经销商终于沉不住气了，同意以每千克17元收购。此后，村里每天都有1万千克泥鳅源源不断卖往韩国。就这样，一场泥鳅价格危机化险为夷。这一回让张家敏赚了100多万元，让全村养殖户赚了300多万元。

思考：张家敏为什么能取得销售洽谈的成功？

资料来源：http://www.gzxw.gov.cn/Njtd/Dxjy/200812/6452.shtm

◈ 知识要点链接

一、销售洽谈

销售洽谈是买卖双方为实现农产品的交易，就各种交易条件进行的协商活动。销售洽谈的内容就是销售过程中所涉及的各项关键事项，包括产品的规格、数量、价格、交付时间、付款周期、送货方式等，围绕这些事项所进行的洽谈就构成了销售洽谈的核心内容。

二、价格谈判

价格谈判是销售洽谈中最核心的部分，谈判双方能否达成一个彼此都可以接受的价格将决定着谈判的成功与否。

(一)报价的技巧

1.要克服害怕生意做不成一开口报价就报很低的价格的心理障碍

在开口报价时，应了解同类产品的价位，也了解自己的产品的价位在同类产品中所处的位置。

如果产品是高价位，要回答为什么高？是产品的质量比同类产品好，还是用的原材料比同类产品好等。总之，要让客户觉得你的产品的价格是物有所值。

如果产品是中档价位，要回答：你的产品比高价位的产品优势在什么地方？是在品质、口感等方面比高价产品差，还是同样的品质就是要通过价位和高价位的产品竞争？

如果产品是低价位，你要回答：自己的产品为什么价位低？

一句话：要讲出产品定价的依据，表明你报价的合理性。

2.不要轻易报价

当客户直接寻价时，要尽量通过问答的形式了解客户。比如可以问客户需要的数量，需要的质量要求，有没有特殊的需求。还要了解客户是直接用户还是中间商，需不需要开发票，包不包运费。当了解清楚客户后，是直接用户在报价时，可适当地报低点的价格，是中间商报价的前提是要达到多少的数量才能享受批发的价格。也可以报含税的价格和不含税的价格，运费是不是含在内等。

3. 让客户出价

让客户自己说出要采购哪个价位的产品。有许多客户自己心里很明白，只愿意出一定的价钱购买产品。他们也许已经咨询了许多供应商，就想采购低价位的产品，对于这样的客户，要了解清楚他的意愿后，一定要报一款最低的产品价格给他，但要说明这款产品的劣势所在，让对方明白一分价钱一分货。

4. 分阶段报价

从零售价报价到批发价再到出厂价。这种报价方式主要是针对中小客户，因对方不告诉你自己的实情，只好采取诱导的方式，比如，少量购买享受零售价的几折优惠，多少数量享受批发价，必须一次性提多少货可享受出厂价。

以上这四种报价方式，也要根据谈判的具体情况，结合起来使用效果更佳。报价永远是随机应变的，但要遵守一个原则:利润最低保障的原则，低于利润的最低原则，宁可不做。

(二)讨价还价的技巧

价格谈判是农产品经纪人最需要掌握的武器。许多农产品经纪人由于不会讨价还价，要不丢掉了订单，要不单虽然做成了，却已经没有了利润。如何与客户讨价还价是农产品经纪人最需要掌握的武器。

1. 目标包括原则

无论你与客户在价格谈判上进行了多少个回合的较量，你应该使你的报价逐步向对方靠拢，但一定要把自己的目标价格包括在报价之中，这样才能获取自己的最大利益。

2. 以让步来换取让步的原则

在与客户的价格谈判中，你对客户的让步应在你的让步能让对方给你多大的让步的原则基础上进行，最终我们的判断并不是让步的次数的多少，而是总体的让步利益的对比，你是赚还是亏。

3. 价格分解法

对于包含多种不同交易的谈判，价格应该进行分解式的报价，而不报给对方一个总体的感觉较高的价格，这样可以降低对方的价格敏感度，有利于成交。

4. 最后时效法

现在绝大部分的产品销售的利润来自服务，而为了吸引客户采取的优惠、免费服务、提供奖品等等的促销措施风行一时，为了争取客户的合同，可以利用客户的这种贪便宜的心理，采取各种服务的最后期限压他马上做出决定的方法。这样的效果是比较明显的，可这种措施对企业的长期运作还是有一定的副作用的。

5. 逐步收窄法

在和客户的价格谈判过程中，对于每一次的让步都要保持一个原则，就是每一次让步都要小于上次的让步为原则，最后的让步可以是一点一点的后退，给对方形成一种价格的确已经到了无法再大幅度压缩的地步，如果再一味进攻的话可能失败的印象，最终达成一致。

在征服客户的同时也是一个客户征服自己的过程，所以在与客户的交流过程中一定要保持沉着、冷静的头脑，给客户一个专家的印象，一样可以给你在谈判过程中争取较多的利益提供支持。征服客户，需要不断的实践与学习分析，总结出征服客户的经验。

(三)让步的技巧

在价格让步过程中,要把握好让步的幅度、频率和时机,一般要遵循如下几个规则:

(1)了解客户的预算情况。

(2)不要主动让步,除非客户要求且不让步谈判就无法进行时再做出让步。

(3)不做无谓让步。

(4)频率不能高,且幅度越来越小,数字越来越精确。

(四)谈判策略

1.转移视焦,推销价值

将客户从价格的执着转移到对产品整体价值的认知上。张先生,您认为在价格方面贵了些,我也认同您的看法,但这是有道理的,就像奔驰汽车就比一般品牌的汽车要贵得多。同样,我们合作社的农机是国家名牌,我们合作社的实力和对客户的服务保障都能让您用得放心、买得满意,这就是价值所在,眼前就算您多花了一点钱,但买回的是您家人、朋友的赞美和好品质的保障,您说这不是比起表面省一点点钱更值呢?

2.探明虚实,掌握重点

以中肯的态度问客户:张先生,买卖双方其实都有共同的利益点,讨价还价也是正常的,很多问题我们都可以公开探讨一下,沟通越深入越有利于我们达成共识。张先生,我想请教一下,您认为我们的价格贵,您主要是从哪些方面去理解和进行比较的呢?您是认为产品的款式不好还是售后服务的问题呢?您是认为产品的功能问题还是操作起来比较困难呢?借着提出一些相关的问题,来引导对方讲出自己真实的看法,从而掌握重点所在,再加以说服。

3.放出去收回来

当客户不断要求再打折扣时:张先生,对您提出的折扣要求我完全表示理解,如果我是客户我也会有同样的要求。但是,您试想想,我们合作社何尝不是也想以最高的价格出售,可毕竟市场不是由我们单方面构成的,合作社也要考虑市场因素和消费者的承受能力,因此,我们的定价也充分考虑到了这些因素。但是,我们也希望客户同样能理解到,如果合作社不顾客户利益、不顾质量来降低成本、降低价格,我相信这是客户所不愿看到的,所以我相信如果您能理解到这一点,保持一个适当的价位,这也是自己的利益所在。

4.有理有据,耐心说服

以大量的资料来说明产品的技术、功能、手艺、合作社或企业的实力、信誉等一切有利的条件,把客户将获得的有关利益同价格作比较,让客户明白价格贵正反映了它的价值所在,这是明智的选择。

5.同行比较,利弊分清

当客户将本合作社的产品同别家合作社的不同产品作比较时,可以顺势了解客户究竟欣赏别的产品什么方面,这样一举两得,既可以了解竞争产品情况,又可以了解客户真实需求和购买动机。张先生,您刚才说我们的产品比起某产品的价格高了,除价格以外,您是否能谈谈对方产品还有哪些优点是您比较喜欢的?另外有哪方面还未能满足您的需求呢?当客户讲完他的看法以后,你不但充分掌握了对方产品的有关资讯,而且也掌握了我方产品在哪方面优于对方而更能吸引客户。

三、介绍产品

力求引起客户对产品的兴趣，这是实现推销目的的关键。诱导客户对产品的兴趣应该遵循一个循序渐进的原则。也就是说，客户的兴趣是慢慢地成长起来的，因此，诱导客户的兴趣也要一步一步地来，决不可性急。引导客户的兴趣首先要展示你所推销的产品，并尽力使客户对你的产品产生兴趣。

（一）进行产品解说的秘诀

在销售过程中，当农产品经纪人面对陌生的客户时，进行产品解说是必不可少的一个环节，也是关键的一步，但是产品解说也得讲究技巧，也有秘诀。要是你掌握了这些秘诀，你的产品推销起来肯定会顺利，因为“好的开始是成功的一半。”

要做好产品解说，必须把握下面这两条秘诀：一是要多强调产品价值而少谈价格；二是要多作示范而别光说不练。

1.强调产品的性价比

有些农产品经纪人总是大力强调价格，说明自己的产品是如何的便宜，却从不注重强调产品自身的价值。作为农产品经纪人，你必须强调产品的安全性、优质性、合法性以及满意保证。人们的生活水平越来越高，价格已经不再是客户考虑的唯一因素，品质才是更重要的。

2.多做产品使用示范

在销售过程中，多做示范是非常重要的。俗话说得好，“百闻不如一见”。农产品经纪人向客户推荐的产品，一定要让对方不仅听到，而且还要看到，甚至要摸到，必要时就得当场示范和让客户尝试了。应该边作示范边问对方感觉如何，这样才能“心到、手到、眼到”。不怕不识货，就怕货比货，拿自己的产品与其他合作社的产品作比较示范，可以让客户感觉到产品实实在在的品质，从而更容易接受产品。

（二）介绍产品的方法

农产品经纪人在推销产品时，不仅仅靠“能说会道”，还要靠农产品经纪人的诚心，靠产品本身的品质。任何一位客户预购产品时首先考虑的都是产品品质怎么样。那么，农产品经纪人向客户介绍产品时可以有以下几种方法：

1.直接讲解法

这种方法节省时间，很符合现代人的生活节奏，很有优越性。在讲解时要注意重点，讲解的内容应易于客户了解。农产品经纪人直接明了地向客户介绍产品，会让客户觉得这个农产品经纪人的工作很有效率，还懂得替客户着想，节省客户的时间和精力，于是很容易被客户接受。

2.举例说明法

可以举些使用产品的实例，说明它体现了哪些效用、优点及特点。不直接向客户讲解，可以使客户感到轻松和容易接受，所以间接的办法得到了广泛的应用。虽然是间接介绍产品的效用、优点及特点，但农产品经纪人应该记住，介绍时始终不能脱离销售这个主题，不然就起不到应有的作用了。要注意的是举例不能乱说一通，要真实、实事求是。和直接介绍相比，间接介绍产品会花费更多一点的时间和精力，但是可能会更容易被客户接受。所以，间接介绍产品也不失为一种很好的方法。

3.借助名人法

运用这种方法时一定要是真人实事，否则后果不堪设想。利用一些有名望的人来说明产品，事实上就是利用一种“光环效应”。当人们觉得某个人有威望时，就会相信他所做的决定、所买的产品。但是，如果农产品经纪人在运用这个办法时不尊重事实，自己胡编乱造，那不仅起不到宣传作用，还很可能会让客户觉得你是在欺骗他，从此再也不去信任你了。

4.激将法

俗话说：“挑剔是买主。”你越帮他挑剔，他就越是理智地考虑购买，正所谓“请将不如激将”。有些客户在心里接受了农产品经纪人的产品，但在口头上还在挑三拣四。也许他只是想通过挑剔的语言来让农产品经纪人感到心虚，从而在价格上给自己一些更大的优惠。所以农产品经纪人不要怕客户的挑剔。当遇到这种情况时，可以采用激将法。例如，可以对客户说：“如果您觉得不能接受，那您就再考虑一下，我们改天再谈吧！”这样，客户可能被激将，从而促使自己立即购买。

5.实际示范法

像摆地摊卖玻璃刀的人那样，一刀一刀地切割玻璃，使购买者一目了然看到它好用，自然会愿意购买。实际上运用这个方法等于直接向客户介绍了产品的效用、优点及特性，有时效果会更好，因为它符合了客户的心理。有时农产品经纪人还可以请客户尝试，因为客户更相信客户。而且客户亲自使用了产品，更会相信产品的好处。

6.展示解说法

此法与上面的实际示范法有共同之处，就是都将产品展示在客户面前。所不同的是前者只用实际示范使客户相信，后者则是边展示边解说。生动的描写与说明加上产品本身的魅力，更容易使客户产生购买欲望。因此，在展示产品时要特别注意展示的步骤与艺术效果，注意展示的气氛。

7.文图展示法

当有些产品不便于直接演示时，最好使用这种方法。因为这种方法既方便又生动、形象，给人以真实感。这里不但要注意展示的真实性、艺术性，还要尽量使展示图文并茂，这样销售效果会更好。在很多时候，农产品经纪人可以利用一些文字与图片的色彩和画面来吸引客户的目光。只要农产品经纪人展示得好，就会让客户感到满意。

8.资料证明法

一般产品的销售往往用这种方法，因为证明材料最容易令客户信服，如某产品获××奖，或经过××部门认定等资料，最具说服力。如果能在洽谈、演示之中不知不觉地使客户了解证明资料，效果会更好。

（三）介绍产品时应注意的问题

农产品经纪人在向客户介绍产品时，是有一定技巧的。农产品经纪人只有充分掌握了这些技巧，才能更好地利用展示产品所带来的好处。

1.找一个好的展示角度

人们总是从一定的角度去观察事物的，角度的不同会使人获得不同的感觉和感受，从而形成不同的印象和看法。所以，农产品经纪人展示产品的角度应该有助于客户了解产品，使客户感到新奇，从而形成良好的第一印象。农产品经纪人一旦为所推销的产品找到了合适的角度，并将产品以合适的角度展示给客户，一定会收到好的效果。相反，如果农产品经纪人在展示产品时的角度选择不合理，让客户看不清楚，体会不到产品的好处，就肯定不会取得好的效果，还会让客户觉得没有兴趣，浪费了自己的时间，从而引起客户的不满。

2.找一个好的展示时机

产品展示必须选择恰当的时机，以引起客户的注意。农产品经纪人一旦寻找到了一个恰当的时机，那么展示的产品就可能吸引更多的客户。也就是说，那时他的展示更能引起客户的兴趣。只有引起了客户的注意，才能更好地销售出产品。

3.有一个欣赏自己产品的态度

当农产品经纪人在向客户展示产品时，必须表现出十分欣赏自己产品的态度，这样，你的展示活动才能收到理想的效果。同时，要充分利用客户的嗅觉、听觉、视觉和触觉。如果农产品经纪人一点也不欣赏自己的产品，在展示产品时必然会显露出来。如果细心的客户觉得连农产品经纪人自己都不欣赏自己的产品，那这产品肯定不会是好的产品。

4.展示产品时要诱导客户的兴趣

在销售过程中，农产品经纪人最好能够制造出戏剧性的效果。制造戏剧效果实际上是与展示商品同时进行的，它可以使你所推销的产品成为生动故事的主角，以增加客户对产品的信赖，加深客户对产品的印象，客户的兴趣自然也会随之倍增。

◈ 核心技能点

掌握价格谈判的技巧，掌握产品介绍的技巧。

◈ 实训活动

1.事先准备一种产品，进行模拟产品介绍练习。

2.阅读材料并分析

抓住产品卖点来销售

“德青源”鸡蛋结束了中国鸡蛋几千年“三无”产品（无标准、无生产日期，无品牌）的历史，推动并参与制定了中国第一部鸡蛋标准，开创了中国鸡蛋品牌之先河。德青源生态鸡蛋目前在北京品牌鸡蛋市场占有率高达68%，是消费者最信赖的鸡蛋品牌。他们通过提升蛋鸡饲养过程的技术和标准化生产，从原材料采购、蛋鸡养殖、环境控制、兽医防疫、废弃物处理、蛋品加工等各个环节严格控制，保证了鸡蛋品质，并在每枚鸡蛋上都打上了“身份证”——一种无毒的彩色喷码。公司通过其编码可以查出每枚鸡蛋的各种信息，甚至追溯到产蛋的母鸡的生长情况。通过这种精心设计和制作，形成了品牌，抓住了消费者对绿色环保生产过程需求的独特卖点，将自然资源与品类资源等独有的农业优势发挥到了极致，受到消费者欢迎。

思考：请你来给客户介绍“德青源”鸡蛋。

资料来源：农产品经纪人业务技能.李志荣.吉林人民出版社，2010-05

任务四　处理客户异议的技巧

◈ 案例

农夫卖玉米,巧妙处理客户异议

一个农夫在集市上卖玉米,因为他的玉米棒子特别大,所以吸引了一大堆买主。其中一个买主在挑选的过程中发现很多玉米棒子上都有虫子,于是他故意大惊小怪地说:“伙计,你的玉米棒子倒是不小,只是虫子太多了,你想卖玉米虫呀? 可谁爱吃虫肉呢? 你还是把玉米挑回家吧,我们到别的地方去买好了。”

买主一边说着,一边做着夸张而滑稽的动作,把众人都逗乐了。农夫见状,拿过玉米,面带微笑却又一本正经地说:“朋友,玉米质量的好坏就体现在这虫子上,玉米上有虫,这说明我在种植中,没有施用农药,是天然植物,连虫子都爱吃我的玉米棒子。大家说,连虫子都不愿意吃的玉米棒子好吗? 比这小的棒子就好吗? 价钱比这高的玉米棒子就好吗? 你们再仔细瞧瞧,我这些虫子都很懂道理,只是在棒子上打了一个洞而已,棒子可还是好棒子呀!”

他说完了这一番话语,又把嘴凑在那位故意刁难的买主耳边,故作神秘状,说道:“这么大,这么好吃的棒子,我还真舍不得这么便宜地就卖了呢!”众人被他的话语说得心服口服,纷纷掏出钱来,不一会儿工夫,农夫的玉米销售一空。

资料来源:http://www.prywt.com/401.html

◈ 知识要点链接

一、客户异议的含义

客户异议又叫推销障碍,是指客户针对农产品经纪人及其在推销中的各种活动所做出的一种反应,是客户对推销品、农产品经纪人、推销方式和交易条件发出的怀疑、抱怨,提出的否定或反对意见。在实际推销过程中,农产品经纪人会经常遇到:“对不起,我很忙”、“对不起,我没时间”、“对不起,我没兴趣”、“价格太贵了”、“质量能保证吗?” 等被客户用来作为拒绝购买推销品的问题,这就是客户异议。

二、客户异议的类型

(一)客户需求异议

需求异议是指客户认为不需要产品而形成的一种反对意见。它往往是在营销人员向客户介绍产品之后,客户当面拒绝的反应。例如“我们根本不需要它”、“这种产品我们用不上”、“我们已经有了”等。

例如,当客户提出我们已经有了固定的合作伙伴(或供应商)时,处理这类问题的技巧是:

哦! 那首先恭喜你们有一个非常不错的合作伙伴,当然我们也可以建立一个联系,可能会对贵公司有一定的帮助:一方面由于我们已经和许多像你们这样的公司建立了业务关系,我们发现我们能够对你们的主要供应商所提供的服务做出有力的补充;同时我们也可以为您在选择合适的供应商时增加一个选择和比较的机会。明天我正好去贵公司附近办点事，我想顺便拜访您一下，向您介绍一下我们合作社和产品，向您当面解释一下我们为什么能对你们的主要供应商作有力的补充，请问您是明天上午有空还是下午有空？

(二)客户财力异议

财力异议是指客户认为缺乏货币支付能力的异议。例如“产品不错，可惜无钱购买”、“近来资金周转困难，不能进货了”等。

例如，当客户提出我们没有购买你们产品或服务的财务预算(经费)时，处理这类问题的技巧是：

张经理，我非常理解您，可能因为目前你们购买产品的事情尚未列入计划或日程上来，购买产品的经费也尚未批下来，您可能觉得现在交流为时过早，感觉您是一个办事非常实在的人。不过，我们现在已经与许多和你们情况相同的公司建立了业务关系，所以我们可以先建立一个联系，让您能够对我们合作社和我们的产品有一个初步的了解，等到您的预算批下来时我们再进一步深入交谈。明天我正好去贵公司附近办点事，我想顺便拜访您一下，明天您是上午有空还是下午有空？

(三)客户权利异议

权利异议是指客户以缺乏购买决策权为理由而提出的一种反对意见。例如，客户说：“做不了主”、“领导不在”等。

例如，当客户提出我不是这项工作的负责人时，处理这类问题的技巧是：遇到这一拒绝时，一定要分清他是合作对象还是非合作对象，相应采用的技巧也不一样。

1. 对待合作者处理技巧

您好！我是某合作社的小王，您能否帮个忙？我想找一下你们公司采购部的负责人，麻烦您帮我转接一下。在您帮我转接之前，非常希望您能告诉我他的姓名和电话号码，以便万一他不在时我还能与他联系上，不必再麻烦您！非常谢谢您！

2. 对待非合作者处理技巧

如果是前台接待通常有两种方法，一是拨打其他职员电话绕开；二是编造一个名字。

农产品经纪人：我找一下王经理。

前台：哪位王经理，我们这儿有很多王经理？(或我们公司里没有王经理)

农产品经纪人：我曾经和贵公司一位经理联系过生鲜方面的事情，好长时间没有联系他，我一时也想不起来他姓什么，更不知道他现在还是否在贵公司，能否请您帮个忙帮我转到贵公司管理这项业务的现在的负责人那里？

前台：好的，我帮您转到采购部李经理那里。

(四)客户价格异议

价格异议是指客户以推销产品价格过高而拒绝购买的异议。推销品的价格是客户最关心的问题之一，也是最容易提出异议的问题之一，也是农产品经纪人在实际的推销活动中遇到最多的、也是最常见的一种客户异议。无论产品的价格怎样，总有些人会说价格太高、不合理或者比竞争者的价格高。例如“太贵了，我买不起”、“我想买便宜点的”、“在这些方面你们的价格不合理”以及“我想等降价再买”。

价格异议一般有两种表现形式：一是客户认为推销品价格过高，这是价格异议的常见的、主要的形式，常常成为客户讨价还价、争得更多交易利益的托词，或者是客户拒绝购买的一种借口。对此，农产品经纪人要进行适当的解释与说服，让客户感到物有所值，并在必要的时候做出适当的让步。二是客户认为推销品价格过低，怀疑其存在质量或者其他方面的问题，或认为其缺乏购买或收藏等方面的价值。对此，农产品经纪人要给客户一个明确的解释，以消除客户心中的疑虑。否则，极易引起误解，形成推销障碍。

例如，当客户提出你们的价格太高了时，处理这类问题的技巧是：

张经理，我非常能够认同您的看法和理解您的感受，我们的价格在市场上与同行某些产品相比确实不便宜，而与我们同品质相比我们的产品价格还是比较便宜的。价格对我们来说都很重要，我们已经和许多你们这样的公司建立了业务关系，他们都觉得我们产品的性价比是非常不错的，价格也是非常适中的，他们相信与我们合作（或购买我们的产品）是非常放心的选择。

（五）产品异议

产品异议是指客户认为产品本身不能满足自己的需要而形成的一种反对意见。

例如，当客户提出“我不喜欢这种颜色”、“这个产品口味不好”、“新产品质量都不太稳定”、“我们过去用你们的产品，觉得不是很满意”等问题时，处理这类问题的技巧是：

张经理，我非常理解您讲的问题，同时我对我们公司的产品和服务给您带来的不便表示深深的歉意，我也希望能够有机会尽可能对此予以弥补。事实上如果我是您，我也会有您同样的感觉。庆幸的是，目前我们合作社的产品与服务在某些方面已经作了很大的改进（或变化），明天我下午正好去贵公司附近办事，如果您方便我正好把最近公司产品和服务方面的改进情况向您当面反馈一下，您是明天下午 3 点方便还是 4 点方便？

（六）营销员异议

营销人员异议是指客户认为不应该向某个营销人员购买推销产品的异议。比如“我要买老王的”、“对不起，请贵公司另派一名营销人员来”等。

（七）货源异议

货源异议是指客户认为不应该向有关公司的营销人员购买产品的一种反对意见。例如“我用的是某某公司的产品”、“我们有固定的进货渠道”、“买国有企业的商品才放心”等。

（八）购买时间异议

购买时间异议是指客户有意拖延购买时间的异议。客户总是不愿马上做出决定。事实上，许多客户用拖延来代替说“不”。营销人员经常听到客户说：“让我再想一想，过几天答复你。”“我们需要研究研究，有消息再通知你。”以及“把材料留下，以后答复你”等。这些拒绝很明显意味着客户还没有完全下定决心，拖延的真正原因，可能是因为价格、产品或其他方面不合适。有些客户还利用购买时间异议来拒绝营销人员的接近和面谈。因此，农产品经纪人要具体分析，有的放矢，认真处理。

三、处理客户异议的原则

（一）做好准备工作

“不打无准备之仗”，这是农产品经纪人面对客户拒绝时应遵循的一个基本原则。销售前，农产品经纪人要充分估计客户可能提出的异议，做到心中有数。这样，即使遇到难题，到时候也能从容应对。事前无准备，就可能不知所措，客户得不到满意答复，自然无法成交。可以说，良好的准备工作有助于消除客户异议的负面性。

国外(尤其是美国和加拿大)的许多企业经常组织一些专家来收集客户的异议，制订标准应答用语，并要求销售员牢记、运用。在实践中，编制标准应答用语是一种较有效的方法，具体程序如下：

步骤1：把大家每天遇到的客户异议写下来。

步骤2：做分类统计，依照出现频率排序，出现频率最高的异议排在最前面。

步骤3：以集体讨论方式编制适当的应答用语，并编写、整理成文。

步骤4：请大家熟记在心。

步骤5：由老销售员扮演客户，大家轮流练习标准应答用语。

步骤6：对在练习过程中发现的不足，通过讨论进行修改和完善。

步骤7：对修改过的应答用语进行再练习，并最后定稿备用。最好是印成小册子发给大家，以供随时翻阅，达到运用自如、脱口而出的程度。

(二)选择恰当的时机

根据美国对几千名销售员的研究，优秀销售员所遇到的客户严重反对的机会只是其他人的1/10，原因就在于优秀销售员往往能选择恰当的时机对客户的异议提供满意的答复。在恰当时机回答客户异议，便是在消除异议负面性的基础上发挥了其积极的一面。可以说，懂得在何时回答客户异议的农产品经纪人会取得更大的成绩，农产品经纪人对客户异议答复的时机选择有四种情况。

1.在客户异议尚未提出时解答

防患于未然是消除客户异议的最好方法，农产品经纪人觉察到客户会提出某种异议，最好在客户提出之前就主动提出并给予解释，这样可使农产品经纪人争取主动，做到先发制人，避免因纠正客户看法或反驳客户的意见而引起不快。农产品经纪人完全有可能预先揣摩客户异议并抢先处理，因为客户异议的发生有一定的规律性，如农产品经纪人谈论产品的优点时，客户很可能会从最差的方面去琢磨问题；有时，客户没有提出异议，但其表情、动作及措辞和声调却可能有所流露，农产品经纪人觉察到这种变化时可以抢先解答。

2.在异议提出后立即回答

绝大多数异议需要立即回答，这样既可以促使客户购买，又表示对客户的尊重。

3.过一段时间再回答

以下异议需要农产品经纪人暂时保持沉默：当异议显得模棱两可、含糊其辞、让人费解时；当异议显然站不住脚、不攻自破时；当异议不是三言两语就可以辩解得了时；当异议超过了农产品经纪人的能力水平时；当异议涉及较深的专业知识，不易为客户马上理解时……急于回答客户的此类异议是不明智的。经验表明：与其仓促答错十题，不如从容答对一题。

4.不回答

许多异议不需要回答，如无法回答的奇谈怪论、容易造成争论的话题、废话、可一笑置之的戏言、异议具有不可辩驳的正确性、明知故问的发难等，农产品经纪人可以采取以下处理技巧：

沉默;装作没听见,按自己的思路说下去;答非所问,悄悄扭转对方的话题;插科打诨幽默一番,最后不了了之。

(三)忌与客户争辩

不管客户如何批评,农产品经纪人永远不要与客户争辩,“占争论的便宜越多,吃销售的亏越大”。与客户争辩,失败的永远是农产品经纪人。

(四)给客户留“面子”

客户的意见无论是对是错、是深刻还是幼稚,农产品经纪人都不能给对方留下轻视的感觉。要尊重客户的意见,讲话时面带微笑、正视客户,听对方讲话时要全神贯注,回答客户问话时语气不能生硬。“你错了”、“连这你也不懂”、“你没明白我说的意思,我是说……”这样的表达方式抬高了自己,贬低了客户,挫伤了客户的自尊心。

四、处理客户异议的方法

1. 转折处理法

转折处理法,是推销工作的常用方法,即农产品经纪人根据有关事实和理由来间接否定客户的意见。应用这种方法是首先承认客户的看法有一定道理,也就是向客户做出一定让步,然后再讲出自己的看法。此法一旦使用不当,可能会使客户提出更多的意见。在使用过程中要尽量少地使用“但是”一词,而实际交谈中却包含着“但是”的意见,这样效果会更好。只要灵活掌握这种方法,就会保持良好的洽谈气氛,为自己的谈话留有余地。

2. 转化处理法

转化处理法,是利用客户的反对意见自身来处理。客户的反对意见是有双重属性的,它既是交易的障碍,同时又是一次交易机会。农产品经纪人要是能利用其积极因素去抵消其消极因素,未尝不是一件好事。

这种方法是直接利用客户的反对意见,转化为肯定意见,但应用这种技巧时一定要讲究礼仪,而不能伤害客户的感情。此法一般不适用于与成交有关的或敏感性的反对意见。

3. 以优补劣法

以优补劣法,又叫补偿法。如果客户的反对意见的确切中了产品或公司所提供的服务中的缺陷,千万不可以回避或直接否定。明智的方法是肯定有关缺点,然后淡化处理,利用产品的优点来补偿甚至抵消这些缺点。这样有利于使客户的心理达到一定程度的平衡,有利于使客户做出购买决策。

当推销的产品质量确实有些问题,而客户恰恰提出:“这东西质量不好。”销售员可以从容地告诉他:“这种产品的质量的确有问题,所以我们才削价处理。不但价格优惠很多,而且我们还确保这种产品的质量不会影响您的使用效果。”

这样一来,既打消了客户的疑虑,又以价格优势激励客户购买。这种方法侧重于心理上对客户的补偿,以便使客户获得心理平衡感。

4. 委婉处理法

农产品经纪人在没有考虑好如何答复客户的反对意见时,不妨先用委婉的语气把对方的反对意见重复一遍,或用自己的话复述一遍,这样可以削弱对方的气势。有时转换一种说法会使问题容易回答得多。但只能减弱而不能改变客户的看法，否则客户会认为你歪曲他的意见而产生不满。农产品经纪人可以在复述之后问一下："你认为这种说法确切吗?"然后再继续下文，以求得客户的认可。比如客户抱怨"价格比去年高多了，怎么涨幅这么高。"农产品经纪人可以这样说："是啊，价格比起前一年确实高了一些。"然后再等客户的下文。

5.合并意见法

合并意见法，是将客户的几种意见汇总成一个意见，或者把客户的反对意见集中在一个时间讨论。总之，是要起到削弱反对意见对客户所产生的影响。但要注意不要在一个反对意见上纠缠不清，因为人们的思维有连带性，往往会由一个意见派生出许多反对意见。摆脱的办法是在回答了客户的反对意见后马上把话题转移开。

6.反驳法

反驳法，是指农产品经纪人根据事实直接否定客户异议的处理方法。理论上讲，这种方法应该尽量避免。直接反驳对方容易使气氛僵化而不友好，使客户产生敌对心理，不利于客户接纳农产品经纪人的意见。但如果客户的反对意见是产生于对产品的误解，而你手头上的资料可以帮助你说明问题时，你不妨直言不讳。但要注意态度一定要友好而温和，最好是引经据典，这样才有说服力，同时又可以让客户感到你的信心，从而增强客户对产品的信心。反驳法也有不足之处，这种方法容易增加客户的心理压力，弄不好会伤害客户的自尊心和自信心，不利于推销成交。

7.冷处理法

对于客户一些不影响成交的反对意见，农产品经纪人最好不要反驳，采用不理睬的方法是最佳的。千万不能客户一有反对意见，就反驳或以其他方法处理，那样就会给客户造成你总在挑他毛病的印象。当客户抱怨你的合作社或同行时，对于这类无关成交的问题，都不予理睬，转而谈你要说的问题。

客户说："啊，你原来是××合作社的农产品经纪人，你们合作社周围的环境可真差，交通也不方便呀!"尽管事实未必如此，也不要争辩。你可以说："先生，请您先看看产品。"

国外的推销专家认为，在实际推销过程中80%的反对意见都应该冷处理。但这种方法也存在不足，不理睬客户的反对意见，会引起某些客户的注意，使客户产生反感。且有些反对意见与客户购买关系重大，农产品经纪人把握不准，不予理睬，有碍成交，甚至失去推销机会。因此，利用这种方法时必须谨慎。

◈ 核心技能点

熟悉客户异议的类型；掌握处理客户异议的方法和技巧。

◈ 实训活动

请结合自己的亲身经历，写下三句你最近曾经使用过的拒绝购买时所说的话。然后仔细回忆当时销售员是如何说的，结果如何？假设你是当时的销售员，请尝试用本任务相关的知识解决你曾经提出的反对意见。

任务五　达成交易的技巧

◆ 案例

1. 某办公用品销售员到大华农业科技公司办公室去推销碎纸机，办公室主任在听完产品介绍后摆弄起样机，自言自语道："东西倒是挺合适，只是办公室这些小年轻毛手毛脚，只怕没用两天就坏了。"销售员一听，马上接着说："这样好了，明天我把货运来的时候，顺便把碎纸机的使用方法和注意事项给大家讲讲，这是我的名片，如果使用中出现故障，请随时与我联系，我们负责维修。主任，如果没有其他问题，我们就这么定了？"

2. 一位妈妈带着小男孩来到一家宠物商店，小男孩非常喜欢一只小狗，但是妈妈拒绝给他买，小男孩又哭又闹。店主发现后就说："如果你喜欢的话，就把这个小狗带回去吧，相处两三天再决定。如果你不喜欢，就把它带回来吧。"几天之后全家人都喜欢上了这只小狗，妈妈又来到了宠物商店买下了这只小狗。

◆ 知识要点链接

促成交易是农产品经纪人将潜在客户转变为客户的一个重要过程，同时也是农产品经纪人对此前长时间接触客户，与客户沟通、提案并谈判之后希望获得的一个结果。在推销的过程中，促成交易是最重要的一步，也是推销洽谈的最后阶段。

当经历过提案和一系列的谈判之后，潜在客户在最终做出购买决策时，往往会流露出一些购买信息，若此时农产品经纪人能及时、准确地识别潜在客户的购买信号，抓住时机提议就能有效促成协议的签署，并最终达成交易。

一、促成交易的信号

1. 从客户的面部表情看

客户眼睛转动由慢变快，眼角舒展，眼睛发亮，炯炯有神；从托腮沉思变为轻松明朗、善意友好；态度由冷漠、怀疑变为自然大方、随和亲切等。

2. 从客户的言语来看

客户不断向卖主打听交货日期，要求详细说明应该注意的事项，打听价格并要求降低售价，客户主动提出更换洽谈场所，客户主动向农产品经纪人介绍该单位负责采购的主管人员等。

3. 从客户的行为举止看

客户把你和竞争对手的各个交易条件具体加以比较；客户一直抱着胳膊在沉思什么，突然用手敲打桌子或自己的膝盖；客户频频点头，由原来的拘谨、双手交叉抱胸的小心翼翼姿势变为身体松弛、双手分开坦荡的大大方方的姿势等。

在成交阶段，应根据不同客户、不同时间、不同情况、不同环境采取灵活的方式，对不同的购买信号施以相应的引导技巧，从而保证圆满成交。

二、促成交易的方法

客户是否购买将受到其自身的类型与特点、销售条件以及农产品经纪人所能给予的种种有益的暗示的影响，有经验的农产品经纪人能够灵活运用所掌握的促成交易的方法。一般来说，在销售时促成交易的方法有如下几种。

1. 假定成交法

假定成交法是假设潜在客户有购买意愿，你也努力做了销售交易陈述，并圆满处理了客户异议，进一步限定了客户的选择余地，接下来就是准备成交。假定成交法的实施可通过提问的方式进行，如问“我们什么时候给您送货”、“你们要 80 吨还是 100 吨”，在问及这些情况时，农产品经纪人应在客户不注意的情况下摆出一切用于签约的工具，准备签约。

2. 直接请求成交法

直接请求成交法就是用简单、明了的语言，直接要求潜在客户购买的方法。这是一种最简单、最基本的成交方法。例如，农产品经纪人可以说：“钱经理，我们已经讨论了很长时间，您对我们的产品也很喜欢，您现在能告诉我在春季的销售中你们要购买多少吗？”在运用直接成交法时，应切记过于自信，以免客户产生反感而导致成交失败。

3. T 形法

T 形法又称为“优点-缺点”成交法，是指通过对产品的优点和缺点进行分析促使客户购买的方法。农产品经纪人应准备一个产品优缺点分析表，一栏是缺点，一栏是优点。通过罗列产品的缺点，可以使潜在客户相信农产品经纪人在陈述、展示产品时没有任何偏见，然后再列出更多的优点，最后加以总结，这种方法可以吸引潜在客户。例如，可以这样表述：“田小姐，从这张表中我们可以看出，产品优点要远远多于缺点，所以购买我们的产品你能得到更多的好处，我们现在就签约好吗？”

4. 克服障碍成交法

克服障碍成交法是指潜在客户基本上愿意购买产品，但还有最后一个或者数个障碍，如果能够帮客户克服这些障碍，那么潜在客户就会采取购买的行动，完成交易。例如，客户说：“我倒是愿意购买你们合作社的产品，如果你们能够提供免费送货的话。”面对这种情况，农产品经纪人可以问潜在客户：“如果我们能解决送货这个问题，您是否马上购买呢？”如果得到了肯定的答复，农产品经纪人就得去处理、克服这最后的障碍以便实现交易。

5. 不断提问法

不断提问法是指事先准备好一系列的问题，通过不断提问的方式，把产品的特征和潜在客户的需求联系在一起，使客户进入积极思考状态，以获得其对产品的认同。如果潜在客户对每个问题都做了相当中肯的回答，那么最终成交就非常容易。一般来讲，提出的问题要使客户只能做出肯定的回答，这样成交的可能性最大。

6. 次要问题成交法

次要问题成交法又称为避重就轻成交法或小点成交法，是指潜在客户看上去想下定决心购买，但在做最后决策时还有困难，此时农产品经纪人可以把客户引到一些次要问题上，通过在次要问题上赢得客户的赞同而最终达成交易。一个潜在客户想购买，但又顾虑重重，此时可以分析其主要原因，指出其某些顾虑是不必要的，当在这些次要方面取得一致后，一般来说购买的问题也就迎刃而解了。

7. 只有站票成交法

只有站票成交法是指告诉客户所剩商品不多，建议客户立即购买的成交方法。对于一些办事不干脆的客户，使用只有站票成交法能够促使他们尽快做出购买决策。只有站票成交法是基于这样一种概念，即一个人越难得到一件东西他就越想得到。只要农产品经纪人能够善于制造出产品稀有的形势或马上将要短缺的局面，那么终结成交就是轻而易举的事情。

8. 特殊让步成交法

特殊让步成交法是指有些潜在客户总想获得更好的成交条件，在你和他最后摊牌之前是决不会购买的，在这种情况下，农产品经纪人就应做出一些特殊让步，如果这些让步是合理而可行的话，这样将有助于达成交易。特殊让步包括提供相关产品、价格折扣、特别服务或潜在客户感兴趣的其他东西。

9. 请求签名成交法

如果潜在客户对农产品经纪人所陈述的各项产品要点都已相当清楚，此时就可以吸引他的注意力去签名。要让潜在客户签名，应将合同书在桌上摆好，并让客户直接面对合同书上签名的位置。这种方法可以使客户把注意力集中于签名，而忽略如何拒绝、推脱。他下意识里已经认同这份合同，你这样做是及早地促使其行动，签约成交。

◈ 核心技能点

掌握识别客户成交信号，准确把握成交机会；熟练掌握促成交易的方法和技巧。

◈ 实训活动

一名促销员在超市里销售凤梨，这时一位客户停下来品尝样品。分组模拟这一场景，运用引导成交的方法达成交易。

项目四　农产品网络营销技巧

◈ 项目设置背景

进入21世纪，网络营销是农产品营销的最佳途径。它以最低成本、最便捷方式、最快速的通道、最广泛的渠道、最有效的宣传方式、最近的空间距离，举手之间就可完成产品从宣传、广告、说明、市场信息收集和发布、平衡价格、接洽商户、成交的全部活动，作为一种新的营销途径越来越展示出其独特的魅力。作为农产品经纪人，要想更好地服务于农村经济的发展，就应该掌握一定的网络营销知识，能够熟练使用互联网，并以此作为一种手段去搜集信息、发布供求信息，进行交易过程中的及时沟通，处理交易过程中的问题。对互联网掌握得越熟练，对业务变化的适应能力越强，成为优秀经纪人的可能性就越大。

◈ 引导案例

农产品经纪人利用电子商务等手段网上推销农产品

“邱老板，我家的2 000多只鸭月底就可以出售了，麻烦你帮我联系一下买家……”钟山县英家镇的农产品经纪人邱仲海每天都会接到这样的电话，他会仔细地把这些信息记录下来，再通过互联网发布信息。邱仲海坦言，自己常驻广州，为来自家乡的农副产品联系销路，年经纪销售额近250万元。据悉，目前在钟山县像邱仲海这样的农产品经纪人还有很多，当地的农副产品通过他们销往全国各地。

钟山县工商局十分重视农产品经纪人队伍的培养，在全县开展了“经纪活农”工程，重点培育适合当地优势农副产品衔接市场需求的经纪人，对他们进行系统培训，为经纪人施展才能搭建平台。

有了知识的农产品经纪人，开始用互联网、电子商务等手段建立起了自己的营销网络。钟山镇农产品经纪人董富宏发现当地种植的贡柑、大头菜等农副产品在大城市销路看好，于是他就利用工商部门组织经纪人培训的机会，用心学习电脑知识，并通过互联网向外发布供求信息，很快就引来了浙江、上海、广东等地农产品经销商的订单。他幽默地说：“以前做经纪得东奔西跑，累死累活挣不了几个钱。现在尽管相隔千山万水，但只要鼠标轻轻一点、键盘轻轻一敲，什么都能推销，减少了成本，提高了效率，增加了收入。”

目前，钟山县农产品经纪人已经成为一支拥有3 000多人的专业队伍。他们在全国各地建立了100多个销售网点，把本地生产的蔬菜、禽蛋、贡柑、鸡、鸭、蚕茧、大头菜等农副产品源源不断地销售到各大中城市，并带动了36个专业村、670家专业户，年经济效益达4 600多万元。

改编于人民网广西频道　2010-02-08

任务一　农产品经纪人进行网络营销的基本条件

◈ 案例

农产品经纪人网上叫卖

“以前我帮乡亲们把农产品卖到外地的经纪人手里,我发现交易后要倒好几回手。一斤核桃在农民手里的收购价超不过10元钱,经过三四道的加价,最终到消费者手中却能卖到20多元。”

农产品经纪人王庆辉家住河北省平山县小觉镇,是当地最早把农产品卖到网上的农民。“很多城市人现在提倡吃粗粮,我就特意去学习电脑知识和网页制作,卖这些城里少有的东西。”他把家里收来的核桃、小米、红枣都拍成了照片放到网上。

这些颗粒饱满、绿色天然的农产品很快就引起了人们注意。第一笔生意成交后,王庆辉开始背个袋子,走家串户,看谁家的核桃是今年刚打的,谁家的红枣个儿大品质高。

农产品直接销售遭受着困境。众所周知,经销商压低进价,农产品的大部分利润被中间环节获得,农民所得实惠有限。而因为农产品物流、配送、储备体系的缺乏,农民也尚未具备同大市场谈判的地位和筹码。家住行唐城郊的董国平有着另一门致富经。2008年初,他在淘宝网上开了一家网店,“当时就抱着要把家乡土特产卖到全国各地去的念头。”董国平在做了大量功课后,认定“开网店”的路子会带来新市场。

两年多时间,董国平验证了当初的想法。打开他的网店,从行唐的大枣到小米、核桃……一个农产品大观园跃然眼前。网页中记录的销售量清楚地显示着业绩的红火,问他一年销售额大约有多少?他保守地说:“大概能有十多万元吧。”

而更让董国平欣喜的是,“网货进城”不再像当初一样局限在省内周边的城市,网络大大拓展了他的销售市场:“现在全国各地的订单都有。”

从网站框架的设计、图片的拍摄处理到客服的设置,网店开设这新门道没少让董国平操心,他还请专门的网店设计师“装修”店面。“现在不少老乡都来找我取经呢,我相信不远的将来,能有更多的农民上网开店卖农产品。”

改编于渠道网　2010-11-22

◈ 知识要点链接

一、农产品网络营销的概念和特点

随着科学技术的发展,产业布局的调整,我国农产品市场迅速扩大,我国是农业大国,农产品供给存在区域过剩或结构过剩;特别是加入WTO后,国外农产品大量涌入,农产品营销市场的竞争也更加激烈。在这种环境下,传统的农产品营销已经远远不能满足市场发展的需要,如何打开农产品的网络销售渠道,实现农产品的快速销售,成为新世纪农产品经纪人重点要关注的内容。

(一)农产品网络营销的概念

农产品网络营销是指在农产品销售过程中,全面导入电子商务系统,利用信息技术进行需求、价格等发布与收集,以网络为媒介,依托农产品生产基地与物流配送系统,为地方农产品提高品牌形象、增进顾客关系、改善对顾客服务、开拓网络销售渠道并最终扩大销售。

我国各地方政府都建立了本地的农业信息网,从农业部到各地方也都开通了网上展厅,用多种文字展示各地名优特新农产品,有很多地方利用网络平台进行了网络营销的尝试,均取得了很好的效果。

(二)农产品网络营销的内容

农产品网络营销指的是利用互联网的工具进行农产品销售的整个过程,主要包括以下内容。

(1)利用互联网平台进行农产品营销信息的收集与发布。

(2)利用互联网平台进行交易前的询价、交易中的洽谈、合同的签订、货款的支付。

(3)利用互联网上的资源进行农产品信息的推广和农产品销售。

(4)利用互联网进行售前售后服务。

(三)农产品网络营销的特点

经过短短十多年的发展,互联网已经对我国社会和网民生活产生了深远的影响。互联网赋予了市场营销新的内涵与活力,网络营销以互联网为媒体,以全新的方式、方法和理念实施市场营销活动,使交易参与者(企业、团体、组织及个人)之间的交易活动更有效地实现。

在一些乡村,农民已经通过互联网获取农产品需求、价格信息,上网发布农产品销售信息,并取得了良好的效果。农产品这种"鼠标+大白菜"网络营销商务模式与传统的商务模式相比,具有以下优点:

1.打破传统的时空限制,扩大农产品流通半径

传统的交易受到时间和空间的限制。基于 Internet 的网络营销不但可以提供 24 小时交易机会,而且扩大了交易的地域。传统农贸市场受时空限制,有节假日等因素导致的开市与闭市,而网络市场是没有闭市的,无论你生活在地球的什么地方,时差有多大,只要你上网,网络市场是随时向你开放的。传统营销活动的地域局限性很大,而网络销售是一种全球性活动,只要你的电脑能够上网,你的信息传递就是全球性的。任何一个网民都可以是你的目标顾客,网上银行和快递公司还可以成为你在网上销售最强有力的助手,这有利于营销者扩大农产品市场空间。

2.使农产品信息更加透明化,减少由于没有销售渠道而带来的不必要的浪费

通过以 Internet 作为信息通信媒体,可以缩短小农户与大市场之间的距离,通信速度快,信息传播成本低。从促销成本看,进行网上促销活动的费用是传统广告费用的 1/10。从客户服务成本看,可以节约通信、交通、差旅人员等费用。

3.减少农产品的腐烂变质损失

农产品大多是生物性自然产品,如蔬菜、水果、鲜肉、牛奶等,都具有鲜活性、易腐性。在传统的营销方式中,由于流通过程时间长,导致农产品腐烂变质损失,而通过 Internet 这个通信媒体,农产品销售信息可以快速达到客户,减少农产品销售的时间。

4. 有利于实现农产品的产供销一体化，实现产业链的整合

我国农业生产存在的一个矛盾就是“小农户”与“大市场”的矛盾，在传统的农业生产和销售过程中，农户的信息主要来自于周围的人，对市场信息把握不准，由于信息不准确，导致生产决策的错误，农业生产中出现“少了喊，多了砍”的现象。通过农产品网络营销，可以为农产品和农业企业提供全方位的市场信息，农户和企业通过分析市场情况，形成正确的生产决策。

二、农产品经纪人进行网络营销的基本条件

农产品经纪人要利用网络技术开发市场，进行农产品网络营销的基本条件：首先要有联网计算机；要熟悉互联网上各种工具的基本功能并能操作，比如，IE 浏览器的熟练使用，电子邮箱的使用，下载软件的使用，即时通讯工具的使用，搜索引擎的使用等；还要保证经常上网的时间，最好做到每天上网更新信息、了解行情。

上网有两种方式：

（一）电脑上网

通过电脑上网可以浏览农产品信息，发布供求信息，和卖家实时沟通，进行网上交易等。电脑上网要满足以下条件：

1. 购置一台电脑

基本配置如下：第三代英特尔奔腾处理器 G2030（3M 缓存，3.0 GHz）、内存 2GB 或者 4GB、硬盘 500GB、显卡、Windows 8 中文版。在当前的上网环境下，这些基本配置就够用了，如果还需要一些软件，那就根据自己的需求安装一些日常常用的软件就可以了。

2. 开通上网功能

要想自己的计算机能访问互联网，首先必须通过一定的方式接入 Internet。与互联网相联的方式主要有两种：有线方式和无线方式。有线上网的方式又分为电话接入和专线接入。电话接入是通过电话线与互联网指定的服务器相连，再按照一定的规则和互联网连接起来。这种方式的好处是投入较少，配置简单，适用于对网络速度和质量没有很高要求的用户。专线接入是用户通过数字专线与互联网指定的路由器相连。这种接入方法的好处是信号稳定，网络运行速度快，适合大面积客户家庭的互联网接入。从总体上看，前一种方式的使用者正在减少，而后一种方式的使用则越来越普及。

有电脑又有电话的农民家庭可以在家采用电话接入的方式上网。但是，还需要有调制解调器、电话线、入网账号、拨号入网的电话号码和入网软件。调制解调器和入网软件在正规的电脑销售市场都有出售，一定要买正品，防止上当。安装调制解调器的主要步骤是：根据说明连接好电源，然后与计算机、电话线、电话机连接，之后是安装驱动程序。首先确保网线、电脑和其他设备之间的正确连接，或电脑的无线网开关处于开启的状态。

也可以通过宽带接入，或者无线上网卡接入的方式，但是二者比较起来，宽带接入的方式比较经济，速度也比较快；无线上网的方式稍微贵一些，而且有些地区有时候信号不是太稳定。

（二）手机上网

通过手机上网也可以浏览农产品信息，发布供求信息，和卖家实时沟通，达成交易等。比较方便，适合任何时候。随着技术的发展，现在已经出现了一种手机支付硬件，叫作手机支付拉卡拉，通过手机在网上进行支付越来越普遍，将来可能会成为一种新的发展趋势。

三、总结

总之，农产品经纪人首先要了解农产品网络营销的相关概念和特点，然后分析自己的农产品有什么样的特点，适合什么样的网络营销方式，结合自身实际情况来进行网络营销。

另外，进行网络营销需要能够实现上网这个基本条件，农产品经纪人可以请专业的技术人员来协助解决上网的问题，但是自己还需要掌握一些上网的基本技能，掌握了这些基本技能后才能够自己在互联网上搜索和发布信息，进行网络洽谈，达成交易。

◈ 核心技能点

通过对农产品网络营销概念、内容、特点的介绍，使农产品经纪人认识到农产品网络营销对农产品经纪人销售活动的重要意义，从而提高农产品经纪人的网络营销意识；通过介绍上网需要的基本条件，使农产品经纪人了解进行农产品网络营销需要做哪些准备；从而为他们进行农产品网络营销打下理论基础。

◈ 实训活动

农产品经纪人上网了解哪些网站销售自己主营的农产品，看看他们的销售模式是什么，了解这些销售网站的收费方式，并进行以下思考：如果我们自己想进行自己的主营农产品的网络营销，哪些电子商务网站比较合适？

任务二　农产品经纪人上网收集和发布供求信息

◈ 案例

"赚钱新时尚，网上去冲浪"

"赚钱新时尚，网上去冲浪"——这是时下流传在河南邓州不少农民嘴边的顺口溜。2004年5月，该市文渠乡岳洼村农民岳士宽在网上"冲浪"时，无意间发现洛阳、郑州客商求购栾树苗的信息，他想到村里几十万株栾树苗正在急寻买主，不由眼睛一亮，赶紧联系。几天下来，栾树苗全部销完，解决了村里的一大难题。事后，岳士宽粗略一算，自己净赚了2万余元。如今，这些拥有电脑的农民们有事没事总爱到网上去"冲一冲浪"，或把自家的产品信息上网发布，或在淘宝网上搜寻商业信息，寻觅赚钱商机。据不完全统计，近年来，该市农民已在网上发布产销信息10万余条，获得种养信息3万余条，售出大棚蔬菜、辣椒近万吨，产品远销至浙江、四川、湖南等地。

改编于农村商报　2013-10-20

◈ 知识要点链接

一、常见的农产品销售网站

自1996年中国农业信息网建立以来，我国农业网站建设飞速发展。中央部委建立的垂直型农业网站、各级政府建立的农业网站和其他特色涉农网站纵横交错。政府相关部门、科研院所、高校率先起步，如中华人民共和国农业部建成了以中国农业信息网为核心、集 20 多个专业网为一体的国家农业门户网站；中国农业科学院建立了“中国农业科技信息网”；中华人民共和国科技部建立了“中国农业科技信息网”和“中国星火计划网”；中国气象局通过“中国兴农七网”建立了国家、省、市、县四级信息中心并延伸到乡镇服务站，形成一个辐射全国的农村综合信息服务体系；中国组织部开展全国农村党员干部现代远程教育试点工作，建设了中心网站并延伸到省、市、县、乡镇，如安徽先锋网、贵州希望网、山东泰山网、湖南红星网等；各省市政府也组织力量相继建立了省、市涉农网站，如“安徽农网”，“陕西电子农务”等。新农村建设引发了新一轮农业网的建设高潮。其他如涉农企业、高校、媒体、农业协会、电信部门、信息服务企业也纷纷参与到涉农网站建设中来。

截止到 2009 年 8 月，全国农业类网站的站点数目达到 29 739 家，相比起 2009 年 1 月，8 个月内增加了 8 183 家，增长率达到 38.0%，远远高于全国互联网站平均增长速度。如图 4-1 所示。

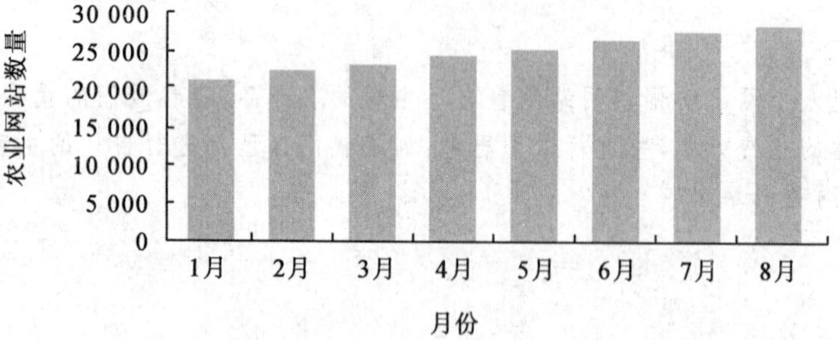

图 4-1　2009 年 1～8 月农业网站站点数量增长情况

这些网站按照不同的分类方式可以进行不同的分类。从承办者来分，有政府、涉农部门、科研院所和高校、农业企业、信息服务企业、新闻媒体、社会学术团体网站，大致分为五类。

(1)农业政策网站。大部分农业类网站是由各级政府部门建设实施，这类网站政策性、权威性强，可以帮助农民、农民专业合作社及时了解农业政策信息，例如“北京农业信息网”。

(2)农业院校及农业科研机构建设的网站。这类网站可以为农民、农民专业合作社提供农业技术需求，例如“北京农业数字信息资源中心”。

(3)农业企业创办的网站。这些网站可以为企业自身宣传服务，提供最新的农资和农产品市场信息，例如“中国西瓜网”。

(4)新闻媒体创办的网站。这类网站主要以播报农业新闻、“三农”信息为主，例如“农村信息网”。

(5)电子商务交易功能的网站。这部分网站中，绝大部分由于技术架构、接入方式、功能模块等原因，使农民、农民专业合作化组织在使用上不够简单、人性化，因而受众人数不多。

此外，还可以从涵盖领域来分，有综合网站、行业网站、专业网站；从服务功能上分，有以资讯类服务为主的网站、以网上交易为主的商务类网站、以为企业提供建站推广为主要目的的网站等。

二、农产品经纪人如何上网搜集信息

(一)查找供求信息

我们以“农享网”为例来讲述如何查找供求信息。农享网是中国最大的农产品分类信息网，涵盖全国所有80万农村，是专门针对农村网民和农产品生意人的供求信息发布平台。全国所有网民都可以免费发布各种水果、蔬菜、畜牧业、水产、林业以及花卉苗木等农产品相关供求信息。为了帮助解决近年来不断出现的农产品滞销问题，农享网第一时间收集农产品滞销信息，通过农享网和官方微博，帮助各地对外宣传滞销信息，以促使外界对滞销地区农产品信息的及时掌握，吸引媒体和外地客商的宣传和帮助，进而解决果农菜农燃眉之急。

在“农享网”主页面(图4-2)，可以浏览相应的供求信息标题，然后单击某个标题，就可看到详细的内容。还可以通过农享网提供的供求信息查询功能搜索需要的供应或求购信息。点击供求信息标题，在“关键词”文本框中输入要查找信息的关键词，如梨、西瓜等，然后在后面的列表框内，依次选择供应或求购、农副产品种类、省份、有效时间，最后单击“搜索”按钮，就可显示出相应的供求信息列表，供你浏览查看。

图4-2　农享网首页

(二)农业信息的鉴别和处理

网络世界法律法规还很不健全，导致信息质量参差不齐，陈旧过时、劣质虚假、转抄的信息掺杂其中，因此我们要对网上信息作认真鉴别和分析。

1.到权威网站上去查找信息

由于农业信息的广泛性、复杂性、特殊性，查找农业信息，一般应登录相关的权威网站，在网站内进行查找。由于网站的背景不同，信息的来源不一样，信息的权威性、科学性、真实性也是有差异的，因此要到如国家有关部门、科研院所、本身具有此行业管理和经营背景的企事业单位建立的网站查找需要的信息。

2. 从不同的角度去分析和鉴别信息

对科技信息、新品种信息，要从不同的角度进行筛选。科技类信息、种植新品种信息要兼顾科学性、权威性、地域性和本地气候，从农业科研院所等正规权威机构网站搜寻此类信息，需要咨询当地农民行家，也可上网咨询网上农业专家。

3. 市场行情要慎重核实，经营类信息要鉴别真伪

市场价格行情、市场趋势预测信息，要考虑到发布信息机构的权威性以及信息的真实性和时效性，同时要多调研和核实当地实际，有选择地借鉴，不可盲目行动。

三、农产品经纪人如何在网上发布信息

许多农业网站都提供免费的供求信息发布功能。大部分网站要求注册成为会员，登录后才能发布信息。下面以“农享网”为例讲述如何注册会员和发布供求信息。

(一)注册会员

(1)打开“农享网”页面(http://www.nx28.com)，如图 4-2 所示。

(2)在右侧用户登录窗口下面，单击“注册会员”，如图 4-3 所示，弹出“注册新会员”页面，如图 4-4 所示。仔细填写会员资料，用户名和密码一定要记住。如果输入的用户名别人已经注册过，提示返回，重新注册。填完后点击“完成注册”，成功后会提示已经注册成功。

图 4-3 会员注册

图 4-4 注册新会员

(二)发布供求信息

1. 发布供求信息

在“农享网”页面右侧用户登录区，输入刚申请的用户名和密码(即会员代号和密码)，单击“登录”，即可打开“会员中心”页面(图 4-5)，点击“免费发布信息”，出现如图 4-6 所示的页面。按照提示填写完整和准确的供求信息资料(带 * 号部分必须填写)，包括产品名称、信息标题、供应量、信息分类、信息类型、所在地、信息内容、联系人、联系方式等，并可上传产品图片，输入验证码，然后提交。提交成功后会立即发布你的信息。

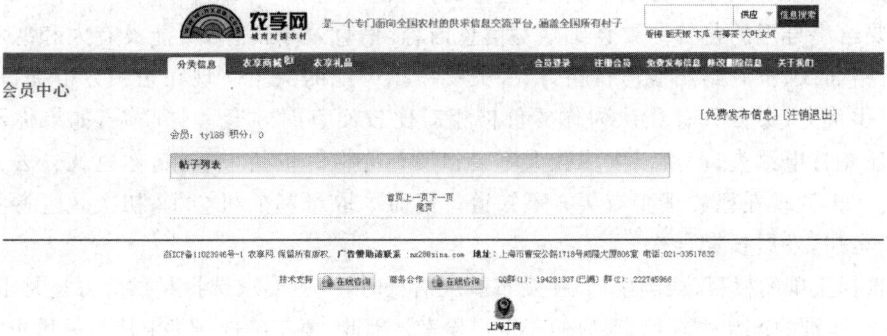

图 4-5　会员中心

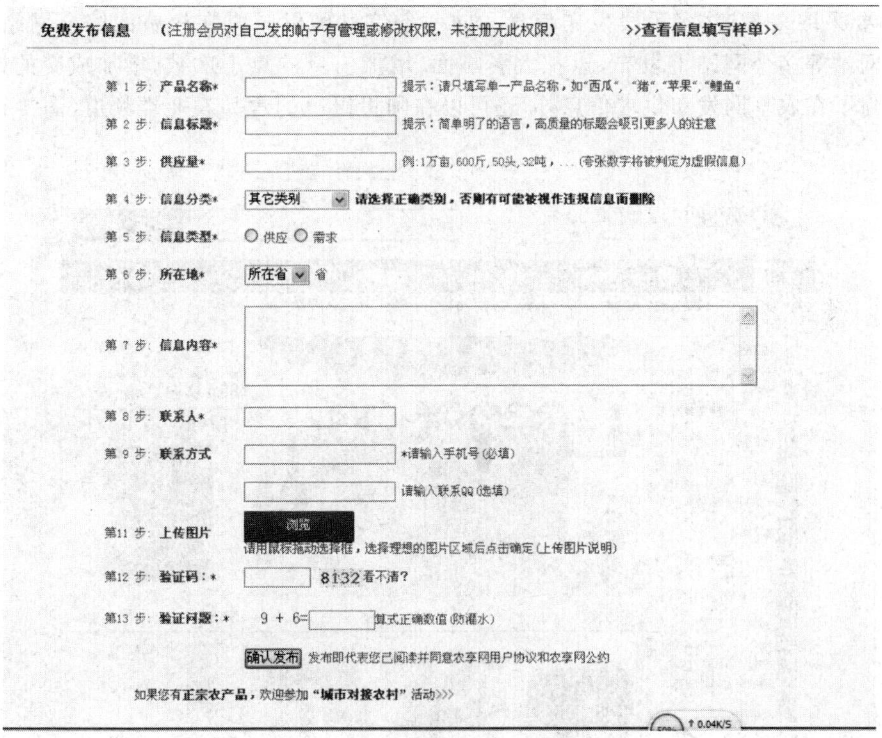

图 4-6　发布供求信息

2. 网上发布供求信息的技巧

网上能否达成成交意向，本质上还是取决于信息的内涵，没有价值的信息很难在网上成交，互联网不是万能的，所以发布供求信息要注意以下技巧。

(1)标题要醒目。查找供求信息者首先看到的是标题，如果只是“供小麦”、“求玉米”，不会引起注意，如果用“长年大量收购优质小麦”、“常年供应无公害绿色蔬菜”这样的标题，信息被访率就会高很多。同时，可以变换标题，在不同的网站上多发几次，增加被搜索到的机会。

(2)内容要真实明确。供求产品的数量、质量必须明确。供求产品的条件，特别是优惠条件必须写清。联系人、联系方法要真实，这样的信息才有效。

(3)要给出合理的价格。要详细填写信息内容，信息过于简单，可能没有人和您联系。很多人写价格面议，没有给出参考价格，结果失去一批可能的买主。现在是买方市场，什么东西都有很多供货方，买方只有在认为你的价格相对比较便宜时才会和你联系，如果你不提供价格，买方还要打电话查询，所以大多数人不会和没有价格的供货方联系，你也就失去了讨价还价的机会。再说现在已经很少有买方不知道行情而牟取暴利的机会了，初次做生意主要应该是结交新客户，发展长期合作。

(4)选择正确的栏目(或类别)。在发布供求信息时，一般要求选择是供应方还是求购方，并选择是什么类别的产品供求信息，以便于用户检索。因此，要正确选择供求信息的供求类别和产品类别，增加信息成交的可能性。如果你想发布蛋奶类产品供求信息，却在水果蔬菜类中发布了，而浏览水果蔬菜类信息的用户是不需要蛋奶产品信息的，这就减少了生意成交的机会。

(5)要采取多渠道、多手段发布信息。同一条信息可以同时在权威的综合网站、行业网站、专业网站等多个网站上发布，以扩大影响面，增加信息的点击次数，增加成交的概率。比如，我们除了在农享网发布供求信息外，还可以在阿里巴巴的食品农业类频道(图 4-7)发布相

图 4-7　阿里巴巴食品农业频道

关信息，还有中国农业信息网(图 4-8)也可以发布农产品供求信息。不同的网站对应的客户不同，比如阿里巴巴对应的客户有国内的内贸网批发客户，也有淘宝平台的店主等零售客户，还有国外的客户，如果想将自己的商品大量供应到全国各地甚至全球，可以选择阿里巴巴网站发布商品信息。如果产品的销售半径比较有限，可以选择地区的农业类信息发布网站，提高交易成功的效率。

图 4-8 中国农业信息网

除发布供求信息外，还要利用某些农业网站提供的网上展厅和网上店铺、加入企业库、加入产品库等多种手段宣传和推广，如阿里巴巴为诚信通会员提供旺铺服务，淘宝为有机农产品提供网上销售的平台，天猫也为卖家提供建店铺的平台；还有很多电子商务平台也提供农产品销售服务，比如亚马逊最近宣布网上销售肉和蔬菜已经初步获得成功。

◈ 核心技能点

通过对现有的农产品网站的系统介绍，使农产品经纪人了解当前存在的各种农产品网站，农产品经纪人可以通过这些网站了解相关的农业政策，搜索和鉴别需要的信息等；通过介绍如何发布供求信息，培养农产品经纪人网络市场信息的搜集能力和信息发布能力；另外，发布供求信息时需要一些技巧，农产品经纪人在网络营销信息发布时需要注意。

◈ 实训活动

1. 农产品经纪人通过网上的搜索引擎搜索和自己的主营业务相关的一些信息，并进行甄别，对自己有用的一些信息进行收集整理。

2. 农产品经纪人登录一些可以免费发布农产品供求信息的网站，发布自己主营的农产品的供求信息，发布完以后进行跟踪统计，统计一下哪些网站上发布的信息获得了比较好的营销效果。

任务三　农产品经纪人如何建立自己的网站并推广

◆ 案例

合作社建网站，效果不错

现在，很多合作社纷纷建立自己的网站，以此来宣传自己的合作社并销售自己的产品。这种以合作社形式走网络化营销的路子成本与收益如何呢？近日，记者在章丘万新富硒大葱专业合作社网站上看到，这个网站上既有大葱生产技术操作规程、领导视察照片、各级大葱的包装，又有联系人电话、产品展示、所获荣誉，内容丰富，很吸引人。合作社社长沙树星告诉记者，2005 年 9 月份他在参加山东名特优农产品展会时受到了启发，决定要建网站。起初是花了 500 元在别人的网站上挂了一个链接。后来发现，中国农业网、中国蔬菜网这些网站都可以免费申请黄页。于是，2006 年沙树星找到了济南小环球科技有限公司，让其技术人员给他建立了自己的专业网站。他把自己的网站建设要求（比如建一个什么用途的网站、需要哪些模块、中等价位、必须自己能操作后台等）向技术人员进行了详细说明，技术人员就来到章丘万新富硒大葱专业合作社实地进行拍照、取材。网站建立后，在技术人员的帮助下，他自己进行维护。至于成本问题，沙树星告诉记者，当初建网站加上买断 5 年的域名一共花了 3 000 元，5 年以后，也就是 2011、2012 年，这个网站每年只花了 1 000 多元的管理费和域名费。

"虽然这个网站前后花了不到一万元，但是它带来的效益却远远不止一万元。现在，我们合作社的客户已经遍布了北京、天津、河南、陕西、重庆等地，在很多大葱滞销的前提下，我们万新牌章丘富硒大葱 10 年无滞销，这无疑是网站宣传的结果。"沙树星说。下一步，沙树星打算再请技术人员做一个可放视频的更加专业的网站，先进技术、市场信息都要以更加贴切的形式录入网站。

临朐县相亮山楂专业合作社也在 2010 年创建了自己的网站。合作社党支部书记马立新介绍，他们的合作社成立于 2009 年 3 月。"2010 年，我们花了 2 800 元建立这个网站。现在，我们合作社山楂的销售，有 50%左右是通过网站达成的协议。尤其是我们这些外地的客户，基本上都是通过我们的网站与我们取得了联系。"马立新说。

合作社如何建设自己的网站呢？潍坊中讯信息科技有限公司网页信息部负责人周娜介绍说，合作社要建设网站，首先要确定自己的客户群是不是经常上网。答案一般是肯定的。合作社管理者需要准备的东西有：像素较高的照片、相关文字材料、版块设计想法等。另外，域名也需要自己想好，提供给网站建设技术人员。技术人员也会到合作社进行实地考察取材，取材完成后进行制作，制作时间一般是 2～3 天。制作完成后，技术人员会把网站拿给合作社负责人看，按照当事人意见进行修改。之后进入试运行，试运行无问题则投入使用。"近几年，来我们公司建网站的合作社越来越多。可能是现在老百姓都意识到了网络时代网站宣传的重要性。"周娜感慨地说。

建网站的成本如何呢？马立新说，与网站带给合作社的收益相比，当初所花的钱就是“毛毛雨”。沙树星也表示，其合作社网站带来的收益远远大于成本。谈到建网站的收费问题，周娜表示，建网站的费用一般在 3 000 元左右（包括网站建设费、域名费、管理费），时间一般为 3 年，之后以每年五六百元的价格收费，不同的公司价格上下有浮动，但是并不明显。至于网站的维护，周娜说，现在大家开通的都是一些很简单的工作，一般人都会维护，如果遇到难题，公司也会积极提供帮助。

作为第一届“乡村之星”，沙树星建议广大合作社管理者，现在已经进入了农业现代化、科技信息化时代，谁掌握了信息技术、网络技术，并把这些技术运用于实践，谁就掌握了市场。“你种了 100 亩大白菜，200 亩大萝卜，你不把这个信息发布出去，不去告诉世界，谁也不知道你。为什么会滞销啊，就是因为信息不畅通。”沙树星说。

改编于三农直通车　2013-01-18

◈ 知识要点链接

一、网站建设基础知识

网站不受时空的制约，且价格低廉，是 24 小时的广告窗口，有广阔的国内外发展空间和众多潜在的商业伙伴。在互联网上建立自己的站点，可以宣传自己的产品，发布自己的信息，促进产品销售。一般来说，建网站有以下步骤：选择建站方式，包括自建网站、虚拟主机、主机托管、申请免费主页、用动态域名技术建个人服务器等方式；如果是自置服务器，还需要安装和配置服务器、申请域名、制作网页、网页测试和发布等。

二、网站建设前的准备工作

详细而周密的前期策划比具体的网页设计更为重要，有时可收到事半功倍的效果。

1. 目标规划

要根据自身现阶段的能力，确定网站的规模。是建立独立的网络服务器还是租用虚拟主机等，这主要关系到网站的后期维护以及网站的发展方向。在网站规划初期，还要进行市场调查，了解一下同类站点的发展、经营状况，吸取它们的长处，找出自己的优势，寻找一个好的出发点，也应考虑一下未来的发展方向。

2. 建站策略

从网站定位、网站主题、估算网站费用等多方面进行分析，确定最终的建站策略，使建成的网站具有生命力，最终在竞争环境中脱颖而出。

三、建站方式

建站方式一般包括申请免费主页空间、租用虚拟主机、主机托管、独立建站，还可利用动态域名服务建立自己的网站。

1. 建立自己独立的网站

要自己建立一个机房，配备专业人员，购买服务器、路由器和网管软件等，再向 ISP（Internet

服务提供商)申请专线和出口,由此建立完全属于自己的独立网站。在服务器上安装相应的网络操作系统,制作网页,设定各项 Internet 服务功能,包括 DNS、Web、FTP 服务器及建立自己的数据库查询服务系统。建立自己的站点很有必要,因为这样可以在真正意义上控制自己的站点,维护起来也比较方便,这适合于有较大信息量和功能的网站。

2. 租用虚拟主机

独立建站需要较大的投资,一年的运行费用较高,这在一定程度上制约了部分中小企业的建站进程。因此,可以选择 ISP 提供的比较经济的解决方案,其中比较受中小企业欢迎的是租用虚拟主机方案。

租用虚拟主机指租用 ISP 服务器硬盘空间。虚拟主机是使用特殊的软硬件技术,把一台运行在因特网上的服务器主机分成一台台"虚拟"的主机,每一台虚拟主机都具有独立的域名,具有完整的 Internet 服务器(WWW、IP、E-mail 等)功能。虚拟主机之间完全独立,可由用户自行管理,在外界看来,每一台虚拟主机和一台独立的主机完全一样。

采用虚拟主机建站,优点是省去了全部硬件投资,缺点是不能支持高访问量,适合于搭建小型网站。通常这种方式一年所需费用仅上千元甚至几百元,受到众多企业的青睐,用户只需根据自身业务的需要,确定所需租用的硬盘空间大小和相关的增值服务项目即可。管理起来也比较容易,日常工作主要是网页上传和对电子邮件的处理。当然有的服务商还同时提供自助建站功能,可以根据需要选择网站模板、添加修改栏目、上传产品网片、添加修改内容,不需要懂网页设计工具,可以通过网站管理系统很轻松地建立和管理自己的网站。在租用虚拟主机时要看其服务、速率速度、响应时间等,一般选择有一定名气的服务商即可。

3. 动态域名与个人服务器的架设

许多网站提供免费主页资源,个人可申请建立自己的主页,却因它们的不稳定等缺陷而带来一些遗憾。拉专线太贵,又不想租用虚拟主机空间,怎么才能拥有自己的服务器呢?动态域名服务可以解决这个问题。

静态域名是指在 Internet 上的域名解析一般是静态的。一个域名所对应的 IP 地址是固定的、长期不变的。而动态域名服务能实现固定域名到动态 IP 地址之间的解析。当你用 PSTN、ISDN、ADSL 拨号上网时,你的 IP 地址是随着每一次拨号而动态分配的,每一次开机 IP 地址都不一样。动态域名不管你的地址怎么改变均指向你的地址,从而可以通过该域名为客户提供固定的服务。

只需要有一台能上网的计算机,到动态域名服务提供商网站上申请动态域名服务,下载并配置好他们提供的客户端软件之后,这台计算机马上就可以变成 Internet 上的一个网站服务器。无须申请主机托管、虚拟主机、专线等业务,也无须申请 Internet 上的合法 IP 地址,随时随地都可以在自己的电脑上进行网站开发,架设 Web、FTP、Mail 等 Internet 服务器,随心所欲地构建网上家园。

四、域名的选择和注册

域名是企业、政府、非政府组织等机构或者个人在域名注册商那里注册的名称,是互联网上企业或机构间相互联络的网络地址。域名由若干部分组成,包括数字和字母。一个公司如果希望在网络上建立自己的主页，就必须取得一个域名。域名像品牌、商标一样具有重要的识别作用，一个好的域名会大大增加企业在互联网上的知名度，它被称为网络时代的“环球商标”。因此，如何选取好的域名就显得十分重要。

（一）选择域名的基本原则

域名应该简明易记、便于输入，这是判断域名好坏最重要的要素。好的域名应该短而顺口，便于记忆，最好让人看一眼就能记住且读起来发音清晰，不会导致拼写错误。此外，域名选取还要避免同音异义词。域名要有一定的内涵和意义，如企业的名称、产品名称、商标名、品牌名等都是不错的选择。

由于 Internet 上的各级域名是分别由不同机构管理的，所以，各个机构管理域名的方式和域名命名的规则也有所不同。但域名的命名也有一些共同的规则，主要有以下几点：

1. .com 域名命名规则

域名中只能包含以下字符：

- 26 个英文字母；
- “0,1,2,3,4,5,6,7,8,9”十个数字；
- “-”（英文中的连词号）。

2. 域名中字符的组合规则

- 在域名中，不区分英文字母的大小写；
- 对于一个域名的长度是有一定限制的。

3. .cn 域名命名规则

遵照域名命名的全部共同规则，可以在.cn 下直接注册域名。新注册的.cn 域名需提交实名制材料（注册组织、注册联系人的相关证明），不得使用或限制使用以下名称。

- 注册含有“China”、“Chinese”、“cn”、“national”等需经国家有关部门（指部级以上单位）正式批准；
- 公众知晓的其他国家或者地区名称、外国地名、国际组织名称不得使用；
- 县级以上（含县级）行政区划名称的全称或者缩写需相关县级以上（含县级）人民政府正式批准；
- 行业名称或者商品的通用名称不得使用；
- 他人已在中国注册过的企业名称或者商标名称不得使用；
- 对国家、社会或者公共利益有损害的名称不得使用。

经国家有关部门（指部级以上单位）正式批准和相关县级以上（含县级）人民政府正式批准是指，相关机构要出具书面文件表示同意××××单位注册×××域名。如要申请 beijing.com.cn 域名，则要提供北京市人民政府的批文。

（二）域名选取的技巧

（1）用企业名称的汉语拼音作为域名。

（2）用企业名称相应的英文名作为域名。

（3）用企业名称的缩写作为域名。如果企业的名称比较长，可用企业名称的汉语拼音缩写或英文缩写。

(4)用汉语拼音的谐音形式给企业注册域名。采用企业也不在少数，如新浪用 sina. com. cn 作为它的域名。

(5)以中英文结合的形式给企业注册域名。荣事达集团的域名是 rongshidagroup. com，前三个字用汉语拼音，“集团”用英文名。

(6)在企业名称前后加上与网络相关的前缀和后缀。常用的前缀有 e、i、net 等，后缀有 net、web、line 等。例如，域名 Ching-net. com。

(三)域名注册方法

著名域名注册服务机构有中国互联网络信息中心(http://www. cnnic. net)、中华资源网(http://www. zzy. cn)和中国万网(http://www. net. cn)等。登录它们的网站即可根据自己的需要申请域名。某域名注册网站上域名价格如表 4-1 所示。域名注册成功后还要到 http ://www. miibeian. gov. cn/这个网站进行备案。

表 4-1 某域名注册网站域名价格

域名\年限(元)	优惠信息	1年	3年	5年	10年	转入价格
英文域名						
.com	买3年送1年	139	~~417~~ 348	~~695~~ 498	~~1390~~ 948	120
.n			~~417~~ 348	~~695~~ 498	~~1390~~ 948	120
.c			~~297~~ 248	~~495~~ 348	~~990~~ 648	55
.c			~~297~~ 248	~~495~~ 348	~~990~~ 648	55
.gov.cn	/	180	~~540~~ 520	~~900~~ 860	~~1800~~ 1620	500
.org	限时5折	~~139~~ 69	~~417~~ 348	~~695~~ 498	~~1390~~ 948	120
.cn(姓名域名)	/	20	~~60~~ 30	~~100~~ 50	~~200~~ 100	55
.name	限时6折	~~88~~ 53	~~264~~ 244	~~440~~ 400	~~880~~ 790	88
.info	/	220	~~660~~ 520	~~1100~~ 800	~~2200~~ 1600	180
.biz	/	220	~~660~~ 520	~~1100~~ 800	~~2200~~ 1600	180
.cc	/	400	1200	2000	4000	400
.tv	/	500	1500	2500	5000	500
.me	/	320	~~960~~ 930	~~1600~~ 1480	~~3200~~ 2750	320
.co	限时3折	~~320~~ 88	~~960~~ 900	~~1600~~ 1450	/	280
.so	/	260	~~780~~ 700	~~1300~~ 1135	~~2600~~ 2200	220
.tel	/	230	~~690~~ 620	~~1150~~ 1000	~~2300~~ 2000	230
.mobi	/	180	540	900	1800	180
.asia	/	160	480	800	1600	160

全球最受欢迎域名，注册首选

全注册量超过1.1亿，任何商业性机构和组织和个人都可以注册，是注册域名首选。

五、域名备案

域名备案的目的就是防止在网上从事非法的网站经营活动，打击不良互联网信息的传播，如果网站不备案的话，很有可能被查处以后关停。根据中华人民共和国信息产业部第十二次部务会议审议通过的《非经营性互联网信息服务备案管理办法》精神，在中华人民共和国境内提供非经营性互联网信息服务，应当办理备案，未经备案，不得在中华人民共和国境内从事非经营性互联网信息服务。对于没有备案的网站将予以罚款或关闭。

1. 企业网站备案准备

- 1 份(营业执照)副本彩色扫描件或复印件；
- 1 份网站负责人的身份证彩色扫描件或复印件；
- 1 张负责人的半身彩色照片(.jpg 格式)；
- 1 份单位公章；
- 主办单位所在地的详细联系方式；
- 填写“信息安全管理协议”；
- 填写“真实性核验单”。

2. 备案信息审核需三个步骤

(1)服务器 ISP 接入商审核。

(2)待提交至通管局审核。表示您提交的备案信息已通过 ISP 接入商审核，备案系统正在向通管局系统提交您的备案信息，备案系统会显示“待提交至通管局审核”，提交时间取决于通管局的接口可靠性，正常时间在一天以内。

(3)待通管局审核。表示备案信息已成功提交至工信部接口，通管局正在接收数据或审核，审核时间一般为 20 个工作日。

六、网页制作

网页实际是一个文件，它存放在与互联网相连的某一台计算机中。网页经由网址(URL)来识别与存取，当我们在浏览器中输入网址后，经过一段复杂而又快速的程序，网页文件会被传送到你的计算机，然后通过浏览器解释网页的内容，再展示到你的眼前。文字与图片是构成网页的两个最基本的元素，其他还包括动画音乐、程序等。

网站开发可使用 ASP、PHP、. NET 和 JAVA 作为开发语言，农产品网站设计好网站功能以后，一般情况下最好寻求第三方专业网站开发商进行网站开发。

七、网站的发布、测试、维护和推广

1. 网站的发布

有了域名、网络空间和网页后，就要将网页放到网络服务器上，大家才能真正在网络上看到。如果是自建的独立服务器，只要把网页拷贝到服务器目录下就可以接受访问了；如果是申请的虚拟主机或免费空间，就要将网页传输到远方服务器上才可接受访问，目前，提供主页空间服务的商家一般用以下三种方式上传网页：E-mail、FTP 和 WWW，分别使用相应的软件。

2. 网站的测试

在网站传到服务器之前，对网页进行全面测试是必不可少的，因为不论在制作网页时多么小心，在实际网站的运行中都会出现这样或那样的问题。在实践过程中，至少要做浏览器兼容性、链接、外观、应用程序、速度、压力等几项测试。

3. 网站的维护

网站建好后并不是一劳永逸的，建好网站后还需要精心的运营才会显现成效。实践过程中要做好以下几个方面的维护工作：①网站内容要及时维护和更新；②网站服务与反馈工作要跟上；③网上推广与营销不可缺少；④不断完善网站系统，提供更好的服务；⑤做好网站备份，应对服务器发生的故障。

4. 网站的推广

网站发布成功了，要想让更多的人知道你的网站，还需要采用各种办法进行宣传，如搜索引擎登录、商业邮件群发、交互链接、网上广告、在 B2B 网站上发布信息域登记注册、在新闻组或论坛上发布网站信息等都是行之有效的方法。

不过，做网站并不适合每一个农产品销售企业，有的企业主要经营的农产品针对的客户群大都是普通的老百姓，他们对网络的接触度并不广泛，所以做网站短期可能不会起到很好的效果。而且农民朋友也没有太多的时间与精力来管理网站。可以等到企业发展到一定规模后再建更加专业性的网站。

农产品经纪人需要根据自己的情况决定是否要开设网站，因为不同的经纪人有不同的经济实力和技术能力。如果决定要建网站，考虑到大多数的农产品经纪人没有相关的建网站的技术能力和网站维护的能力，所以，不建议农民自己建网站，可以请第三方的公司帮助自己建网站，或者利用一些建站平台的现有模板建立自己的网站，比如：申请成为阿里巴巴的诚信通会员以后，可以 10 秒钟之内建立自己的网站，享受 800 套专业网站外观设计模板，提供 5 000 张产品图片存储，阿里巴巴和万网合作，提供独立域名，能够实现独立的企业官网和独立旺铺。并且这样的网站的日常维护也很简单，不用自己进行网站功能方面的维护。

◈ 核心技能点

通过介绍现有的一些建网站的方式，让农产品经纪人对于建网站的情况有了一个大概的了解，农产品经纪人需要分析自身特点，结合市场上现存的建网站的方式进行比较分析，选择适合自己的网站建设方式。另外，网站建设前需要进行策划和域名申请与备案的工作，建设完成后需要有网站测试与推广的工作，农产品经纪人要派专业的人来完成这些工作。

◈ 实训活动

1. 农产品经纪人根据自己主营商品和自己企业的情况，制订一份适合自己企业的网站建设方案，可以选择现有的成熟的平台，利用平台的免费建站功能来建网站，也可以设计适合自己的网站的功能，找第三方网站建设公司来建。

2. 如果农产品经纪人有自己的企业网站，请分析网站的运营现状，并进行适度的推广，统计推广效果。

任务四　农产品网络营销策略

◈ 案例

农产品经纪人如何网络营销

最近常有某些农民朋友问：听说过网络营销这个名词，现在我们家也买计算机了，也联网了，但是我们不懂网络，平时上网就是浏览新闻，不会使用网络上的那些新鲜技术，怎么进行网络营销呢？不要急，下面我们就给您介绍几种常用的网络营销方法。

第一种：利用网络上已有的发布信息平台。以慧聪网为例，您只需要打开 www.hc360.com 慧聪网网站，点击右上角的“马上免费注册会员”，填写相关信息后提交就可以成为慧聪的免费会员，免费会员可以享受以下功能：建一个商铺，发布自己公司的若干条产品信息，对自己的店铺进行简单的装饰，在慧聪网首页上下载他们专门的聊天工具“慧聪发发”与网上客户沟通，订阅网上各类信息等。当然如果您的业务足够多，免费会员不能满足您的需求时您可以进一步升级成为买卖通普通会员、买卖通银牌会员、买卖通金牌会员、买卖通铂金会员和买卖通 VIP 会员。会员级别越高，就可以享受越多的服务。当然收费也就相应地会高一些。付费会员与免费会员对比有一定的区别：付费会员排名可以尽量靠前(除购买或赠送的关键词外)，每日可以更新信息，拥有更多的装饰商铺的花样，有第三方机构认证(提高网上信用)，可以使用所有增值功能。

第二种：利用 E-mail 电子邮件。收集你的客户或者潜在客户的电子邮箱，定期给他们发送电子邮件。你可以将你的客户的电子邮箱一一归类，当然你还可以到网上的一些社区或者其他网站收集一些潜在客户的邮箱，举例来说，比如你要销售五彩甘薯，那么你可以登录一些健康饮食，或者美食等类的社区，先去宣传五彩甘薯的食疗价值和营养价值，吸引别人回帖，然后进一步要求他们如果想得到更多的相关资料可以留下电子邮箱以便你给他们发送更详细的资料；然后你可以把五彩甘薯的相关资料整理分类，定期发到这些潜在客户的电子邮箱，等到五彩甘薯成熟季节到来时，这些潜在客户已经有很大一部分成为你的“薯迷”，马上就成为你的真实客户。

第三种：利用网络上的社区。网络上的社区是有相同兴趣爱好的人的聚集地。虽然它是虚拟的，但是一点也不影响大家开放的沟通。所以，如果你能在某一相关社区占有一席之地，那么你就会有很多志同道合的朋友，推广业务时针对性也会很强。所以，从现在开始，按照你业务范围的所属类别，去各个网站上寻找属于你的社区，然后建立自己的一块自留地吧，从现在开始耕耘，总有你收获的那一天。你可以在社区发表相关信息，还可以力所能及的回答别人提出的问题，趁机留下你的业务范围内的产品和联系方式。

第四种：利用现有的聊天工具。QQ、MSN、旺旺等一系列的 IM 聊天工具都已经很成熟了，首先你要学会如何使用这些聊天工具，尽可能的学会它们的各个功能。比如 QQ，QQ 自 1999 年出现以来迅速风靡各个大学，而后又迅速扩展到全世界。它以功能方便、快捷、全面而著称。如果你想利用 QQ 作为推广业务的手段，还以五彩甘薯为例，你可以为自己免费申请一个 QQ 号，以五彩甘薯或者相关名字命名。在 QQ 个性签名里还可以写一两句宣传五彩甘薯营养价值的话。这样品牌效应就一目了然了，比如有相关需求的客户在搜索相关客户时一下子就会发现你。QQ空间也是一个很好的平台，你可以把五彩甘薯的详细信息分门别类的发布到自己的QQ空间，还可以加入一些视频音频图片的信息，这样别人可以通过搜索引擎搜到你的信息。当然不要忘记在QQ空间写入你的详细联系方式。

第五种：发布网络广告。除了交换链接广告，发布网络广告是要收费的，所以，你可以根据自己的需要，决定有没有必要用这种网络营销方式。当然网络广告的种类是很多的，可供发布的网站也很多，如果你决定要做这样一笔投资，那么首先要根据受众选择你要发布的网站，并不是所有的网站都适合你来发布网络广告。有的网站的浏览顾客可能对你的产品根本不感兴趣。所以首先要确定你在哪个网站发布广告会有更多的感兴趣的人看到，并且这些人有可能会产生购买的欲望。还以五彩甘薯为例，如果你选择在搜狐这样的大型门户网站发布广告显然是不理智的，因为首先价格比较贵，其次并不会产生很强的针对性。但是，如果你选择在中老年健康这样的网站来发布广告，显然会取得比较明显的效果，因为我们大家都知道老年人买菜时总喜欢买甘薯，他们更加了解甘薯的养生价值。

第六种：利用博客。博客自2003年产生以来得到了迅速的发展，现在只要会上网的人基本上都在网上建立了自己的博客，用来和别人沟通信息，或者发表一些值得回忆的网络日志。其实博客的英文名字就是net-blog，就是网络日志。如果想用博客来进行网络营销，那么首先你得是个勤劳的人，你必须实时更新你的博客日志，否则大家就不会有新鲜感，慢慢也就对你的博客失去了兴趣。所以，想尽办法尽快更新你的博客日志，使得越来越多的博友愿意留在你的这一亩三分地里才是你要重点做的。还以五彩甘薯为例，你首先要给你的博客起一个响亮的名字，比如彩虹甘薯园，总之名字要好记，还要和你的业务相关；然后，你要丰富你的博客空间，要不断给它输入新的信息，这些信息可以是和五彩甘薯相关的资料或者介绍，也可以是举办的某一次试吃活动，还可以是某一位名人来访的照片和信息等，总之要有新意，要能吸引大家的眼球。

第七种：搜索引擎。你可以利用百度的竞价排名或者火爆地带来登记你的信息和联系方式，当然也要付一定的费用。利用搜索引擎营销重要的是要登记好关键字，就是说你要选择好的关键字，让别人可以比较容易搜到你的信息。这就要求你首先要选择好记的、使用率较高的关键字，比较有名的关键字能取得比较不错的效果。竞价排名是靠点击量和点击一次价格之积来付费的，火爆地带采取的是年付的方法。使用哪一种要看你自己的需要。

以上给大家介绍了几种常见的网络营销方法，当然网络世界丰富多彩，网络营销方法也多种多样，但是所有的网络营销方法都离不开对网络的使用和了解，所以，农民朋友如果想利用网络进行营销，首先要熟悉网络上的各种工具的使用，只有这样，才能更好地进行网络营销。

改编于农村商报　2009-09-03

◈ 知识要点链接

一、网络营销策略

网络营销策略(network marketing strategy)是企业根据自身在市场中所处地位不同而采取的一些网络营销组合，它是以国际互联网络为基础，利用数字化的信息和网络媒体的交互性来辅助营销目标实现的一种新型的市场营销方式。

二、常见的网络营销方法

网络营销的方法有很多种，比如：搜索引擎推广、资源合作推广、电子邮件营销、社区营销、博客营销、微博营销、微信营销、网络广告、事件营销、机会营销、视频营销等，下面我们对一些适合农产品经纪人的主要营销方式逐一介绍。

(一)搜索引擎推广

搜索引擎推广的方法又可以分为多种不同的形式，常见的有：登录免费分类目录、登录付费分类目录、搜索引擎优化、关键词广告、关键词竞价排名、网页内容定位广告等。就它的发展趋势来看，搜索引擎在网络营销中的地位依然重要，并且受到越来越多企业的认可，搜索引擎营销的方式也在不断发展演变，因此应根据环境的变化选择搜索引擎营销的合适方式。

这种方式的前提是企业必须现有一个企业网站，这样通过推广带来的资源才可以找到企业，并对企业的情况进行详细的了解，然后才能决定是否要跟企业合作。

农产品经纪人如果有一个企业网站，需要首先将网站登记到搜索引擎，比如百度的站长平台就提供了搜索引擎登记的功能，我们还可以通过百度站长了解网站的流量及用户数据，监控网站是否存在异常问题，并利用百度的相关指数对网站进行优化。

(二)资源合作推广

每个企业网站都可以拥有自己的资源，这种资源可以表现为一定的访问量、注册用户信息、有价值的内容和功能、网络广告空间等，利用网站的资源与合作伙伴开展合作，可以实现资源共享，共同扩大收益的目的。在这些资源合作形式中，交换链接是最简单的一种合作方式，调查表明也是新网站推广的有效方式之一。交换链接或称互惠链接，是具有一定互补优势的网站之间的简单合作形式，即分别在自己的网站上放置对方网站的 LOGO 或网站名称并设置对方网站的超级链接，使得用户可以从合作网站中发现自己的网站，达到互相推广目的。交换链接的作用主要表现在几个方面：获得访问量、增加用户浏览时的印象、在搜索引擎排名中增加优势、通过合作网站的推荐增加访问者的可信度等。交换链接还有比是否可以取得直接效果更深一层的意义，一般来说，每个网站都倾向于链接价值高的其他网站，因为获得其他网站的链接也就意味着获得了合作伙伴或一个领域内同类网站的认可。

交换链接实施的基本流程如下：

(1)分析潜在的合作对象；

(2)与合作网站沟通和联系；

(3)交换链接的实施，确认双方的链接是正确的；

(4)定期检查网站链接的有效性。

(三)电子邮件推广

以电子邮件为主要的网络营销手段，常用的方法包括电子刊物、会员通讯、专业服务商的电子邮件广告等。许可营销比传统的推广方式或未经许可的 E-mail 营销具有明显的优势，比如可以减少广告对用户的滋扰、增加潜在客户定位的准确度、增强与客户的关系、提高品牌忠诚度等。

电子邮件营销也包括以下几个方面：

(1)以加强与客户的合作关系为目的发送邮件，从而鼓励客户忠实于他或者重复交易。

(2)以获得新客户和使老客户立即重复购买为目的发送邮件。

(3)在发送给自己客户的邮件中添加产品广告。

农产品经纪人可以收集客户或者潜在客户的电子邮箱,定期给他们发送电子邮件。这些邮件可以是宣传某种产品的特点或者营养价值的材料,也可以是和本产品相关的某一次活动的信息,还可以是某位名人采摘的照片等资料。举例来说,比如你要销售板栗,那么你可以登录一些健康饮食,或者美食等类的社区,先去宣传板栗的食疗价值和营养价值,吸引别人回帖,然后进一步要求他们如果想得到更多的相关资料可以留下电子邮箱以便你给他们发送更详细的资料;然后你可以把板栗的相关资料整理分类,定期发到这些潜在客户的电子邮箱,等到板栗成熟季节到来时,这些潜在客户有很大一部分,马上就成为你的真实客户。

(四)社区营销

网络上的社区是指具有上网兴趣的并在某类问题上有相同关注点的人选择某一网络区域经常发布信息进行交流的虚拟群体。虽然它是虚拟的,但是更有利于人们开放自己的内心展开沟通。如果农产品经纪人能在某一相关社区占有一席之地,那么就会有很多志同道合的朋友,推广业务时针对性也会很强。因此农产品经纪人可以按照产品所属的类别,去各个网站上寻找兴趣社区,开发这个社区的农产品市场,如在此发表相关信息,力所能及的回答别人提出的问题,趁机留下你的产品的信息和联系方式等。

(五)博客营销

博客自2003年产生以来得到了迅速的发展,现在只要会上网的人大部分都在网上建立了自己的博客,用来发表网络日志,或者和别人沟通信息。博客的英文名字是net-blog,就是网络日志的意思。用博客来进行网络营销,首先必须实时更新博客日志,以吸引网络受众,逐步汇集对该博客的兴趣群,形成经常交流群体,针对其需求逐步发展成客户群。

农产品经纪人首先要给你的博客起一个响亮的名字,名字要好记,还要和你的业务相关;然后,你要丰富你的博客空间,要不断撰写新的原创文章,文章的标题一定要能吸引大家的眼球。这些文章可以写产品相关的资料或者信息介绍,也可以写你的销售经验,还可以是某一位名人来访的照片和信息,或者是与客户沟通中遇到的问题等,总之要有新意,当然,为了提高访问量和争取留言,你也要回访别人的博客和留言,认识的人多了你的访问量自然也会提高。

(六)微博营销

微博营销是指通过微博平台为商家、个人等创造价值而执行的一种营销方式。该营销方式注重价值的传递、内容的互动、系统的布局、准确的定位,微博的火热发展也使得其营销效果尤为显著。微博营销涉及的范围包括认证、有效粉丝、话题、名博、开放平台、整体运营等,当然,微博营销也有其缺点:有效粉丝数不足、微博内容更新过快等。自2012年12月后,新浪微博推出企业服务商平台,为企业在微博上进行营销提供一定的帮助。

1. 企业微博注册

农产品经纪人可以选择在任意一个门户网站开通微博,比如腾讯、新浪、网易、搜狐。截至2012年新浪微博用户达到5.03亿,腾讯达5.4亿,新浪用户群以职业白领偏多,腾讯用户群相对年轻化。我们可以比较自己经营的产品特点选择适合自己的微博,当然也可以在每个门户网站都注册,但是经营成本较高。

企业品牌微博最好进行认证,增加粉丝的信赖感。

微博账号申请时要注意：

- 微博昵称：要简洁易记，以公司名称、品牌为宜；
- 个性域名：以公司、品牌的中英文为宜；
- 头像：以产品或企业 LOGO 为宜；
- 背景：简洁、清晰为主，根据微博尺寸合理设计，充分利用其广告价值；
- 标签：根据公司、产品或人群定位设置关键词，便于潜在用户搜索。

2. 微博的推广和活动

微博也需要推广，它犹如企业官方网站一样，需要通过多种渠道来进行宣传推广，我们总结一下，将其归结为站内推广和外部推广，具体如下：

(1)站内推广

- 活动推广，新浪平台和自建活动，吸引粉丝参与，增加搜索结果数。
- 草根账号推送，花钱请大号转发。
- 企业合作，通过赞助奖品等形式与其他微博开展联合活动。
- 微应用，开发微博 App 应用，吸引人参与，同时可以推广企业微博。
- 主动关注，通过搜索相关关键词，找到潜在用户，主动求关注。

(2)站外推广

- 博客，论坛、贴吧、企业官网上发布企业微博信息。
- 微博组件推广，如在官网上添加一键关注、关注、分享等微博按钮。
- 有条件的企业可以在 EDM、DM 宣传册、名片等添加微博信息。

说明：一般情况下企业需要结合自身优势来增加微博的有效粉丝，而不是通过买粉、送 iphone 这样的活动吸引粉丝，可以通过官网、会员营销等方式来增加有效粉丝。

农产品经纪人可以申请在不同的微博平台创建自己的微博账号，如果有合作社或者企业也可以进行机构的 V 认证，需要提交相关的认证材料。申请和认证完毕后可以每天在不同的时段发微博消息，要考虑你的目标受众喜欢什么样的话题，发布的微博消息最好和自己的主营产品有直接或者间接的关系，要么就是你的目标受众喜欢的话题，这样才能使大批粉丝聚集在你的周围，吸引他们每天都关注你的微博，然后通过一些营销促销活动逐渐把他们变成为你的客户。

(七)网络广告

网络广告是常用的网络营销策略之一，在网络品牌、产品促销、网站推广等方面均有明显作用。网络广告的常见形式包括：BANNER 广告、关键词广告、分类广告、赞助式广告等。BANNER 广告所依托的媒体是网页、关键词广告属于搜索引擎营销的一种形式，E-mail 网络广告本身并不能独立存在，需要与各种网络工具相结合才能实现信息传递的功能，因此也可以认为，网络广告存在于各种网络营销工具中，只是具体的表现形式不同。将网络广告用于网站推广，具有可选择网络媒体范围广、形式多样、适用性强、投放及时等优点，适合于网站发布初期及运营期的任何阶段。

在网络上发布广告，除了交换链接广告外，发布其他网络广告是要收费的，所以，农产品经纪人可以根据自己的需要，决定有没有必要用这种网络营销方式。当然网络广告的种类是很多的，可供发布的网站也很多。如果资金比较充裕，那么首先要根据受众选择你要发布的网站，并不是所有的网站都同意你来发布网络广告。有的网站的浏览顾客可能对你的产品根本不感兴趣。所以农产品经纪人首先要确定在哪个网站发布广告会有更多感兴趣的人看到，并且这些人有可能会产生购买的欲望。以五彩甘薯为例，如果农产品经纪人选择在搜狐这样的大型门户网站发布五彩甘薯的广告显然是不理智的，因为首先广告发布价格比较贵，其次并不会产生较强的针对性。但是，如果农产品经纪人选择在中老年健康这样的网站来发布广告，显然会取得比较明显的效果，因为我们大家都知道老年人更加了解甘薯的营养价值，买菜时总喜欢买甘薯。

三、总结

网络资源丰富多样，利用网络进行网络营销的方式方法也多种多样，要注意进行网络营销一定不要违反网上的规则。另外，很多情况下，我们在实施网络营销的时候是将几种方法整合在一起来使用的，因为单独使用一种方法可能不会取得很好的效果，需要各种方法之间的配合。所以，农产品经纪人首先要熟悉网络上的工具和资源的使用，然后再结合实际情况设计适合企业品牌或者产品的网络营销策略组合。

◈ 核心技能点

通过本任务的学习，农产品经纪人需要掌握常用的一些网络营销方法，了解它们的使用特点，并在日常的营销活动中进行运用。不同的营销方法各自有不同的特点，在运用的过程中要结合产品的特点制定切实可行的网络营销策略。

◈ 实训活动

请为你的主营产品或者业务制定一份网络营销策划书，并有步骤地进行实施，统计实施效果。

任务五　农产品经纪人如何通过网上商店销售农产品

◈ 案例

临县农民王小帮开网店创业的故事

利用网络销售农副产品取得巨大成功的案例已经有很多，国家现在也鼓励农业发展利用电子商务，下面就列举一些发生在我们身边的真实的案例，供农民朋友参考。

王小帮就是在淘宝网开店，卖的产品是吕梁特产五谷杂粮，包括黄豆、红枣、高粱米、玉米糁、花生、土豆粉条等。所有货品都是王小帮在自家实景拍摄的，因为他卖的农副产品价格非常便宜，同时抓住了现代人更注重绿色、天然、无污染这个卖点，在淘宝网上取得了巨大的成功，现在王小帮的网上生意已经越做越大，产品包括红枣、小米、花生等30个品种，每月的销售额在5万～6万元。下一步，王小帮还有更大的计划，他想注册自己的商标和公司，做自己的包装，打造自己的品牌。王小帮的成功大大地带动了当地的一大批农民朋友参与到网络营销中来，给地方农业发展带来了很好的收益。

改编于阿里巴巴创业　2012-02-03

◈ 知识要点链接

一、网上开店实际操作

虽然说把农产品通过网络销售有很多方法，但是最实惠、最有效的方法是依托现成的网络平台，花最少的钱把产品销售出去。因为作为农民来说，大多数人不可能有那么多的资金开一个属于自己的电子商务网站进行农产品销售，下面我们以在淘宝网上开店为例，详细介绍如何在网上开店销售农产品。

在淘宝网上开店，不同的时间有不同的要求，因为淘宝网在不断地变化，但总的思想不变。淘宝网开店有收费和免费两种，免费的是C店，只要交1 000元押金就可以开店，需要满足三个条件：第一，注册会员，并通过认证；第二，发布10件以上(包括10件)商品；第三，为了方便安全交易，开通网上银行。通常情况下，在淘宝网上开店需要在淘宝网上注册、支付宝实名认证、通过淘宝考试、完成店铺设置就可以了。下面以图示的方式来讲述在淘宝网开店的流程。

1. 淘宝账户注册

淘宝网上开店买卖产品，需要注册两个账户，“淘宝账户”和“支付宝账户”。淘宝账户可以买卖东西，对买家和卖家进行管理，对以后开的店铺进行管理；支付宝账户相当于在淘宝网上开设的银行账户，可以对买卖的东西进行付款和收款。所以，一开始要完成这两个账户的注册。

目前，注册淘宝账户的方法有两种：使用手机号码注册和使用电子邮箱注册。使用手机注册很简单，是一种快速注册方式，只需要用手机编辑短信“TB”到“1069099988 ”，根据短信提示操作，就可完成注册。下面以邮箱注册为例讲解。

第一步：打开浏览器，输入http://www.taobao.com，打开淘宝点击“免费注册”，如图4-9所示。

图4-9 免费注册会员

第二步：进入注册页面后(图4-10)，填写账户信息，填完之后点击“同意协议并注册”。进入如图4-11所示页面，这时可以选择是用手机验证还是使用邮箱验证。使用手机验证时，该手机号必须是没有在淘宝网上注册过的号码。输入手机号码获取验证信，获取短信后输入短信，点“验证”进入。选择使用邮箱验证，需要输入没有用过的邮箱点击“提交”进行验证，然后去邮箱激活账户，按提示进行激活后点击“完成注册”按钮即可。同时，勾选“同意‘支付宝协议’，并同步创建支付宝账户”，进入欢迎界面，此时淘宝注册完成。必须记好注册的淘宝账户名、密码及同时注册的支付宝账户名和密码。

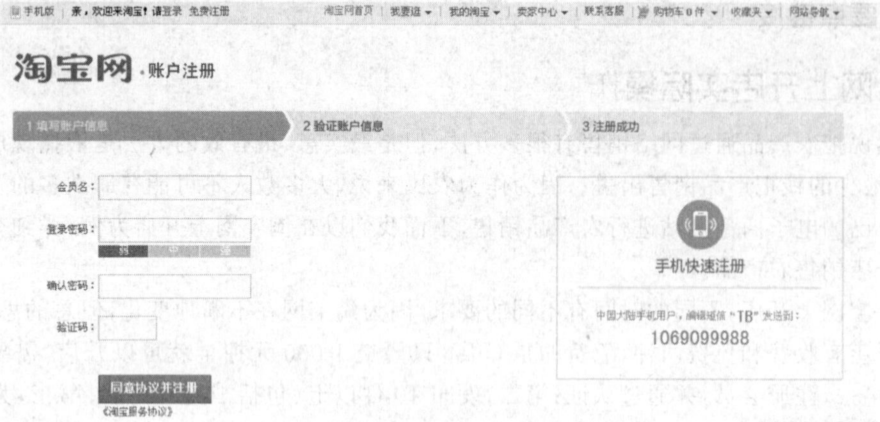

图 4-10　账户注册页面

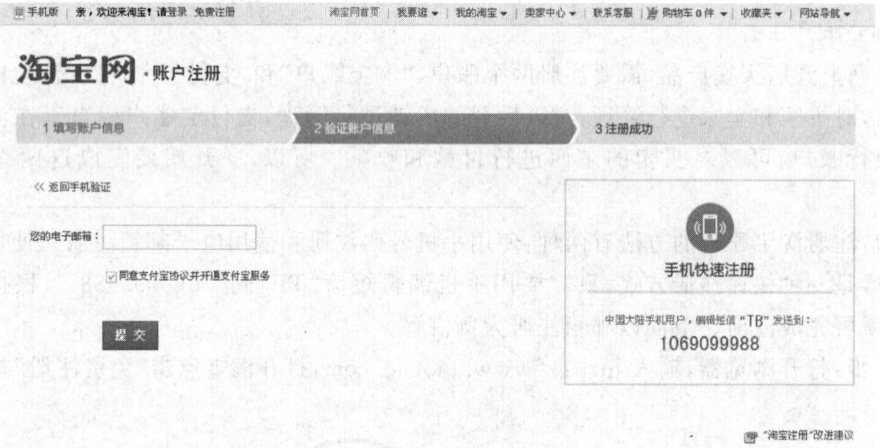

图 4-11　账户验证页面

2. 支付宝账户认证

支付宝账户认证流程如下。

第一步：点击淘宝网“我的淘宝”，出现“我的淘宝” 页面(图 4-12)。

第二步：选择“我的淘宝”，再选择“实名认证”，会弹出让完善支付宝账户的页面，这主要是因为前面注册淘宝时只是同时注册了支付宝账户名，对支付宝账户的信息没有设置完，如果当时设置过，就不会出来了，直接进入实名认证步骤。然后对支付宝账户进行信息完善。支付宝账户补全信息以后可以重新进入淘宝页面，点“我的淘宝”，可以申请支付宝实名认证。

第三步：点“申请支付宝个人实名认证”进入如图 4-13 所示界面，点“立即申请”按钮。

第四步：个人实名认证有两种认证方式：快捷认证和通过确认银行汇款金额进行认证。

(1)快捷认证步骤：①开通快捷支付；②填写身份信息；③核对正确，实名认证马上通过。

图 4-12 我的淘宝页面

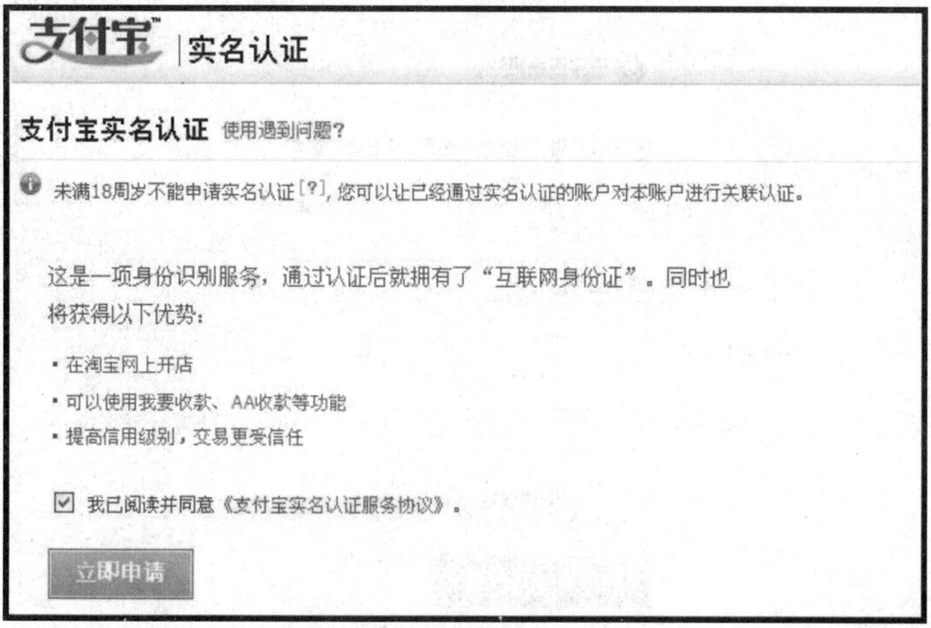

图 4-13 申请支付宝个人实名认证

(2)银行汇款认证步骤:①银行卡打款时间:1~2 天;②收到支付宝公司银行打款(1 元以下资金)之后,登录支付宝输入打款金额;③银行卡认证通过后,等待身份信息核实 2 秒钟,如身份信息审核通过,认证过程就完成了。若没有通过身份信息审核,在认证页面提交两个证件给支付宝客服人工审核,2 天内会有审核结果,可登录支付宝账户中查询。

我们以方式一为例来介绍。

首先需要选择申请认证的方式,如图 4-14 所示,选择快捷认证。

第五步:正确填写认证用户的姓名及身份证证件号码,如图 4-15 所示。

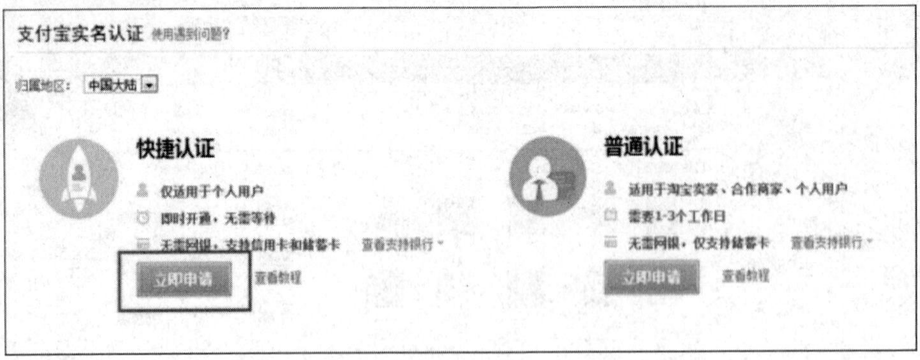

图 4-14　实名认证的快捷认证

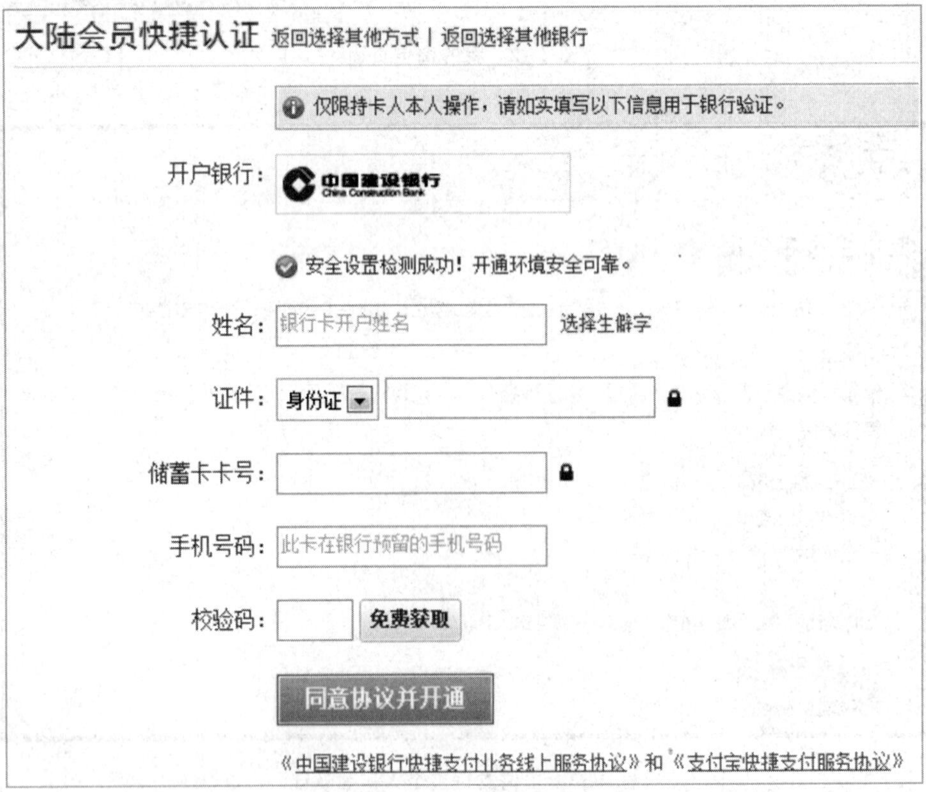

图 4-15　正确填写认证用户的姓名及身份证证件号码

第六步：实名认证成功，如图 4-16 所示。

第七步：认证失败提示，如图 4-17 所示。

3. 我要开店

第一步：登录淘宝，进入“我的淘宝”，点击“我要卖”，进入“卖家中心”页面，点击“我要开店”或“免费开店”，上传真实个人照片（身份信息认证），审核后淘宝即时通过邮件、站内信方式提醒你审核结果，如图 4-18 和图 4-19 所示。

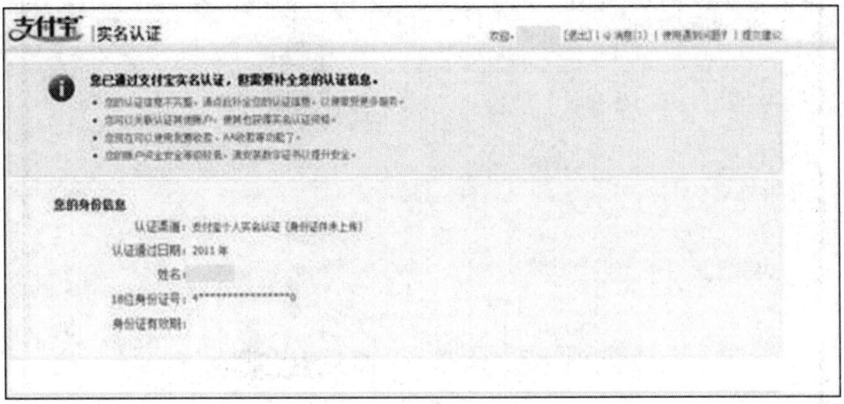

图 4-16　实名认证成功

图 4-17　认证失败提示

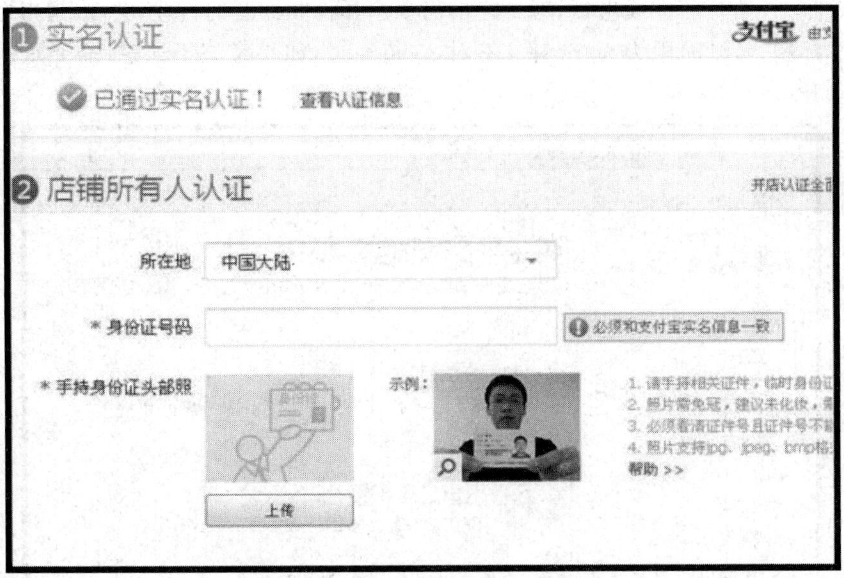

图 4-18　个人身份信息认证过程

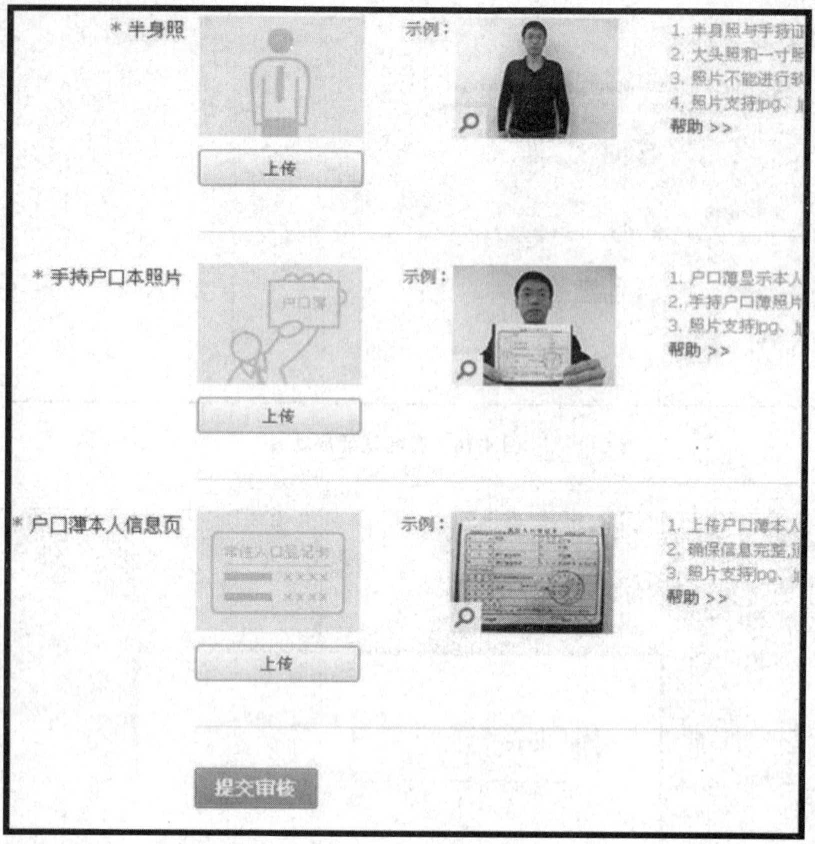

图 4-19　个人身份信息认证过程

第二步：在“卖家中心”，进入开店任务页面，如图 4-20 所示，点击“开始考试”，如图 4-21 所示页面，即可开始开店在线考试，考试之前需要选择将要经营的行业，共 30 道考题。试题形式为单项选择题，考试时限为 90 分钟。答对 25 道通过，如果考试不通过，需要重新考试直到通过才可以开店。

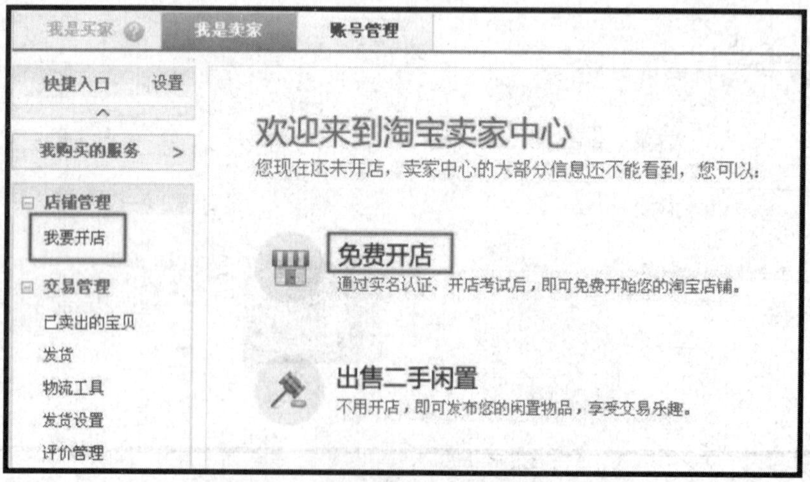

图 4-20　免费开店

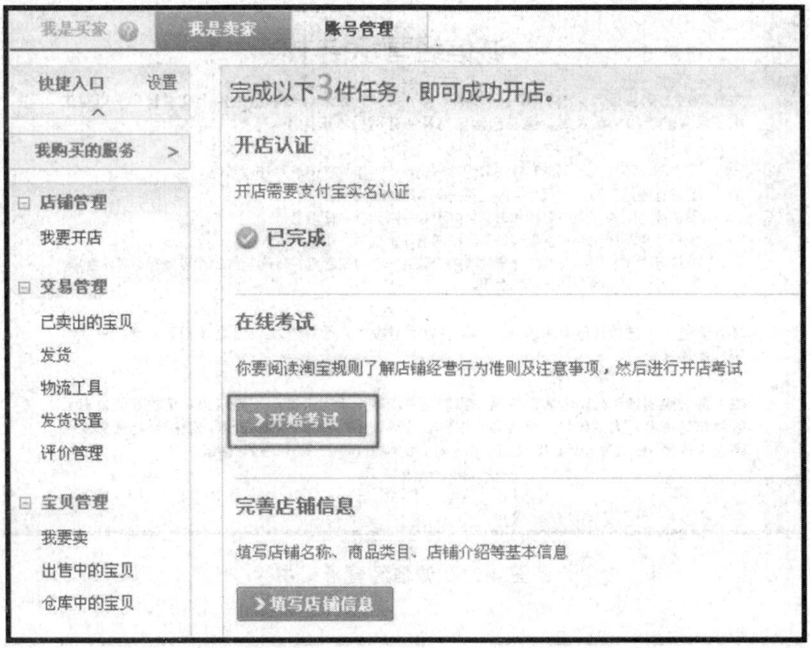

图 4-21 开店之前的考试

参加考试之前,可以点击开店指导来了解考试知识点和试题信息。

如果考试通过,在"买家中心"左侧菜单栏"店铺管理"处即可看到"查看我的店铺"字样。

第三步:然后你就可以完善店铺信息,如图 4-22 所示。此时你还要阅读并同意淘宝的"诚信经营承诺书",如图 4-23 所示。然后可以对店铺的详细情况,从店铺的名称、店铺标志、类目、联系地址、店铺介绍等几方面按要求进行填写,如图 4-24 所示。开店成功以后可以进入"卖家中心"—"店铺管理"看到"查看我的店铺",如图 4-25 所示。

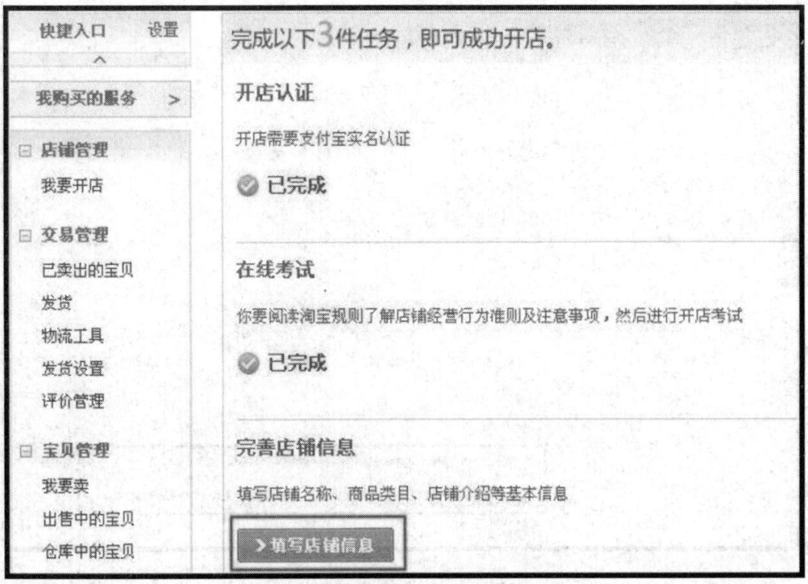

图 4-22 完善店铺信息

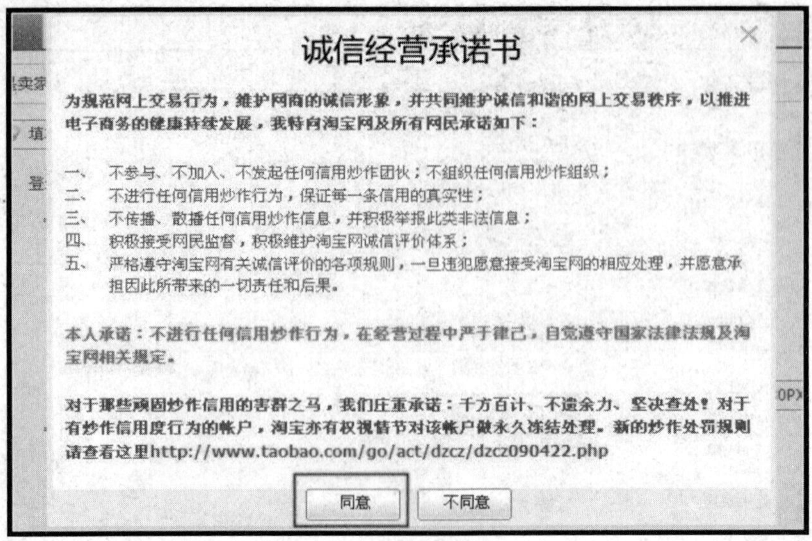

图 4-23　诚信经营承诺书

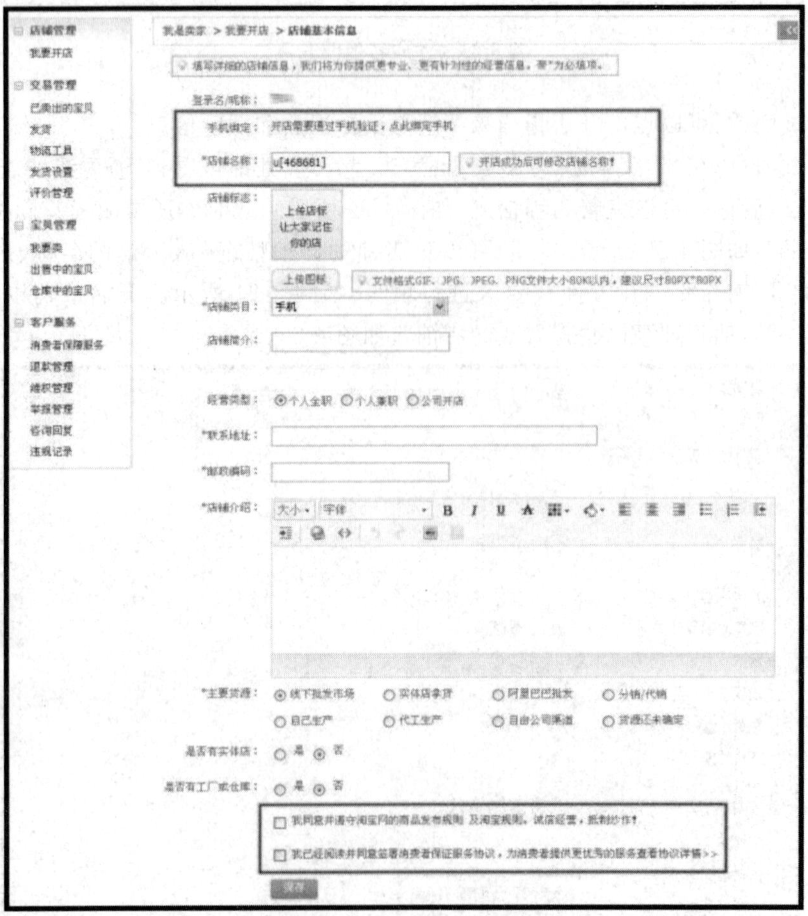

图 4-24　填写店铺信息

图 4-25　查看店铺信息

第四步：此时你可以选择“一口价”方式发布产品，在“一口价”时要选择好商品的类目，便于别人查找到你发布的商品，对商品的详细情况，从宝贝基本信息、物流信息、其他信息几方面按要求进行填写。以同样的方式发布 10 件宝贝，为店铺开设做准备。接下来就是店铺经营了。

4. 发货操作

常和淘宝合作的快递公司有顺丰速运、汇通快运、联邦快递、天天快递、韵达快运、宅急送、中通速递、圆通速递、申通 E 物流、EMS 等。作为卖家，农产品经纪人应该多方了解，了解自己周围有哪些快递公司，哪些快递公司分别有什么特点等，从而选择适合自己农产品的物流公司。比如：如果销售的是易腐烂变质的商品，那就选择顺丰速运的冷链物流，可以保证快速而又保质的将产品送到消费者手中。

淘宝发货步骤如下：

第一步：登录到“卖家中心”—“交易管理”—“发货”—“等待发货的订单”，在具体的订单后点击“发货”，如图 4-26 所示。

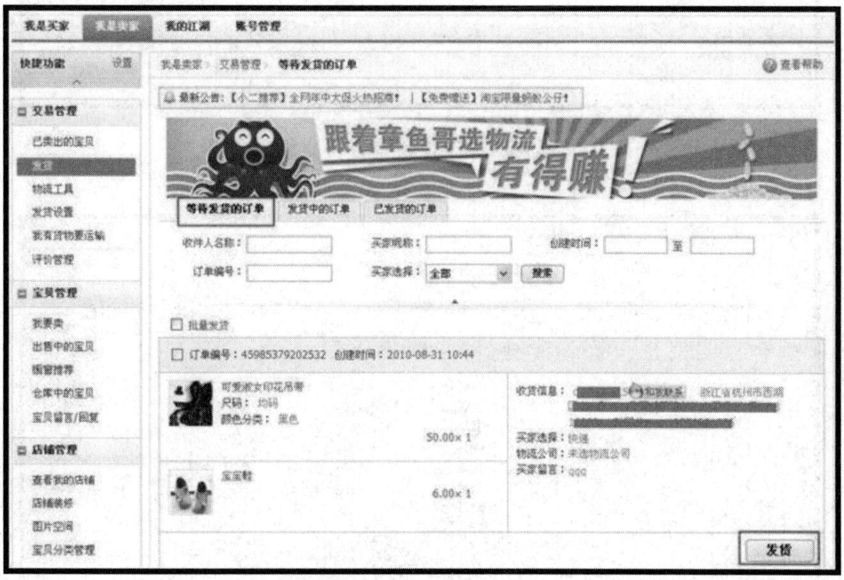

图 4-26　发货操作

第二步：确认好前面的信息后，选择“在线下单”，在您所选择的物流公司后点击“选择”。填写发货通知，主要是收货信息、发货信息的确认，物流公司的选择，在物流公司揽货以后，填写物流单号，点“确认”便完成了发货操作，将通知物流公司上门取货。如图 4-27 和图 4-28 所示。

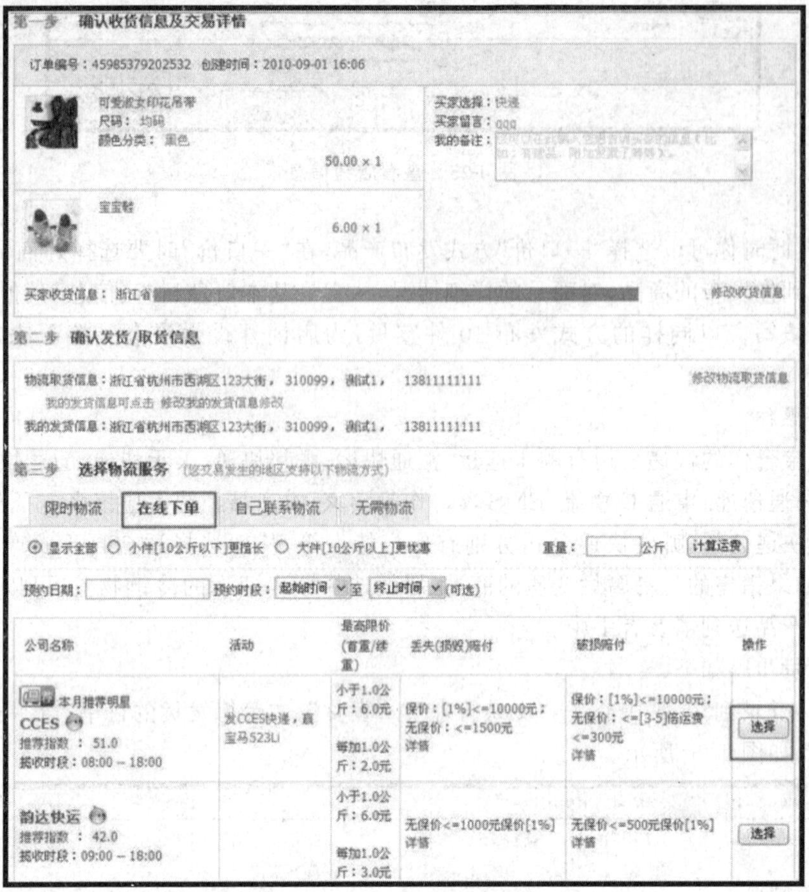

图 4-27　选择物流公司发货

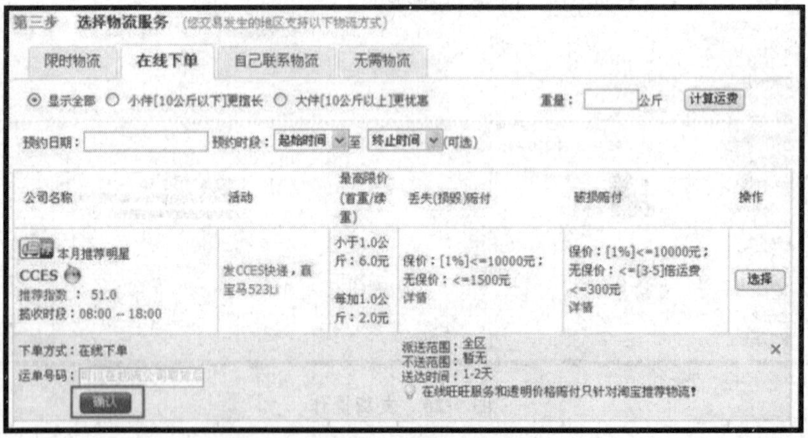

图 4-28　确认发货

如果填写了正确的运单号后确认，交易状态就会变为“卖家已发货”。如果下单时没有运单号，也可以在物流公司取件后再填写运单号。

二、店铺装修

在免费开店之后，卖家可以获得一个属于自己的空间。和传统店铺一样，为了能正常营业、吸引顾客，需要对店铺进行相应的“装修”，主要包括店标设计、宝贝分类、推荐宝贝、店铺风格等。

1. 基本设置

登录淘宝，打开“我的淘宝”，找到“我是卖家”，进入“管理我的店铺”，在左侧“店铺管理”中点击“基本设置”，在打开的页面中可以修改店铺名、店铺类目、店铺介绍，主营项目要手动输入，见图 4-24。其中，店铺标志是一个店的 logo，店铺简介是让顾客快速了解一个店的主营产品的很重要的渠道，虽然不是必填项目，也最好填上。写店铺简介时要把你产品的优势、服务的优势或者店铺的特点写出来，尽量在语言上吸引客户。

2. 宝贝分类

给宝贝进行分类是为了方便买家查找。在打开的“管理我的店铺”页面中，可以在左侧点击“宝贝分类” 接着输入新分类名称如“山野菜”，并输入排序号(表示排列位置)，单击“确定分类添加”。单击对应分类后面的“宝贝列表”按钮，可以通过搜索关键字来添加发布的宝贝，进行分类管理，如图 4-29 所示。

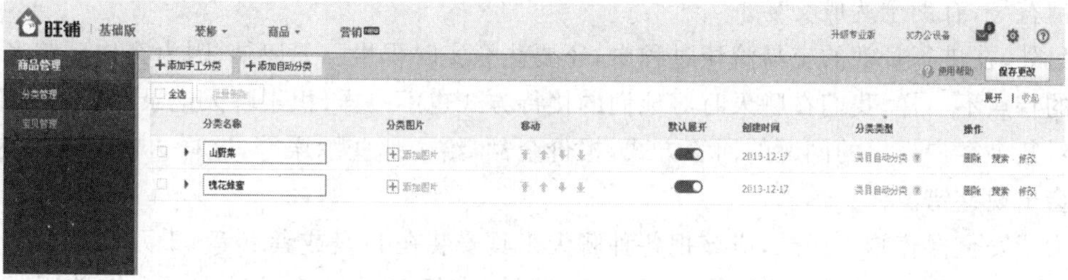

图 4-29 宝贝分类管理

3. 推荐宝贝

淘宝提供的“推荐宝贝”功能可以将你最好的宝贝拿出来推荐，在店铺的明显位置进行展示。只要打开“管理我的店铺”页面，在左侧点击“推荐宝贝”，然后就可以在打开的页面中选择推荐的宝贝，单击“推荐”按钮即可。根据店铺的信誉等级，淘宝提供的推荐位置有所不同。

4. 店铺风格

如果你还不是旺铺用户，普通店铺只有固定的几个店铺风格可以选择。不同的店铺风格适合不同的宝贝，给买家的感觉也不一样，一般选择色彩淡雅、看起来比较和谐的风格即可。淘宝平台提供了一些模板，可以选择某种风格的模板，右侧会显示预览画面，单击“确定”按钮就可以应用这个风格。

如果你是旺铺成员，那么，每年需要交一定的费用，淘宝店小二会提供店铺装修的详细教程。

现在很多店主在进行店铺装修时，选择专业的装修团队来操作，淘宝上有装修市场，很多专业的淘宝店铺装修网点，提供各种装修的模板，当然你也可以定制适合自己的店铺和销售产品的模板。

三、利用网上在线洽谈工具

网上即时交谈工具比较多，如腾讯的QQ、MSN等。许多网站也提供了在线洽谈工具，如阿里巴巴的贸易通，是阿里巴巴为商人定做的免费网上商务沟通软件，集成即时文字、语音、短信的商务沟通和客户管理工具，能帮用户找客户、管理商业信息，及时把握商机，随时洽谈做生意。

首先农产品经纪人要学会如何使用这些聊天工具，尽可能的学会它们的各个功能。比如QQ，它以功能方便、快捷、全面而著称。如果农产品经纪人想利用QQ作为推广业务的手段，以黄金梨为例，农产品经纪人可以为自己免费申请一个QQ号，以黄金梨或者相关名字命名。在QQ个性签名里还可以写一两句宣传“黄金梨”营养价值的促销宣传词，再加上自己的联系方式。这样品牌效应就一目了然，有需求的客户在搜索相关客户时一下子就会发现你的信息。QQ空间也是一个很好的平台，农产品经纪人可以把黄金梨的详细信息分门别类的发布到自己的QQ空间，还可以加入一些视频音频图片的信息，这样别人可以通过搜索引擎搜到你的信息。当然不要忘记在QQ空间写入你的详细联系方式。

农产品经纪人可以选择不同的即时交谈工具进行交易中的洽谈，阿里旺旺也是很常用的即时通讯工具。使用这些交谈工具时，一定要注意洽谈的技巧，会使用一些网络用语和及时使用表情符号，有助于达成交易。

另外，在进行日常的交易洽谈过程中，还要注意实时积累聊天记录，因为客户比较多，每个客户的特点不一样，我们在聊天时对他们的接待方式也不一样，积累聊天记录有助于我们查询以前对某个客户提出的问题的回答方式，报价金额，给了那些承诺等，这样再次和客户沟通时就不会出现差错。

为了安全保存聊天记录，应该把各种聊天工具安装在D盘或者E盘，千万不要放在C盘，因为一旦计算机出现问题需要重装系统，或者系统恢复还原，C盘的数据就会被破坏，而保存在其他盘的数据会保存下来不会丢失。

总之，网上开店需要做好充分的准备，要有知识技能上的储备，也有心理上的准备，从建店开始，到店铺的推广、商品的销售、售后的管理等都需要花费很多的精力，需要有专门的人才来进行管理，并且因为淘宝的规则是在不断变化的，客户也是在发生变化的，所以要不断地总结，持续地学习。

◆ 核心技能点

通过本任务的学习，农产品经纪人需要了解淘宝开店需要做的准备工作，掌握淘宝开店的流程，熟悉淘宝的规则，能对淘宝店铺进行个性化设置，熟悉各种聊天工具的使用方法，熟悉淘宝的发货流程，能够在网上顺利开展交易。

◆ 实训活动

1. 农产品经纪人为自己主营商品申请一个淘宝网店，添加宝贝，并进行个性化设置。
2. 利用QQ或阿里旺旺等聊天工具和客户进行沟通，并将相关的聊天记录进行保存。

项目五　农产品市场营销技巧

◆ 项目设置背景

随着我国农产品产量的不断增加，农产品难卖问题逐渐显现出来。近些年来全国不少地方出现了因农产品销售困难而伤农事件，农产品难卖问题的频繁出现严重影响了我国农民的经济利益。目前尽管一些农民已经意识到营销对农民增收的作用，但由于受各种因素的制约，对农产品开展营销活动却总感觉举步维艰。农产品经纪人作为促进农产品交易的市场纽带，必须熟知农产品市场营销的知识，掌握农产品市场营销的技能，才能更好地推动经纪业务的发展和农产品市场的繁荣。

◆ 引导案例

苹果巧包装荣升"平安果"

平安夜大街小巷到处弥漫着圣诞的气息，一个"平安果"，让平安夜、圣诞节与往年大不同。在西安街头，水果商贩打起了苹果的主意，在小小的苹果上大做文章，他们用花花绿绿的包装纸，给苹果穿上漂亮的"花外衣"，把自己摊位的苹果"装扮"一新，一个个苹果被五颜六色的玻璃纸扎起来，每个包装上还系着圣诞铃、圣诞老人像。经过包装的苹果，果然亮丽许多，一簇簇摆在摊位上如花儿一样，煞是好看，吸引了许多年轻人的目光。包装后的普通苹果，"摇身"变成了抢手的"平安果"，一下从 6 元 1 千克变成了 5 元一个，大街小巷炙手可热、处处飘香。虽然价格昂贵，但是这诱人的"平安果"丝毫没能阻挡人们购买的欲望。现在吃"平安果"是时尚，消费者一般都买来送给家人、朋友或同学。平安夜吃"平安果"能保证一年都平安幸福。

一位水果摊主说道，往年过节如果论斤卖苹果，也就几块钱一斤，买的人少，也赚不了多少钱。现在经过包装，一个就能卖 3～5 元，比平时多赚好几倍。看来真是节日温馨，商机无限。虽然这小小的"平安果"美丽又昂贵，但是在温馨浪漫的节日里，谁还会去计较和细究它的实际价值呢？

改编于理性农业食品安全信用网　2011-02-14

任务一　农产品市场营销的内涵和技巧

◆ 案例

突出地域特色，实施"原产地"战略

西藏的冬虫夏草、红花，北京的二锅头、烤鸭，宁夏的枸杞，山东的大花生，新疆的葡萄……许多产品具有产地特点，也就是我们说的特产。消费者在购买商品时，上海制造往往意味着技术先进、品质优良;来自塞上草原,往往给人自然绿色无污染的感受;来自新疆西藏,往往感觉异族风情,风味独特。产地影响消费者对品牌的评价,进而影响购买倾向。

例如"丝路晨光"珍品油系列产品,包括小麦胚芽油、葡萄籽油、红花籽油、西红柿籽油,四种产品中,三种的原料产自新疆,而且红花籽产自著名的红花之乡塔城,这里的红花质量和产量都堪称最佳;葡萄籽产自吐鲁番,吐鲁番的葡萄天下闻名;西红柿籽则来自塞外名城库尔勒。独特的产地优势赋予产品天然、纯净、健康、营养的形象,是最有冲击力的、最独特的品牌优势。该系列产品在新疆产地上大做文章,把品牌定位为"来自西域的特种油",把品牌名称提炼为"丝路晨光"。"丝路晨光"包含了产品最大的特点和独特价值——新疆产地和健康功效,富于文化美感和朝气,与原品牌有传承联系,而且音律和谐,富于美的联想,完美地诠释了该系列产品的价值。最终,"丝路晨光"珍品油系列优异的市场表现也证明了"产地"战略的威力。

改编于 guba.eastmoney.com　2013-05-23

◈ 知识要点链接

随着我国农产品产量的不断增加,农产品难卖问题逐渐显现出来。近些年来全国不少地方出现了因农产品销售困难而伤农事件。例如:2006 年西安芹菜丰产却遭遇滞销,1 斤芹菜只卖 8 分钱,菜农们为了腾出地种冬小麦,在收割芹菜的时候含泪将成片的鲜菜埋在地里,出现了菜贱伤农事件;2009 年秋天,我国白菜主产区辽宁省大民屯镇的白菜喜获丰收,然而绝大多数的菜农们却都愁眉苦脸,因为几亿斤的大白菜躺在地里,4 分钱 1 斤都没有人购买……农产品难卖问题的频繁出现严重影响了我国农民的经济利益。目前尽管一些农民已经意识到营销对农民增收的作用,但由于受各种因素的制约,对农产品开展营销活动却总感觉举步维艰。因此,农产品经纪人利用自己的知识和销售渠道帮助农民打开市场,是目前农产品经纪人开展经纪活动的一项重要内容。

一、农产品市场营销的概念

农产品市场营销是指农产品生产者与经营者个人与组织,在农产品从农户到消费者流程中,实现个人和社会需求目标的各种农产品创造和农产品交易的一系列活动。

(一)农产品市场营销的内涵

市场营销是指企业选择目标市场,并通过创造性的行为提供、出售与别人自由交换的产品和价值,以满足顾客需要来获得、保持和增加顾客,并从中获得自身利益的一种社会和管理过程。

根据市场营销的定义,可以分解出以下六层含义:一是市场营销是一种创造性的行为,市场营销活动形式上是在出售产品,但是活动的真正目的是满足需要而进行的创造性活动;二是市场营销是一种自愿的交换行为,买卖是双方自由交换产品或劳务,使得各方都取得了回报,满足其自身的需要;三是市场营销是一个系统的管理过程,它不仅包括企业在生产销售产品(或劳务)之前的经济活动,而且还包括生产过程完成之后进入销售过程的一系列的经济活动;四是市场营销是一种满足需要的行为,市场营销的核心是满足顾客的需要,顾客的各种需要和欲望是企业市场营销工作的出发点;五是市场营销是为企业获取最大的经济效益,通过开展市场营销,企业可以不断地获得顾客并保持和增加顾客,最终将体现在企业经济效益的提高上;

六是市场营销是联结企业和社会的纽带，企业的市场营销活动必须全面权衡企业利益、顾客利益和社会利益，才能使其长久持续获得成功。

（二）农产品市场营销的特点

农产品市场营销的特点主要体现在五个方面：一是营销产品的生物性、自然性；二是农产品供给的季节性强，短期总供给缺乏弹性；三是农产品需求的大量性、连续性、多样性和弹性小；四是大宗主要农产品营销的相对稳定性；五是政府宏观政策调控的特殊性。

（三）农产品市场营销的类型

1.直接销售型

直销型是指农户直接将产品销售给消费者，直销型销售环节最少，但销量有限。

2.间接销售型

农产品间接销售是指农产品生产者通过中间商把自己的产品卖给消费者。农产品间接销售的方法主要有代理商销售、经销商销售、农产品经纪人销售。代理商销售是指在签订合同的基础上，为委托人销售某些特定产品或全部产品的代理商，其对价格、条款及其他交易条件可全权处理。经销商销售是指经销商与生产厂家或供货商达成协议，在规定的期限和地域内购销指定的商品。农产品经纪人是指活跃在农村经济领域，以收取佣金为目的，为促成他人交易而从事农产品产销中介服务的公民、法人和其他经济组织。

3.市场营销型

市场营销型是产地经营者根据销地市场经营者的需求，将产品收购给销地经营户，再批发给零售商，由零售商提供给消费者。产地批发市场对农村经济发展发挥了重要作用，不仅帮助农民销售产品，拉动周边农民的生产和收入提高，还能吸收转化大批富余劳动力，市场的发展壮大，带动了餐饮、交通运输等服务性产业的发展。

农产品除了进入批发市场外，还可以通过零售商销售产品。零售商及批发商可从生产者处整批购进农产品后，拆零销售给消费者。

4.加工企业销售型

加工企业销售型是加工企业直接或间接地将产品收购加工消化。

（四）影响农产品市场营销的主要因素

影响农产品市场营销的主要因素有以下几个方面：一是农产品市场建设；二是产品质量；三是龙头企业加工转化能力；四是营销队伍整体素质；五是流通领域；六是包装及品牌；七是网络信息及产品推介；八是合作经济组织；九是优势农产品规模化生产；十是生产者商品意识。

二、农产品市场营销的作用

1.满足消费需求

农产品营销沟通了产销两地，使消费者能在适当的地方及时买到适合的农产品，也使产地农民将农产品转化为商品。

2.促进农民增收

农民将农产品销售后，可使生产出来的农产品变成商品，从而提升农产品的附加值，增加农民收入。

3. 指导结构调整

市场营销的指导作用可带动农民向生产适销对路的产品发展，从而带动农业产业结构的调整，优化农业资源的配置，发挥最佳的作用，从而间接地提高了农民的收入。

4. 扩大就业

部分农民以营销农产品为职业，增加非农收入，带动运输、餐饮等行业的发展。

三、农产品市场营销的技巧

随着农业生产力水平的不断提高，部分农产品已出现了结构性、区域性过剩现象，农产品卖难和农民增产不增收的问题越来越突出。要摆脱农民增产不增收的困境，必须要解决“市场需要什么产品、产品卖给谁、如何定价、怎样卖得快”等问题，这就要以市场为载体，以质量为保证，以品牌为依托，以营销为后盾，着力提高农产品市场竞争力，发展农产品营销。

1. 建立市场营销机构

农产品经纪人应当根据自身的规模、生产经营特点、财力因地制宜地设置市场营销机构，从事市场营销活动。

2. 进行市场细分，重点抓好名、特、优产品生产和销售

进行市场细分，选择目标市场。当前农产品市场出现的卖难，主要原因是所生产的大宗农产品不能与市场消费需求对接，缺乏具有名、特、优等产品，我们要大力实施“良种工程”，加速淘汰滞销品种，以质取胜，以优发财，以名特促发展，在提高产品档次、提升产品质量上下功夫。同时引进推广名、特、优、新品种，并依靠农业新技术、新工艺、新机械，减少农产品的生产费用投入，实行农产品的规模化、集约化经营，努力降低单位农产品的生产成本，追求最佳经济效益。

3. 做好农产品市场调研，分析市场营销机会

农产品经纪人市场营销的成功是建立在对营销机会的把握上，营销机会分析主要包括建立市场营销信息系统并对环境、市场、竞争者进行分析。例如农产品在需求上存在着地域差异，许多精明的农民朋友在产品上市之前就已摸清市场的购销动向、行情走势，瞄准了销售对象，并建立起较为稳定的直线流通渠道，产品一上市就可销售出去。

4. 制定市场营销组合策略，多方寻找销售渠道

农产品经纪人确定了目标市场以后，必须运用一切能够利用的营销要素去占领市场。市场营销要素主要包括产品、价格、分销渠道和促销手段四类要素。在市场经济条件下，这四类要素中，寻找销售渠道是最关键的要素，因为它能使产品及时销售出去，减少不必要的损耗。在这方面可以找购销、贩运专业户或农产品经纪人经销；还可以采取“联合体”的办法，搞产供销一条龙经营，平等互利，共同受益。

5. 利用传媒扩大宣传

有的农产品质量很好却卖不出去的原因就在于缺乏市场知名度，近年来，现代大众传媒如期刊、报纸、电视、广播、网络等，其传播功能正被越来越多的农民朋友看好，已逐渐成为农村农副产品推销的主要媒体。可以尝试着通过现代传媒发布信息，让销地市场从中捕获产地信息，激发市场需求，从而促进销售。

6. 选好运输方式

在得知某地急需哪种农产品的准确信息后，还应考虑运输方式。对于一些急需的瓜、果、菜等农产品，远距离运输宜采用快捷运输方式，虽然运输费用稍高一些，但如果及时抓住市场，所获的利润也往往比较丰厚。同时对于一些耐贮藏的如马铃薯、生姜、大蒜可通过利用优越的铁路资源，发挥运输成本低的优势，在销地形成价格差，扩大营销。

◈ 核心技能点

通过学习了解农产品营销的特殊性所在，特别是要了解我国主要农产品的供求状况、区域布局和营销特点，了解我国农产品营销理论研究中的前沿和热点，并能够进行农产品营销的策划和管理。本任务的主要目的是培养学生的营销理念，使学生们能够了解营销的基本理论和基本的思维方法，并对农产品营销管理有初步的了解。

◈ 实训活动

[案例分析]

茶油是油茶树果提炼而成的食用油，又名油茶籽油、山茶油。茶油主要含油酸、亚油酸等不饱和脂肪酸，色泽金黄或浅黄，品质纯净，澄清透明，气味清香，味道纯正，被誉为"东方橄榄油"，有些营养成分的指标还要高于橄榄油，是中国政府和国际粮农组织首推的卫生保健植物食用油。

但是，茶油在中国市场从未得到足够的认识与重视，茶油作为健康食用油的市场推广没有找到有效的方式，反而陷入了"叫好不叫座"的尴尬。

请你通过实地调查或上网查找茶油的相关资料，依据所学的知识，你认为茶油生产者应如何寻找和培养自己的消费者。

任务二　农产品市场定位与营销策略

◈ 案例

细分市场赢得更大市场空间

距离北京市区100千米的北京松山国家自然保护区，有一片800亩的生态园，这里空气清新，环境一流，这里是德青源的生态园。生态园内饲养着300万只鸡，每年生产5亿枚鸡蛋，从这里产出的品牌鸡蛋，已经占据了北京市场的品牌鸡蛋份额的80%，如果连非品牌鸡蛋也算在内，份额是25%。也就是说，北京人每吃4枚鸡蛋，其中就有一枚是德青源的鸡蛋。而且，北京很多五星级酒店都在用德青源的产品；有些高端蛋糕房，还特意将"本店用德青源鸡蛋"印在了自己的宣传册上。

北京德青源农业科技股份有限公司的创始人是钟凯民，现在担任公司的董事长。钟凯民是个很敏锐的人，他在创立德青源之初就显示出了远见，他将自己的目标消费群体定位于对于健康特别关注的人身上。早在2000年，食品安全问题远远不像现在这样广为受人关注，人们对于鸡蛋的标准更是闻所未闻。

钟凯民是怎么发现这个市场的呢？他从小就喜欢吃鸡蛋，但是在20世纪90年代后期，他发现，鸡蛋变得越来越不好吃了，而且蛋壳很软很薄，打开后蛋清很稀，经常是散黄的，蛋黄的颜色越来越浅，是很浅的黄色，吃起来没有蛋白的那种醇香味。钟凯民觉得很奇怪。钟凯民在国外工作过很长时间，他发现国外的鸡蛋并不存在这样的问题。由于在中国农科院有认识的朋友，他就跟农科院的研究人员沟通，才得知原来鸡蛋有问题。当时市场上鸡蛋的竞争主要靠价格，没有质量上的竞争，并且农产品没有标准，大家也已经习以为常。正是因为价格战成为大家生存下来的法宝，也就导致了鸡蛋的价格不断下滑。1996年的时候，1斤鸡蛋3.5元是正常的，但是到2000年的时候，价格已经跌到了每斤1.6元。伴随价格下滑的，是质量的不断下降。大家不再用一级玉米来喂鸡，而用二级、三级甚至是清仓的玉米、菜籽粕等低劣的食料，鸡生病以后，用报废的药渣来治疗，导致鸡体内的抗生素残留，鸡蛋内也含有抗生素。当时，有些了解这些情况的北京人，跑到很远的地方去买乡下的柴鸡蛋，许多人开车很远，到昌平、密云、承德、涿州等地，去买土鸡蛋、柴鸡蛋。

了解到这些情况以后，钟凯民从一个消费者的角度出发，想到一定有一部分有知识、追求健康的人会需要更高品质、更安全、更营养的鸡蛋。德青源首先想到的就是那些最高端的人群。钟凯民将自己的目标顾客描述为具备两个特征：一是有健康意识，关注食品安全；二是有一定的收入。“鸡蛋是快速消费品，就算一个比别的贵一块钱，一天吃一个，一个月也就30块钱，对于一个家庭三口人增加几十块钱的消费也不是大问题。”

德青源最初先在中国农科院养了500只鸡，用了7个月的时间，用科学方式养的鸡下了第一批鸡蛋。钟凯民高兴地发现，这些蛋蛋壳很硬，蛋黄是橙黄色，打开后，不像其他鸡蛋那么容易打散，很有韧性，煮熟后鸡蛋味道很香。这些鸡蛋在农科院里卖5毛钱一个，那时候普通鸡蛋大约2毛钱一个，几百个鸡蛋很快就一售而空。很多人吃了以后觉得很好，马上打电话来订，这给了钟凯民进一步扩大生产规模的信心。

为了进一步扩大产品的知名度，德青源公司他们动员了将近100个大学生，利用暑假和周末的时间对他们进行培训，然后由这些大学生到社区宣传食品安全。德青源在北京选择了一些相对比较新的楼盘和高端的小区，还有一些机关小区、大学小区等，在4个月的时间里做了320个社区，大约送出去50万枚鸡蛋，差不多公司成立后4个月内的鸡蛋都送出去了。这些社区的活动起到非常好的效果。当时是每个人免费发放两枚鸡蛋、一本宣传册，德青源还请了中国农科院的专家给大家讲解，可信度很高。免费发放鸡蛋的地方经常是人山人海。有些人拿回去马上煮，吃完觉得很好，就问，哪里可以买到。现在德青源的鸡蛋在品牌鸡蛋里也是最贵的，比普通鸡蛋高出一两倍的价格，但是普及率已经很高。钟凯民说：“每天北京有200万人来吃这个鸡蛋，不是个小数目。”

改编于博锐管理在线　2010-09-17

◈ 知识要点链接

一、农产品市场细分的依据与方法

农产品经纪人在完成市场信息收集和处理后，要将信息反映的要求转变为市场运作的基础，指导下一步目标市场的确定以及营销决策。

(一)农产品市场细分的含义

所谓农产品市场细分，就是根据农产品总体市场中不同的消费者在需求特点、购买行为和购买习惯等方面的差异性，把农产品总体市场划分为若干个不同类型的消费者群的过程，每一个消费者群就是一个细分市场。通过市场细分对农产品的生产、营销起着极其重要的作用。有利于有针对性地对农产品开展市场营销活动；有利于寻找好的市场机会；有利于集中使用有限的资源；有利于提高农产品销售的经济效益。

(二)农产品市场细分的依据

农产品市场细分的依据是消费者或用户的需求存在差异性。引起消费者需求差异的变量很多，概括起来，细分消费者市场的变量主要有四类，即地理变量、人口变量、心理变量和行为变量。以这些变量为依据来细分市场就产生出地理细分、人口细分、心理细分和行为细分四种市场细分的基本形式。细分市场的营销哲学就是不要企图满足所有人的所有需求，一个企业、一个品牌只要能满足一部分人的一部分需求，并且坚持不断改进、迎合时代的变迁就是成功。

例如，海尔最初出口到美国市场的冰箱都集中在160立升以下，是世界级品牌不生产的缝隙产品。当时的美国冰箱企业GE、惠尔普都认为160立升以下的市场需求量不大，没有投入多少精力去开发市场。然而，海尔发现，美国的家庭人口正在变少，小型冰箱越来越受欢迎，特别是独身者和留学生就很喜欢小型冰箱。譬如，海尔的电脑桌冰箱上市后很快风靡美国大学校园，并迅速占到美国市场50%的份额。靠对细分市场的差异化战略，海尔冰箱赢得了美国新生代的认可。直到第一批大学生参军后仍然点名购买海尔冰箱，海尔冰箱由此创造了美国用户的忠诚度。海尔冰箱定位于年轻人的战略不仅赢得了市场，还成为美国新生代的首选品牌。

(三)农产品市场细分的方法

1.按地理变量细分市场

即按照消费者所处的地理位置、自然环境来细分市场。例如，处在不同国家、地区、城市规模、气候、人口密度、地形地貌地理环境下的消费者对同一类产品往往有不同的需求与偏好，他们对企业采取的营销策略与措施会有不同的反应。

2.按人口变量细分市场

即按人口统计变量，如年龄、性别、家庭规模、家庭生命周期、收入、职业、教育程度、宗教、种族、国籍等为基础细分市场。

性别：由于生理上的差别，男性与女性在产品需求与偏好上有很大不同，例如在服饰、发型、生活必需品等方面均有差别。

年龄：不同年龄的消费者有不同的需求特点，例如青年人对服饰的需求与老年人的需求就有差异，青年人需要鲜艳、时髦的服装，老年人则需要端庄素雅的服饰。

收入：低收入和高收入消费者在产品选择、休闲时间的安排、社会交际与交往等方面都会有所不同。

职业与教育：消费者职业的不同、所受教育的不同也会导致所需产品的不同。例如，农民购买自行车偏好载重自行车，而学生、教师则喜欢轻型、样式美观的自行车。

家庭生命周期：一个家庭，按年龄、婚姻和子女状况，可分为单身、新婚、满巢、空巢和孤独5个阶段。在不同阶段，家庭购买力、家庭成员对商品的兴趣与偏好也会有很大的差别。

3. 按心理变量细分市场

即根据购买者所处的社会阶层、生活方式、个性特点等心理因素细分市场。

社会阶层：指在某一社会中具有相对同质性和持久性的群体。处于同一阶层的成员具有类似的价值观、兴趣爱好和行为方式，而不同阶层的成员对所需的产品也各不相同。识别不同社会阶层消费者所具有的不同特点。将会为很多产品的市场细分提供重要依据。

生活方式：人们追求生活方式的不相同也会影响他们对产品的选择。例如有的追求新潮时髦，有的追求恬静、简朴；有的追求刺激、冒险，有的追求稳定、安逸。

个性：指一个人比较稳定的心理倾向与心理特征，它会导致一个人对其所处环境做出相对一致和持续不断的反应。一般地，个性会通过自信、自主、支配、顺从、保守、适应等性格特征表现出来。因此. 个性可以按这些性格特征进行分类，从而为企业细分市场提供依据。

4. 按行为变量细分市场

即根据购买者对产品的了解程度、态度、使用情况及反应等将他们划分成不同的群体。行为变数能更直接地反映消费者的需求差异，因而成为市场细分的最佳起点。

（四）农产品市场细分的原则

市场细分时必须认真分析、测定是否具备从事有效经营的条件。所选择的细分市场必须具备以下四个特性：

（1）可衡量性。可衡量性要求说明该细分市场购买者的资料必须能够加以衡量和推算，否则，将不能作为细分市场的依据。

（2）可实现性。可实现性要求企业所选择的目标市场易于进入。

（3）可营利性。可营利性要求所选择的细分市场有足够的需求量且有一定的发展潜力，以使企业赢得长期稳定的利润。

（4）可区分性。可区分性要求在不同的细分市场之间，在概念上可清楚地加以区分。

二、农产品销售市场行为分析

（一）农产品市场消费行为分析

1. 消费者心理因素

在商品经济社会中，消费者的心理活动是指消费者在购买、使用及消耗商品或劳务过程中反映出的心理态势，而在社会范围内消费者千万次的购买、使用和消耗行为的总和，就构成了消费者心理活动的社会总体消费行为。在一定时期内，社会总体消费行为又影响并制约着消费者个体的心理变化趋向及发展趋势。

消费者的需要分为两个方面，即生理上的需要和心理上的需要。绝大部分农产品的消费是生活的基本消费，是满足人们生理需要的。随着经济社会发展，一些新、特、优农产品成为消费者的高档消费或奢侈消费，在一定程度上是满足人们心理上的需要。农产品经纪人必须了解消费者的需求，有针对性地向农户传递信息，生产出高价值的农产品。因此，经纪人必须掌握购买者的消费心理动机、心理倾向，引导生产者积极、有效、高效地生产。

2. 经济因素

经济因素包括消费者个人或家庭的收入、财富和消费信贷。经济因素不仅包括当前的收入和财富，而且对未来收入和财富的预期也会影响消费者的行为。

收入是影响消费者需求的一个关键因素。衡量消费者收入水平的指标有三个，即个人收入、个人可支配收入和个人可任意支配收入。一般来讲消费者只有在保证日常的生活开支之后，才会考虑购买高档消费品或奢侈品。

3.社会环境因素

人是生活在社会之中，因而消费者的购买行为将受到诸多社会因素的影响，这主要包括社会文化因素对消费者购买行为的影响以及社会相关群体对消费者购买行为的影响。

文化通常是指人类在长期生活实践中建立起来的价值观念，道德观念以及其他行为准则和生活习俗。若不了解消费者所处的文化背景，往往会导致营销活动的失败。相关群体是指对消费者的态度和购买行为具有直接或间接影响的组织、团体和人群等。消费者作为社会一员，在日常生活中要经常与家庭、学校、工作单位、左邻右舍、社会团体等发生各种各样的联系。家庭是农产品消费者最基本的相关群体，因而家庭成员对农产品消费者购买行为的影响显然最强烈。亲戚、朋友、同学、同事、邻居等也是影响消费者购买行为的重要相关群体。这些相关群体是消费者经常接触，关系较为密切的一些人。由于经常在一起学习、工作、聊天等，使消费者在购买商品时，往往受到这些人对商品评价的影响，有时甚至是决定性的影响。作为参与市场营销的经纪人来说，了解整个消费者的购买决策过程是很重要的。

(二)农户行为分析

农户是农产品经纪人工作的主要对象之一，也是依赖的群体。引导农户生产出符合社会标准的产品，形成积极的合作态度，是农产品经纪人工作成功的保证。农户在生产中，他们更多的是担心自己的产品能否卖出去，能否卖个好价格，政府是否能够帮助解决资金投入问题，以及拥有良好的生产工作环境。

(三)竞争对手行为分析

农产品经纪人的竞争对手包括：本村同行但不合作的经纪人、外村同行专职经纪人和一些在收获季节临时经营的经纪人等。对手之间的市场竞争是无法回避的。既包括同行业的竞争对手，潜在的新参加的竞争者，也包括为新产品打开市场的经营者和供应商。这就要求经纪人不但要掌握必要的营销知识还要学会处理好与对手竞争的关系。

1.识别竞争者制定竞争对策

树立行业竞争的意识，辨别竞争者的战略，评估竞争者的优势与劣势等，区别不同的竞争对手，选择相应的策略，才能在商海中留有余地，占据主动(图 5-1)。

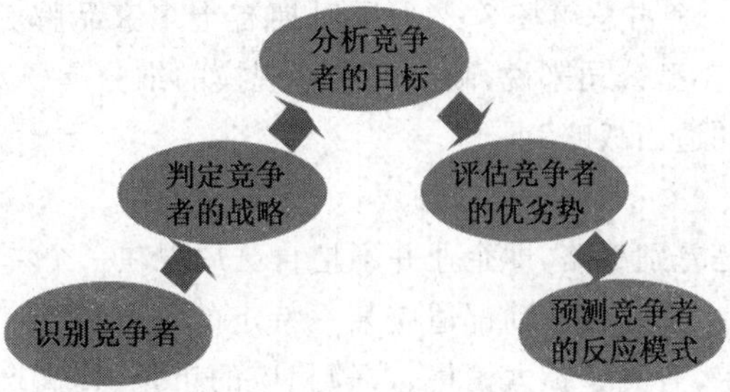

图 5-1　竞争对手行为分析

2.与竞争对手合作

农产品经纪人职业横跨农业生产和商业经营两个行业,是新成长的行业。在市场中拼搏,不断地捕捉信息、利用信息抢占市场先机最关键。但是有两个问题值得注意:一是单打独斗,势单力薄。一个人的信息再多,也不如10个人、100个人的。二是彼此竞争,产生不必要的消耗,或加大时间成本和经营成本,或因竞争原因造成不必要的公关项目,必然影响工作的顺利进行。开展联合,形成规模,建立合作关系,是经纪人在激烈的市场竞争中不断壮大,立于不败之地的重要形式。

三、农产品市场定位与策略应用

(一)目标市场定位的概念

目标市场是指将农产品消费对象作为一个营销市场,围绕这一市场开展的各项生产、加工、销售等活动,这个市场就称为目标市场。通过市场细分后,按照消费者需求与消费者行为差异或消费习惯等将消费对象划分出不同的消费者群体,然后围绕这一群体开展农产品经营活动。从某种意义上说,农产品目标市场就是通过对农产品进行市场细分后,企业准备以相应的产品和服务满足其需要的一个或几个子市场。

(二)目标市场定位的策略

实施市场细分战略有两种基本类型:其一是"集中战略",即把营销活动集中于一个次级细分市场之上;其二是"差别战略",即按照不同标准划分出两个或更多的次级人口群组,然后再针对每一个细分群组展开营销活动。

1.集中性市场策略

通过所经营产品的市场细分,选择其中两个或少数几个细分市场作为目标市场,实行专业化生产和销售。在个别少数市场上发挥优势,提高市场占有率。采用集中战略瞄准一个大规模的细分市场,运用统一的营销努力开发广阔市场,这是一种对许多决策者都有极大诱惑力的战略选择。在这种选择和决策过程中,决策人员首先考虑的是那些潜力和规模在数量上够"大"的消费群体,更多地考虑这个市场上较为广泛的一致性。因为在一个具有广泛共性和普遍一致性的"大"市场上,消费群体的需求量同样远远大于其他市场。但值得注意的是,那些大的有吸引力的细分市场,往往是多个企业同时瞄准了的市场,而那些相对较小的市场却没有人试图去占领。这通常被称之为"大多数谬论"。如果从营销成本上考虑,有时潜力最大的细分市场并不一定是最有利可图的市场。比如,去占领一个规模较小的细分市场,哪怕它只占市场总量的5%,却有可能比一个占总市场70%但同时拥有十多家品牌竞争的大市场具有更多的获利空间。当然,对一些小型公司来说,瞄准那些小规模的细分市场实行集中战略也不失为一种选择,这通常被称之为"适当战略"。

2.差别性市场策略

与集中战略不同的是差别战略,即企业并不把自己局限在一个单一的细分市场上,而是同时开展几项营销活动,每一项营销活动都适应某一特定的细分市场。这种策略的优点是能满足不同消费者的不同要求,有利于扩大销售、占领相应的市场、提高产品声誉。其缺点是由于产品差异化、促销方式差异化,增加了管理难度,提高了生产和销售费用。目前只有力量雄厚的大公司采用这种策略。如青岛双星集团公司,生产多品种、多款式、多型号的鞋,满足国内外市场的多种需求。通用汽车公司可能是最早因产品线不同而实行差别营销活动的典型。在其早期,公司决定开发一条高档产品线(即凯迪拉克),一条经济产品线(即雪佛兰),以及几条填补两者之间空白的产品线。这样一来,公司便覆盖了整个市场,并同时又巧妙地将这些市场加以细分,针对每一个细分市场又有与其相适应的产品。

值得注意的是,细分市场不仅是对消费群体的细分化,它还要求根据目标对象提出产品的细分功能。所以,在很多情况下,针对同一品牌的不同特性,广告可能在一个细分市场上强调某个特性,而在另一个细分市场上则强调其他优点。

四、农产品营销策略

农产品营销策略是农产品经纪人为实现营销目标,将产品、定价、渠道、促销等因素综合运用所构成的有机整体。

(一)产品策略

产品策略是营销组合策略的基础,是农产品经纪人明确提供什么样的产品和服务去满足消费者的需求,包括农产品开发策略、农产品品牌策略以及农产品的生命周期运用策略等。

农产品的产品开发包括:一是运用新原理、新技术、新材料等所生产和制造出的全新农产品;二是在原有农产品的基础上,采用新技术、新材料制成的换代农产品;三是对原有农产品的结构、形式、包装等方面做出改进的新产品;四是对已有产品仿制后加上自己的品牌或商标生产出来的仿制产品。从销售的角度看,新产品的开发必须适应社会经济发展的需要,应遵循质优、有特色和使用安全的原则,可采取优质、低成本、配套和拾遗补阙的产品开发策略。

农产品的品牌策略包含以下几个方面:一是同一品牌策略,即农产品经营者提供的所有农产品都使用同一品牌名称和形象;二是分类统一品牌策略,即农产品经营者根据所提供的农产品种类分别使用不同的品牌;三是个别品牌策略,又称多品牌策略,即农产品经营者在生产的各种商品上各自使用不同的商标。

产品生命周期是产品从投入市场到退出市场的全过程。如果在市场上推出的是新产品,竞争者少,可采取无差别营销策略;当产品进入成熟阶段后,就应改为差别营销策略,以开拓新的市场,或者实行集中营销策略,以保持原有市场,延长产品生命周期。

(二)定价策略

农产品的价格是影响市场需求和购买行为的重要因素,也直接关系到农产品生产经营者的收益水平。农产品价格制定的合适,能促进农产品的销售,提高产品的市场占有率,增加农产品生产者和经营者的利润。而农产品价格定得过高,会制约需求,影响销售;定得过低,会影响收益水平。

农产品定价策略主要有:一是撇脂定价策略,在农产品进入市场后,将价格定得尽可能高,尽可能在短期内赚取更多的利润。此种定价策略适合新开发的农产品,且短期内无竞争对手。二是渗透定价策略,农产品经营者面对激烈的市场竞争,旨在提高产品的市场占有率,将产品的价格定得尽量低,吸引大量的消费者购买,形成需求趋势,以迅速打开和扩大市场。三是差别定价策略,农产品经营者根据交易对象、交易时间、交易地点等的不同,对某一产品制定出两种或多种不同的价格,以满足消费者不同的需求。四是声望定价策略,农产品经营者根据消费者仰慕名牌商品或名店的声望所产生的某种心理来制定农产品的价格。五是折扣与折让定价策略,农产品经营者为刺激或回馈消费者,采取现金折扣、数量折扣、功能折扣、季节折扣或折让等形式,对农产品的基本价格做出适当的调整。

(三)渠道策略

农产品营销渠道是农产品从生产领域向消费领域的转移过程中选择的产品转移途径。作为从事农产品经纪活动的农产品经纪人应该充分掌握营销渠道的模式,以便选择产品的最佳销售途径。

农产品营销渠道的选择,既要保证农产品及时达到目标市场,又要求营销渠道有较高的销售效率、较低的销售费用,以取得最佳的经济效益。农产品经纪人在选择营销渠道时,既要考虑生产者、中间商、竞争者和产品等因素,又要考虑营销渠道的长短。

(四)促销策略

农产品促销是指农产品生产经营者运用各种促销方式方法,传递产品信息,激发消费者的购买欲望,促进消费者的购买行为,扩大农产品销售的系列活动。从促销的方式上看,农产品促销可分为广告促销、人员推销、关系营销、营销推广和创意营销等形式,见图 5-2。

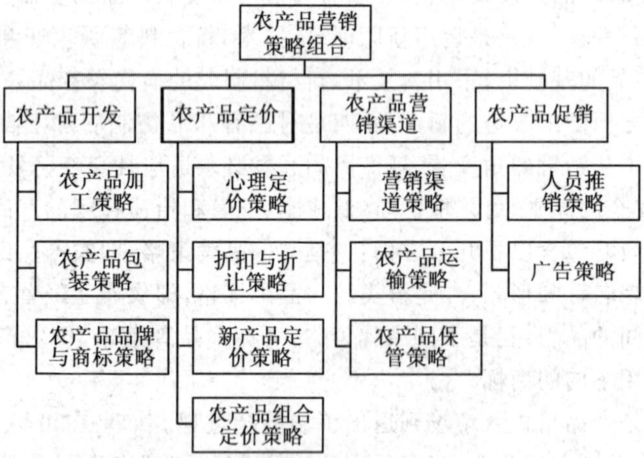

图 5-2　农产品营销策略组合

◈ 核心技能点

通过学习了解农产品市场细分与定位的知识与操作技能和应注意的问题,明确市场定位与策略对于农产品经纪人引导农民生产、参与市场竞争将发挥关键的作用,通过学习要求学生会运用相关理论对农产品进行市场定位。

◈ 实训活动

1. 找自己所熟悉的农产品进行相关的市场调查、市场细分、选择目标市场、进行市场定位。

2. 已经完成了农产品市场定位的学生,可以根据上述内容对所经营的产品销售情况进行分析,找出本产品在市场经营中的漏洞,并进一步提出改革的方案。

3. 选择竞争对手的农产品经营情况进行分析,比较与自身产品在市场定位和经营策略上的差异,并找到自身经营中的问题。

任务三　农产品营销渠道管理

◈ 案例

大红枣新营销 传统行业不传统

不起眼的大红枣发展成了大产业，是什么让大红枣爆发出如此惊人的能量？“好想你”揭开农产品新营销的密码，让传统行业不传统。

枣还是那个枣，关键就看怎么卖。新郑是“中国红枣之乡”，新郑红枣以其皮薄、肉厚、核小、味甜备受人们青睐。但却一直没有成为致富的法宝，直到这里出了个石聚彬情况就发生了大的变化。石聚彬首先从已形成的现成市场需求下手，他利用南方人喜欢用枣煲汤进补的习惯，无须进行消费引导，把枣和人参一起煮，产品取名叫“鸡心人参枣”，充分发挥枣的药食兼用功效，包装素雅小巧，产品层次立即提升上来，在深圳、广州大大火了一把，半年卖了30万元，抵上他10年贩枣销售额的总和。鸡心人参枣也成为石聚彬的第一项专利。

枣片可谓是石聚彬的代表作。口香糖的样式、烟盒式的外包装、类似果丹皮的制作工艺的时尚产品——“枣片”。并能双吃两用“胜似口香糖，可口又环保；速溶变枣汁，早茶兼夜宵”，一进入市场就深受顾客的青睐，让公司一下子从几千家同行中脱颖而出。枣还是那个新郑枣，不一样的加工方式，不一样的产品形式，“好想你”让新郑大枣卖出品牌，卖出价值。而我们绝大多数农产品还在没有包装、没有品牌地裸奔着，这种状态，别说卖高价，能不能顺利卖出去都是问题。

石聚彬深深体会到“没有高科技，一辈子就是个卖枣的角色”，必须运用现代科技对红枣进行深加工，将其升值，红枣之乡的特色经济才会有出路。石聚彬成功发明了鲜枣制干技术，结束了枣农“望天收”的历史难题。此项技术的发明成功，是红枣行业历史上一次深刻的变革，具有里程碑式的历史意义。他自己动手设计建造了一系列食品加工车间和加工机械，解决了很多加工中的技术问题；为了防止农药残留，保证产品质量，自己研制了配方肥；聘请专家给农民培训，研究更好的栽培方式；投巨资高标准建成了红枣工程技术研究中心，为红枣产业发展提供技术保证；创新品种，推出葫芦枣、辣椒枣等新奇品种，赚足消费者眼球……石聚彬认为他们当地有很多特产的确已经享誉全国，但不思进取的单纯卖产品，必定被淹没在众多竞品中，农产品也要融入时尚、健康、低碳等概念，抓牢消费者日益提升的消费需求，不断求新、求变，才能在市场立于不败之地。

在市场竞争中谁拥有更多更好的品牌，谁就拥有更强的竞争力。品牌要出于地域，高于地域，为高端化打下基础。所以，石聚彬没有用新郑大枣作为自己的品牌，而是给自己的产品起了一个好记好听、响亮上口、有情义、有内涵、温馨的名字——好想你。有了品牌，还要有效传播，先从地方强势媒体入手，可以有效聚集资源，稳固根据地市场。新郑奥星先后在深受河南人民喜爱的河南卫视戏迷擂台“梨园春”、强档娱乐节目“萝卜白菜”、郑州电视台“欢乐家庭”以及中国质量报、中国贸易报、河南日报、郑州火车站列车广播等媒体投入赞助和广告，“好想你”品牌逐渐在中原叫响，开始走向全国、走向世界。

公益活动不但能近距离接触消费者,还能传播企业文化,塑造有责任、有爱心的企业形象。为了弘扬红枣文化,丰富品牌内涵,新郑奥星兴建了全国第一家、目前也是世界唯一的一座"中华枣文化博览中心";先后参与和赞助郑州关爱女孩"好想你支援团"、"好想你育才讲座"、"好想你杭州新丝路模特大赛"、"3.15 晚会"、"好想你消防晚会"、"好想你红枣文化节"近郊农业观光游等社会活动;并通过参加各种大型商贸活动,拓宽渠道,提高了"好想你"品牌的社会形象和知名度。

渠道和网络的建设决定着产品能走多远,能不能走顺,能不能在消费者面前充分的展现产品形象,决定着消费者的心理价位,对企业的发展和品牌建设都起着关键性的作用。不可克隆的销售网络也是好想你的竞争核心。好想你首先把开设专卖店作为主要方向。如今,"好想你"已搭建起经销商、直营店和超市商场三大营销网络。在全国的专卖店达到 1 051 家,其中 90 家是公司直营店,占总销售量的 40%。经销商是整个产业链中利润分配最丰厚的一环。好想你经销商的利润率在 30%~60%,高利润对经销商有着磁石般的吸引力。商场超市并不是"好想你"的主要渠道。好想你直营店的利润率是相对较低的超市很难实现的。很多农产品门槛低,容易陷入价格竞争的泥潭。创新渠道,完善网络布局,将有效稳固品牌市场,使竞争者难以超越。

石聚彬通过创新和运用知识产权,拓宽营销渠道发展了企业,创出了品牌,把原来不被人关注的红枣做出了大市场,做成了一个产业。现在好想你上市在即,我们有理由相信,未来新郑奥星将进一步把红枣产业做大做强,让小小的红枣红遍神州大地,红遍全球。

改编于 guba.eastmoney.com 2013-05-23

知识要点链接

一、农产品营销渠道的概念

农产品营销渠道是农产品从生产领域向消费领域的转移过程中选择的产品转移途径,它一端连着生产,另一端连接消费。农产品营销渠道是为促使农产品顺利地被使用或消费的一系列相互依存的组织或个人,包括供应商、经销商(批发商、零售商等)、代理商(经纪人、销售代理等)、辅助商(运输公司、独立仓库、银行、广告代理、咨询机构等)。农产品从生产领域进入消费领域的过程中要有一些经营环节或经营机构的参与,要发生多次的买卖行为,各种类型的中间商扮演着重要角色。

销售规模要靠销售渠道的运作才能实现,搞好农产品销售渠道建设,加强对销售渠道的开辟和管理,形成一个通畅的、高效的销售网络,消除产品与消费者之间的分离,为消费者提供方便快捷的消费平台,是农产品推广的重要工作,也是农产品品牌创建成功的关键环节之一。作为从事农产品经纪活动的农产品经纪人应该充分掌握营销渠道的模式,以便选择产品的最佳销售途径。

二、选择农产品营销渠道应遵循的原则

1. 畅通高效原则

产品的流通渠道构成了营销活动效率的基础,要提高营销效率,就必须以最低的成本完成

商品的转移过程,因此农产品营销渠道的基本要求是多渠道和少环节。畅通的分销渠道应以消费者需求为导向,将产品尽快、尽好、尽早地通过最短的路线,以尽可能优惠的价格送达消费者方便购买的地点。畅通高效的分销渠道要求争取降低分销费用,以尽可能低的分销成本,获得最大的经济效益。

2. 覆盖适度原则

在选择分销渠道模式时还应考虑及时准确地送达的商品能不能销售出去,是否有较高的市场占有率足以覆盖目标市场。

3. 稳定可控原则

分销渠道模式一经确定,便需花费相当大的人力、物力、财力去建立和巩固,整个过程往往是复杂而缓慢的。只有保持渠道的相对稳定,才能进一步提高渠道的效益。

4. 协调平衡原则

在选择、管理分销渠道时,应合理分配各个成员间的利益,鼓励渠道成员之间有益的竞争,减少冲突发生的可能性,解决矛盾,确保总体目标的实现。

三、选择农产品营销渠道时应考虑的因素

选择正确的销售渠道,要考虑农产品经营者的主观条件和客观条件等诸多因素,其中关键的因素是目标市场的状况、产品的特点和经营者本身的资源状况。

(一)目标市场状况

农产品市场和工业品市场是两类不同的目标市场。在销售农产品时,应适当考虑农产品不耐储存的特点,尽量减少流通环节。

1. 潜在顾客数量

如果潜在顾客的数量相对较少,经营者可以考虑使用推销人员直接推销;相反,如果顾客数目多,就必须考虑使用中间商进行广泛的销售活动。

2. 市场分布状况

目标市场如果比较集中,经营者一般可采用直接销售的方式;目标市场如果分散,则使用中间商销售的方式。

3. 市场容量大小

对于一次性购买数量很大的用户,可直接供货;对于订单较小的用户,可以通过中间商进行销售。

(二)产品因素

1. 价格

价格越高,越宜于选择短渠道模式,因为多一次中间转手,就要加上一定的中间商利润,会影响销路,一些价格较高的产品,最好是经营者用推销员直销。

2. 产品耐久性

易腐产品或式样容易过时的产品,周转要快,渠道越短越好;而比较耐久的产品,则可以采用较长的渠道销售。

3. 产品技术性质

一般技术性较高的产品，或售后技术服务非常重要的产品，经营者应尽量缩短渠道。高技术的耐用消费品，如需通过中间商销售，必须设立修理服务中心，防止因无力承担维修服务而影响销售。

4. 产品的体积、重量

体积大、重量也大的商品，宜短渠道销售，以减少流通费用。

(三)农产品经营者本身的资源因素

1. 经营者的规模和声誉

对于经济实力强、市场声誉高的经营者，一般利用少环节或直销渠道，而资金和条件有限的经营者，多数要依靠中间的力量。

2. 经营者的管理能力

管理先进的企业，可以直接派出推销人员或自己设立销售网点，使渠道缩短。有一定生产管理经验的农户，可牵头成立专业合作组织，提高生产、销售的组织化程度，由其成员共同开拓市场。这样有利于农户之间形成利益共同体，统一技术服务、生产更有竞争力的产品，并增强抗风险能力和营销能力。对于缺乏销售经验和能力的农产品经营者，则可依赖中间商。

3. 经营者控制渠道的愿望

有些知名品牌，为了维护产品的声誉，控制产品的售价，宁愿花费较高的直接推销费用，采取短渠道销售；有的经营者只求卖出产品，不想控制销售渠道，大多依赖中间商销售。

4. 经营者的成本效益

经营者可供选择的营销渠道很多，但在选择过程中，要考虑成本和效益情况，注意选择低成本、效益好的方案，以利于提高其利润水平与竞争能力。目前采用较多的营销方式有：

(1)农超对接，建立农产品超市连锁经营。在这种营销方式下，农户和商家签订意向性协议书，由农户向超市、菜市场和便民店直接提供农产品。这种方式具有大量采购、均衡供应、常年销售的显著特点。

(2)农产品网络营销。这种创新型的农产品交易方式正被广泛应用，与传统农业贸易相比，农产品网络营销具有交易虚拟化、成本低、效率高、透明化等特点。利用电子商务进行农产品营销，能有效避免传统农产品营销渠道的诸多缺陷，有效解决时空上的矛盾，充分发挥营销渠道的地点和时间效用，克服农产品易腐、储藏周期短、损耗大等自身特点所引起的流通问题。同时，由于信息获取成本较低，也有利于降低农产品流通成本，化解交易风险。如江苏省无锡市就出现了网络购菜，人们足不出户，在家里或办公室轻点鼠标，到傍晚时分所需的蔬菜就会准时送到指定地点，极大地方便了日益忙碌的人们，特别受到广大没有时间逛菜场的白领阶层们的欢迎。

四、选择农产品营销渠道的方法

(一)农产品营销渠道的长度类型及选择方法

1. 生产者—消费者模式

这种模式是生产者直接将农产品出售给消费者的模式，如“前店后厂”的农产品销售方式，这种模式销售的农产品批量小、成本高、收益低。

2. 生产者—中间商—消费者模式

这种模式是生产者将农产品出售给收购商、加工商、批发商、零售商等,再由他们将农产品出售给消费者的模式。

农产品经纪人在选择营销渠道时,要考虑营销渠道的长短,因为流通渠道越短,信息传递越快,销售越及时;流通渠道越长,信息传递就越慢,流通时间就越长。

(二)农产品营销渠道的宽度类型及选择方法

1. 广泛性营销渠道策略

由于大多数农产品及其加工品为人们生活的必需品,具有同质性特点,因而生产者广泛选择合格的中间商渠道销售自己的农产品。农产品经纪人就是中间商之一,采取这种策略销售农产品,可以拓宽市场的覆盖面,方便消费者购买。

2. 选择性营销渠道策略

在一定的地区或市场范围内,生产者有选择地确定少数几家中间商作为产品的销售商,这种策略多适用于名牌农产品的销售,有利于生产者与中间商建立密切的合作关系,使中间商按照自己的要求进行营销活动,树立产品形象,促进产品销售。

3. 专营性营销渠道策略

在特定的区域或市场范围内,生产者只选择一家批发商或零售商来销售自己的产品。这种策略多适用于高档农产品或试销的新产品,有利于避免中间商之间的相互竞争,生产者对中间商具有较强的控制能力。

◈ 核心技能点

通过学习使学生了解农产品营销渠道的含义及基本理论,掌握选择农产品营销渠道的方法。

◈ 实训活动

[案例分析]

"今麦郎"的成功与失败

说起今麦郎,我们不得不说其前身华龙。华龙方便面凭借在农村市场取得的巨大成功,1999 年终于与来自中国台湾的"康师傅"、"统一"形成三足鼎立的市场格局,奠定了不可动摇的品牌地位。时至今日,很多 70 后、80 后的人们都对它记忆犹新,因为它已经占据了消费者的心智。

20 世纪 90 年代,正是国民经济发展的高速时代,是一个变革的时代。中国的农民占有 8 亿多的市场,远远超过城镇人口。华龙看到了中国农村方便面市场蕴藏的巨大市场潜力。另一方面,虽然当时有很多的方便面厂家,但都是处于停产或者半停产状态,且规模比较小、质量低,品牌杂,没有竞争力。同时,康师傅和统一占据城市市场,贸然进攻城市市场必然前途未卜,况且有前车之鉴。

细分了市场，进军农村市场，产品的多元化和价格适中，成就了华龙的市场份额，奠定了其在农村市场的老大地位。华龙借鉴康师傅的经验，实施市场细分的品牌战略，不断推陈出新，不同口味、不同定位、不同价格、不同类型全方位的满足中低端消费人群，中档面的质量、大众面的价位，受到消费群的热烈欢迎。近10年的市场沉淀，华龙在整个中国农村市场的老大地位已经确定。但此时的华龙感到深深的不满。一方面，华龙中低端农村品牌的消费印记非常明显，在城市市场，华龙方便面仍是一片空白。与此同时，"康师傅"、"统一"等大品牌也从华龙身上看到了中低端方便面市场的巨大潜力，大有大举渗透农村市场的倾向；另一方面，农村市场利润低，已经没有增长空间了。而且，在农村市场，华丰、白象等仅次于华龙的方便面品牌，也大有与华龙一争高下的雄心壮志。前有大鳄，后有豺狼，巨大的危机感迎面袭来，让华龙感到由衷地不安。

其实农村包围城市，这是第一步，时机到了自然要转到城市，华龙深知这个道理。提高企业的社会地位，在企业自身的发展和时机成熟的条件下，转到城市已经是刻不容缓的事情。华龙面临第二次创业，亟须从农村市场走出来，完成从地域性低端品牌向全国品牌的战略转型和品牌升级！华龙的这一举动是绝对聪明的，没有继续延续以前的品牌。华龙在消费者心中已完成注册，形成心智，华龙方便面等于便宜的方便面。所以走城市路线、走高端线路消费者一定不买账，一定要改名换姓。开创了新品类——弹面。依靠独特的市场地位和细分市场这一差异化竞争，一下打开了一个新篇章，凭借这一新品类，2003年超过统一，位居行业第二，直接威胁康师傅的霸王地位。

"今麦郎"利用短短几年的时间就取得了巨大的成功，然而却被这突如其来的成功冲昏了头脑，没有了当年进军城市的清晰认识和全方位的市场策略。这一切可以从"今麦郎"2006年进入饮品行业开始。

本来食品行业进军饮品行业没什么不对，比如康师傅、统一。只是这个问题与时间和市场局势有关系。在如今的茶饮料市场，"今麦郎"不具备早期的品牌泛化的条件。它只在方便面领域做得很杰出。而此时，茶饮料领域却已是强手如林："康师傅"、"可口可乐"原叶、"统一"等，此外还有众多区域品牌和杂牌。此时，"今麦郎"的进入不仅不能够占有一席之地，反而会弱化原本很强势的方便面品牌价值。品牌延伸相当于对原有品牌的分享。延伸对了，当然会实现品牌价值的最大化发挥；但是一旦延伸错了，势必会对原有品牌造成影响，有时还是灾难性甚至毁灭性的影响。所以，品牌延伸对于企业来讲，更像一个赌局，要么赢要么输。

在顾客心目中，多数情况下，如果你不占据一流就很快会沦为末流。在饮料市场混沌期已过的情况下，面对已经占据顾客心智的"康师傅"、"统一"、"可口可乐"等一流饮料品牌，"今麦郎"的切入并没有能够进入前三甲的品牌势能。此外，其已经定型的方便面形象更不具备冲击饮料市场的感召力和影响力。相反，会惹来诸多问题和麻烦，从而点燃其衰败的导火索。

通过今麦郎的成功与遭遇的失败，你从中得到了什么启示？请同学们分组进行讨论，并进行归纳总结。对今麦郎今后的发展提出建议。

改编于中国行业研究网(http://www.chinairn.com) 2012-07-30

任务四　农产品促销技巧

案例

产品品牌为产品带来活力

商标能促进农产品升值。农产品注册了商标，就会产生品牌效益，商标的无形价值就向农产品转移，然后通过市场流通使农产品升值。

琼中绿橙是海南省第一种获得地理标志保护的农产品。在没有注册地理标志证明商标之前，琼中绿橙因知名度较低，果农种植出的绿橙只能在岛内销售，每千克仅售0.6元。有时，因为销路不畅，琼中绿橙的主产地琼中黎族苗族自治县甚至出现产品卖不出去，大量绿橙倒在街头、烂在枝头。在琼中政府和有关部门的帮助下，2006年2月，琼中绿橙成功注册为地理标志证明商标，生产、营销飞速发展。琼中绿橙产品价格每千克提高至7元。现在，绿橙种植是琼中县的主导产业，种植农户由原来的800多户增加到3 000多户，种植面积由原来的4 000亩增加到4.8万亩，年销售额从80多万元增加到1.2亿多元。当地很多农民通过种植绿橙脱贫致富。从价格上涨、种植户增加、种植面积扩大可以看出，商标确实可以提高农产品"身价"，增加农民收入。同时，商标在提高农民进入市场的组织化程度、促进农业生产规模经营和产业化发展方面的作用也不容小觑。

重庆涪陵榨菜借助地理标志优势，已发展成为重庆市农村经济中产销规模最大、辐射带动功能最强的特色优势支柱产业。涪陵区榨菜产业链年产值达31亿元，还带动当地陶瓷、竹编、印刷、包装、辅料、运输等相关产业的发展。以地理标志作纽带，提高了农民进入市场的组织化程度，形成以地理标志产品为核心，生产、加工、物流等一条龙的完整产业链，构建了"公司＋地理标志＋农户"的新型产业化经营模式。

山东省齐河县更是将"品牌印象"延伸到田间地头，该县鼓励涉农企业按"公司＋合作社＋农户＋商标"模式，引导从事同类或相关特色农产品生产的农户，借助商标进入农业产业化和现代市场营销中，共享商标效益。县里成立福地养猪合作社、潘店大蒜协会等专业协会、合作社635个，统一指导分散农户的生产、种植，统一回收产品，统一加工，统一商标闯市场，扭转了过去质量不一、相互压价的恶性竞争行为。安头乡京东、钱官等6个花生主产村引进种植"白玉"、"花冠"、富硒黑花生等优质花生品种，工商部门及时为其申请注册"康安"商标，协助成立了7家花生生产销售农民专业合作社。今年，该乡优质花生种植面积达2.2万亩，总产量可达800万千克，每千克比市场价高出1.4～1.6元，仅此一项户均增收3 000多元。

如今贴着各种商标的我国农产品漂洋过海，进入世界各地的市场。库尔勒香梨以皮薄肉嫩、清香爽口赢得国内外广大客商和消费者的一致赞誉。福建的平和蜜柚获得地理标志注册保护后，市场空间不断扩大，产品出口到30多个国家和地区。浙江台州的楚门文旦地理标志商标被认定为驰名商标后，生产企业积极经营出口业务，目前年产量的10%出口到荷兰、意大利、加拿大3国。

改编于 www.110.com　2010-07-08

◈ 知识要点链接

农产品促销是指农产品生产经营者运用各种促销方式方法，传递产品信息，激发消费者的购买欲望，促进消费者的购买行为，扩大农产品销售的系列活动。通过一系列的农产品促销活动，顾客对企业产生好感和信任，激发消费者的购买欲望，促进消费者的消费行为，从而有利于扩大农产品的销售。在进行农产品营销的时候要把促销策略灵活运用，与顾客建立长期关系，培养一批忠诚的顾客群。

一、广告促销

(一)广告在商品促销中的作用

广告，在拉丁文中表示吸引人心的意思。从销售看，广告是一种收费的公告，通过特定的媒体传播商品或劳务的信息，以促进销售产品和服务为目的，因而它是一种大众传播手段。在现在这个信息社会，广告无处不在，广告的作用也不言而喻。广告以其宣传促销作用已服务到媒体所有受众，渗透到生产、生活的每一个领域。

商品广告是沟通产销、传递商品信息、指导消费的重要工具，是商品生产和商品交换的客观需要。广告通过各种方式将自己的产品性能、特点、使用方法等信息广泛地向消费者介绍，引起他们对自己产品的购买欲望，从而增加产品的销售数量，完成推销员难以完成的推销工作。因此为了指导城乡居民的消费，进一步开拓城乡市场，必须借助于商品广告，将各种商品信息传递到千家万户，使消费者及时了解各种商品的性能、作用，购买所需要的商品。

(二)广告促销的方法

农产品经纪人要充分重视农产品的广告的作用。广告媒体的选择是农产品广告要解决的重要问题之一，目前，可供选择的媒体很多，例如电视、广播、报纸、杂志、网络、手机、路牌、流动媒体等，不同的媒体具有不同的特点，经纪人要根据产品特点、组织实力和目标市场来选择合适的广告媒体。

1. 制订正确的广告计划和选择恰当的广告策略

一是要明确做广告的目的，是以推销产品为主，还是宣传产品为主；二是要选择广告媒体和传播地区；三是确定广告内容，选好广告打入市场的机会和方法等。

2. 进行合理的广告设计

一是广告要具有吸引力，使人想看(听)；二是广告词要简明易懂，上口易记；三是广告内容不要过分渲染夸张，要取信于顾客；四是广告要具有创新性，使人有新颖感，语言幽默、生动、有趣、健康；五是广告画面要生动、美观大方。

3. 选择适宜的广告媒体

广告媒体，即广告的媒介体，用以登载广告的物体。凡人们日常生活和社交活动中所用之物、所到之处、耳闻目见的东西，都可作为广告媒体。

(1)选择广告媒体的要求。一是要有新奇性，时髦别致的比习以为常的物体引人注意；二是要有反复性，同一广告，经常登载在不同媒体上，备受注意；三是具有活动性，活动的广告媒体比静止的广告媒体更引人注意；四是突出趣味性，当广告中物象、文句、音乐使人产生良好情绪时，更易使人留下深刻印象。

(2)选择广告媒体要遵循的原则。一是根据商品的性能、特点、使用价值、使用范围选择广告媒体；二是根据目标市场顾客的年龄、职业、民族、购买力、购买方式等选择广告媒体；三是根据广告媒介的传播方法、数量和质量等，进行综合分析研究，选择最合适者；四是根据经营者广告预算和支付能力，来选择最有效的广告媒介。

4.加大品牌宣传力度

品牌是由名称、术语、标记、符号或图案等要素组合而成的，用于体现某个销售者或某种产品或服务的独特性，并使之与其他销售者的产品和服务相区别，借以促进销售的记号。和品牌相对应的一个概念是商标，简单来说商标是注册了的品牌或品牌的一部分，它是一个法律术语，而品牌是一个商业术语，只有当品牌注册成商标，才能受到法律的保护。

现代社会无论是卖电脑还是出售水果，其中一个强有力的营销工具就是品牌。在市场营销中，拥有市场比拥有工厂更重要，而拥有市场最佳的途径就是先拥有具有市场优势的品牌。随着人们生活水平的提高和消费意识的转变，老百姓对农产品的消费呈现出一些新趋势，例如更加注重绿色、注重健康、倾向于高质量的农产品等，消费者如何识别出哪些是健康、绿色、高质量的农产品呢？主要是靠品牌。独特的品牌和商标便很自然地成为一种有效的宣传广告手段，一个好的农产品品牌的建立会带来很高的经济效益和社会效益，所以作为农产品经纪人，必须重视农产品的品牌建设。

(1)商品品牌在促销中的作用

①商品品牌是消费者识别同类商品的标志。现在市场上有众多的同类农产品，这些农产品又是由不同的生产者生产的，消费者在购买农产品的时候，往往是依据不同的品牌加以区别的。随着农业科学技术的飞速发展，不同农产品的品质差异相距甚远，如风味、质地、口感等。这些差异是消费者无法用肉眼识别的，消费者也不可能在购买之前都亲口尝一尝。所以，消费者就需要有容易识别的标志，这一标志只能是品牌。

②商品品牌有利于建立稳定的顾客群。品牌是产品质量的象征，可以促使生产者坚持按标准生产产品，保证产品质量的稳定，兑现注册商标时的承诺。当某种品牌在消费者心目中形成良好印象后，可形成持久而稳定的购买。一个成功的品牌实际上代表了一批忠诚的顾客，这批顾客会不断地购买该企业的产品，形成企业稳定的顾客群，确保了企业销售额的稳定。

③商品品牌可以维护生产者的专用权利。品牌标记经过注册成为商标后，生产者既有上述保证产品质量的义务，也有得到法律保护的权利。商品注册人对其品牌、商标有独占的权利，对擅自制造、使用、销售本企业商标以及在同类、类似商品中模仿本企业注册商标等侵权行为可依法提起诉讼，通过保护商标的专用权，来维护企业的利益。

④商品品牌可以充当竞争工具。在市场竞争中，商品标记成为商标以后，不但具有维护专用权利的防御性作用，而且还有充当竞争工具、攻击竞争对手的进攻性作用。这一作用已经逐步被现代农产品生产经营者所认识和重视。例如：名牌产品借助于名牌优势，或以较高的价格获取超额利润；或以相同价格压倒普通品牌的产品，扩大市场占有率；在商品进入目标市场之前，先行宣传品牌和注册商标既可防止“抢注”，又可以攻为守、先声夺人，为商品即将进入目标市场奠定基础。

(2)实施农产品品牌战略的措施。实施农产品品牌战略，特别是创立名牌，往往需要长时间的艰苦创造和努力，凝结着几代人坚持不懈的追求和辛勤劳动。实施农产品品牌战略，还是一项复杂的系统工程，必须从全局出发，综合谋划。

①转变观念，树立农产品品牌意识和名牌意识。充分认识建立品牌创立名牌，是提高农产

品科技含量和商品化程度，促进农民增产增收的需要；是提高农产品档次，改善人们生活质量，取得良好社会效益的需要；是农民参与市场竞争，并立于不败之地，求得生存与发展空间的需要。要让农产品生产经营者把经济发展的出发点和落脚点放在实施品牌战略上，增大宣传投入，加大品牌宣传力度，营造创立名牌的社会氛围，增强全社会的品牌意识。

②科技创新是实施品牌战略、提高农产品质量的关键措施。市场竞争就是产品竞争，产品竞争就是质量竞争，而质量竞争往往是通过科技创新和争创名牌来实现的。争创名牌就要追踪世界高新技术前沿，逐步形成科技创新体系，加快科技成果的转化。因此，名牌的形成过程就是创造优质产品的过程。质量是产品的生命，是竞争力的源泉，是高效益的保证。

③顺应国际市场发展要求，为名牌农产品注入新的活力，为我国农产品尽快抢占国际市场奠定坚实的基础。质量是立足市场的保证，是产品被消费者接受的根本。产品如果没有好的内在质量，功能再全、花样再新，也经不住市场的考验，最终必将被淘汰。标准化生产是创品牌的前提，因此要顺应国际市场发展要求，对农产品生产实行系列化的标准化生产。

④建立各种形式的农业产业化组织，实施农产品品牌战略。在生产方面，可以建立农民生产协会、专业性生产合作组织，内部实行不同程度的企业化管理与经营，如专业性生产某一种类或品种的农产品，统一进行产品的加工并使用同一品牌销售。在市场方面，建立有特点的品牌产品产地市场，集中销售当地的名优农产品，同时建立稳定的销售渠道、开拓新的业务关系，促进农产品的大流通。在有条件的地方，还可以促进品牌农产品走向世界市场。

⑤采取有力措施、依法保护名牌农产品。在市场经济中，品牌与市场主体的生存和发展紧密联系。市场对国内品牌农产品的冲击主要来自两个方面：一是假冒伪劣农产品的冲击，二是自砸牌子的行为。农产品要在市场上站得稳、立得住，就必须用法律来保护它。因为商标就是自己产品的身份证，是企业进军市场、抢占制高点的秘密武器。实施农产品品牌战略，要靠农产品生产经营者的努力，他们是实施农产品品牌战略的主体。品牌保护既是对企业利益的保护，也是对顾客和社会利益的保护。对假冒品牌农产品的行为和虚假广告，要坚决查处打击，为品牌农产品脱颖而出创造良好的市场环境。做到创一个品牌，带一个行业，兴一方经济。

二、人员推销

人员推销是选派农产品销售人员与中间商、消费者等进行面对面的交流，以推销农产品，促进和扩大农产品的销售。农产品经纪人从事经纪活动的重要内容之一就是推销农产品。

采用这种促销方式，可以就近观察到客户的态度和反应，直接了解到客户的需求和特征，并可以随时调整沟通的方式和内容。同时，推销人员通过推销和客户之间可以建立个人友谊，利于保持长期的关系。比如在建立客户偏好、信任及行动方面，是其他方式无法取代的。农产品由于其质量信息无法从外观直接观察，所以不应该单纯以广告或其他单向交流的方式去培养消费者的品牌意识和顾客的忠诚度，而是应结合双向交流的方式达到目的。

三、关系营销

关系营销是指农产品的生产经营者为了实现自己的长远目标，在进行农产品营销时，建立与消费者、分销商、竞争者、政府及其他社会公众的互动，其核心是与公众建立和发展良好关系，借助政府、新闻媒体等公共力量，依靠公共关系进行农产品的促销。由于农产品的促销活动一般由政府和当地媒体一起发动，所以，依靠公共关系进行产品促销往往能取得较好的效果。另外，由于报道是非付费的，而且是通过第三方进行报道，因而可信度较高。

由于农业是弱质产业，比较利益低下，资金紧张，农业产业化经营系统一般难以进行广泛的宣传和促销，往往要充分依靠“政治权力”和“公共关系”这两个策略。一方面，积极利用政府力量，获得宣传支持，引导百姓和城市人消费，扩大有效需求。另一方面，农业产业化经营系统应积极参与社会活动，改善与社会各界的关系，树立良好的形象，获得社会各界的关心和支持，通过公共关系达到宣传促销目的。农业产业化经营系统可以利用报纸、电视台等大众媒体以及其他社会机构为农产品营销创造有利的外部环境。例如北京大兴每年都会举行西瓜节，平谷举行大桃节，这些活动的举行，扩大了农产品的知名度，提高了农产品的销量。

四、价格促销

价格是市场营销中十分敏感而又难以控制的因素，它直接关系着市场对产品的接受程度，影响着市场需求和产品利润的多少，涉及生产者、经营者、消费者等各方面的利益。农产品价格的制定可分为两大类：一类是政府定价；另一类是农产品经营者定价，依据农产品质量、市场供求状况等因素决定其价格。农产品定价目标与程序以农产品生产经营者对其产品是否具备定价权力为前提条件。定价从方法上来讲，主要有三种。

1. 成本加成定价法

这是比较常用的一种方法，产品的价格是在成本的基础上增加适当的利润，以此为基础制定产品的价格。

2. 需求导向定价法

根据市场对农产品的需求或者对农产品的认知价值来制定农产品的价格，而不是根据成本来定价。

3. 竞争导向定价法

竞争导向定价法是根据竞争者的价格来制定自身产品的价格，或者根据行业的平均价格来定价。在市场经济下，为了刺激顾客的消费行为，通常要对基本价格作适当的调整。如价格折扣与折让，即实行让利。抓住顾客的心理进行促销定价。农产品国际营销中，主要应注意差别定价策略的运用，形成自己的价格特色。

当前，首先要对产品分级分等，实行产品差别定价。我国许多农产品缺乏细分，形成好坏一个价，不利于产品价值的实现，对同类产品实行分级分等，按照不同等级分别定价，能使消费者产生货真价实、按质论价的感觉，比较容易为消费者所接受，从而有利于扩大产品的销量。在对产品分级分等时，除考虑产品的内在品质，即提供给消费者的基本效用外，还应考虑产品的包装、装饰、附加服务等给消费者带来的延伸效用因素。农产品经销商应注重产品延伸效用的创造，为购买者提供比同类产品更多的购买利益，而从产品高位定价中获取更高的附加收益。其次要进行市场细分，实行区域差别定价。农产品营销者应对市场进行细分，根据不同地区的消费者的收入水平、消费习惯、消费心理等因素，实行区域差别定价。

五、创意营销

创意营销是将农产品的物质需求与文化生活、休闲观光等社会文化和精神生活联系起来，开展大型采摘节、民俗农家乐、创意文化节等有创意的促销活动。近年来“都市农业”在全国各地快速发展起来了，都市农业的定位是在城市周边，与大都市的二产、三产密切结合，融合服务于大都市，保证都市多元化、高质量消费的需要，做到农业的可持续发展，并且有利于生态环境的优化。如北京的“朝阳农艺园”、“锦绣大地”，上海浦东开发区的孙桥园艺试验场、东海农场等，将现代化的温室园艺与观光旅游结合起来，与向青少年进行农业科普教育结合起来，一举多得，成为大城市周边的新景观。

针对不同的推广对象，采用的推广方式是不同的，比如针对消费者采取免费品尝、赠送样品、优惠券等形式；针对中间商采取参加农产品贸易会、拍卖会、价格折扣等形式；针对推销人员采取销售提成、提供培训学习机会等形式。例如王老吉，作为一种凉茶，产生于道光年间，从一个区域性品牌迅速发展为一全国性的品牌，其成功的做法：一是改变了观念，提炼了核心的卖点，不上火，“怕上火，喝王老吉”成了时尚与流行；二是借助于影响力大的媒体——央视进行了传播，提升了影响力和形象；三是销售渠道上的精心设计，使王老吉获得了快速的发展。

六、其他促销方式

(一)报纸促销

报纸广告的优点主要体现在弹性大、灵活、及时，对当地市场的覆盖率高，易被接受和被信任。而其缺点则主要在于传递率低、保存性差、传真度差、广告版面太小易被忽视。

(二)杂志促销

从广告的持续性来看，杂志有完好的保存性，广告生命长，有被读者相当长时间阅读的机会，另外也可以期待有超过杂志发行册数几倍的传阅率。与报纸广告相比，杂志广告可以以比较低的费用覆盖全国市场，这也是其突出的特性之一。从杂志销售状况来看，有几乎集中于大都市的倾向，杂志广告与报纸一样，对特定地域的广告不适宜。当然，杂志中也有能够向特定地域刊发广告的兼具通融性的媒体。

总的来说，杂志的优点在于针对性强，选择性好，可信度高，并有一定的权威性，反复阅读率高，传读率高，保存期长。其缺点是广告购买前置时间长，有些发行量是无效的。

(三)广播促销

广播的优点在于信息传播迅速、及时，传播范围广泛，选择性较强，成本低。其缺点是只有声音传播，信息展露转瞬即逝，表现手法不如电视吸引人。

(四)其他媒体促销

除了报纸、杂志、广播、电视四大媒体之外，还有一些其他的广告媒体，如户外广告媒体和直接邮寄广告媒体。

(五)销售促进

是指一种能直接刺激以求短期内达到效果的促销方法，包括对消费者促销、对经销商促销，而每一大类又可以分别归纳出更为具体的销售促进具体做法。

对消费者的促销主要包括7种手段：

(1)赠寄代金券，指向顾客用邮寄或在商品包装中或广告等形式附赠小面额的代金券，持券人可凭券在购买某种商品时得到优惠。

(2)价格折扣，指直接采用降价或折扣的方式招徕顾客，包括廉价包装和降价招贴。

(3)商业贴花，指消费者每购买单位商品就可以获得一张贴花，若筹集到一定数量的贴花就可以换取这种商品或奖品。

(4)赠予样品,即以实物赠予给消费者,使产品的内容得到了解及接受。

(5)奖品,一般有两种类型。一种是顾客将购买凭证如发票去换取奖品。另一种是将奖品与产品一起包装,通过消费者购买行为来到达他们手中。

(6)附加赠予,指按消费者购买商品金额比例附加赠予同类商品。

(7)竞赛抽奖活动,即通过竞赛或抽奖活动,将奖品发给优胜者,吸引消费者。

◈ 核心技能点

促销是营销的最基本内容之一,通过学习,使学生了解促销在农产品营销中的作用,掌握农产品促销的基本方式。

◈ 实训活动

以小组为单位,每个人选择一个日常生活中熟悉的农产品品牌,对其进行分析。指出该品牌的特色,以及该品牌产品在市场中的竞争优势是什么?

◈ 阅读材料

农产品销售模式的探索与创新
——"社区农业"模式

"社区农业"模式就是由市区居民直接点菜,郊区产地在6小时内送到社区,它使买菜变得"比订牛奶还要新鲜、贴心",同时也解决了几百家郊区农民合作社的销售难题。这种新兴配送模式,绕过了进场费较高的超市、大卖场。

该模式曾在一些居民小区试点一段时间,企业每过一段时间在社区设摊销售,并发放宣传资料和点菜单,之后接受居民订菜。一些居民发现,送上门的蔬菜格外新鲜,青菜、芹菜等都是水灵灵的,且还"随身"携带了《农残检测报告》,安全可靠。据了解,这些农产品虽然来自多家合作社,但都被纳入了标准化生产模式,全程监控农产品品质,最后还经过规范化的分拣、包装,并打出统一品牌。该模式由于取消了中间流通环节,不必进入收费门槛较高的大卖场,因而可以把利润"让"给农民和市民:在采购农产品时,给予合作社的价格至少要高于市场批发价10%,新鲜、体面的农产品送到社区后,售价却比超市低10%～15%。在该模式大张旗鼓推进阶段,市区曾有近百家大型社区签约准备加入其配送网络。但很快,操作中的种种具体难题出现。

首先是社区的进场费问题。在与众多社区洽谈入驻事宜时,大多数的小区物业公司表示每天都要收取三五百元进场费。这让探索者一筹莫展:每个小区一天能有上千元销售额就算不错了,利润不会超过300元,还要用来支付物流、人力等各项开支,如果物业公司每天都要"砍"去三五百元,那么他们只能一直亏本下去。

还有一些深层次因素。相关知情人士表示,首先是居民的购买习惯跟不上,许多人还是习惯在菜场里挑挑拣拣,尝了新鲜后就放弃了点菜;其次,居民会产生许多个性化需求,而农产品和产地在品种和季节上同时还有许多不确定性,衔接环节一时无法做到供需完全匹配;第三,这种模式强调新鲜、直送,对物流时效的要求非常高,由于配送量难以达到一定规模,仅物流配送网络的成本压力和操作难度，就足以压垮这一模式。

还有一些知名企业，也作过类似的创新探索。但目前看来，其中不少模式都通过实践发现了自身的不足之处，进而作一些修改，或者寻找其他出路。

光明食品集团旗下的都市菜园，曾经打造了一种安插在菜场里的“品牌直销专卖店”。这种方式更为大胆，直接面对菜场里的小商小贩，以品牌农产品来与散装廉价蔬菜竞争。它倚仗的，是星辉蔬菜的几万亩自有基地和光明集团旗下的10多个品牌500多种优质产品。据了解，星辉早就建立起全国第一个蔬菜产品质量追溯体系，它原来只做蔬菜出口，专门把高品质的无公害蔬菜输送到日本等国，近年开始做起了内销；专卖店引入的品牌，有“中国名牌农产品”海丰大米，还有光明乳制品、爱森冷却肉、冠生园蜂制品、小白领鸽等。专卖店里虽然都是品牌产品，走的却是“平价”路线，比如无土栽培豆苗每500克仅比一般摊位贵了1元，青菜每500克也只贵了两三角。

品牌直销专卖店最大的难点，就是与低端的菜场“面对面”竞争。这样一来，专卖店实在没什么优势，因为去菜场购物的人群对品牌认可度并不高，而是更习惯挑挑拣拣的买菜方式，对“低价”要求高。低价竞争，必然带来品牌专卖店的长期亏本。当然，如今都市菜园已进行了抢救，由直营全部转为承包经营，消灭了所有亏损门店。但是，品牌直销专卖店的局限性，仍然难以扭转。

对于眼下越来越红火的宅配送模式，许多业内人士也表示不乐观。虽然许多年轻人表示，只要打电话或上网预订，“宅配送”服务品牌就可以送菜上门，不仅确保产品安全和新鲜，还能结合家庭成员健康状况进行营养指导，这样既省时又贴心，何乐而不为？即使菜价贵一点，也可以接受。但对于宅配企业来说，由于人们接受度要逐渐培育，目前市场规模还相对较小，所以他们的物流成本压力普遍较大。如本市大型农产品网上订购平台“菜管家”，目前几乎每送一单都是亏本，只有达到每天上千份的规模才能保本。

一些业内人士表示，“宅配送”模式引入之初，大家都以为这是国外的成功经验，但在国外生活过较长时间的人们会发现，其实国外的宅配送服务并没有我们想象的那么繁荣，人们最习惯和最喜欢的还是去附近超市选购农副产品。在日本，一个地区主要有一两个大型批发市场，若干个生鲜超市合理分布在大小居民区附近，人们买菜只能去生鲜超市。

在上海，新出现的大卖场“店中店”，似乎承担了日本生鲜超市的职能。比如“都市菜园”和“城市超市”，经过探索实践后，不约而同地把最主要精力放到了“进驻大卖场”上，直接在大卖场中开出专柜打自己的品牌。对他们来说，大卖场的人流量非常大，只要有好的产品就不愁“客源”问题。这种“店中店”模式，与原来的“成为大卖场供货商”并不是同一概念，而是一种博弈之后的选择。

设立“店中店”，不再把产品直接“卖断”给大卖场，而由农业品牌直接进行终端经营。他们必须支付销售额10%的扣率，但有了自己的定价权，可以实现优质优价，而不必按照大卖场惯例进行低价竞争；同时，“店中店”自主权增加，可以根据季节变化有什么卖什么，保证产品更新鲜，品种更丰富，对市民也更有吸引力。如此，农业企业一方面可以借助超市的超高人气带动销量，另一方面还可以通过品牌效应获得更大的利润。对于大卖场来说，“店中店”也当然比“零费率”更有吸引力，这样不仅可通过生鲜产品拉升人气，还有了销售额10%的扣率，且不再由自己承担较高损耗。

被看好的，还有“田头超市”这种新型模式。目前，浦东新区和奉贤区都已推出了一大批

"田头超市"，吸引市民直接到特色农产品基地去现场采购，这样既新鲜又能确保正宗，而农民又省去了运输、仓储、进卖场等环节，可以大幅降低成本，让利于消费者。去年一年，奉贤区就建成16家"田头超市"，销售农产品1亿多元；而长江隧桥开通后崇明地产农产品"卖空"的案例，也说明了地产市场的潜力之大。

"田头超市"要想获得长足发展，首先要与特色农产品基地结合起来，让市民有欲望要购买当地某一种正宗农产品，比如8424西瓜、南汇水蜜桃等；其次还要注意与市区超市有不同，它是有季节性的，需要跟着特色产品的成熟期走；另外，"田头超市"并不是孤立的，而要依托便捷的交通网络、休闲旅游的腹地，周边得有景点、停车场、饭店等配套。一般来说，产地休闲旅游蓬勃兴起，才可能带来"田头超市"的较高人气。

改编于东方网　2010-04-13

任务五　农产品国际市场营销技巧

◈ 案例

从立顿的成功案例反思我国茶企的营销

谈到茶企的营销，我们不得不谈一谈立顿：1848年，英国皇家植物园温室部主管福琼从中国带走2万株茶苗、1.7万粒茶籽以及8位中国茶工，自此印度茶业迅速崛起，成为英国茶叶市场90%的原茶供应方，英国下午茶的传统也由此形成。尽管立顿和中国大多数茶叶的产品定位不同，但其今天的成功是非常值得我们国内的茶企所学习的，因为作为茶叶发源地的炎黄子孙们，一定不愿意看到我们在国际上没有一个响亮的茶叶品牌，不希望看到我们出口的茶叶平均价格比印度、斯里兰卡还低，不希望看到日本人把具有深邃文化底蕴的"茶道"发扬光大，不希望看到我们7万个茶厂的总产值还没有一个立顿大。

国内的茶企和立顿没有任何可比性，立顿一百多年来把茶卖到了世界每一个角落，靠的是优秀的工业标准化和出色的营销手段，特别是其营销手段，想做大做强自主品牌的国内茶企一定要了解、借鉴，我们不是生搬硬套，但取其精华绝对不是一件坏事。

在与一些茶叶生产的企业家沟通的过程中发现，他们大多数都是技术出身，有多年接触茶叶的经验，是绝对顶尖的茶叶鉴赏师和制作、烹调师，他们通常强调品茶的文化、茶道和茶的历史等背景。但是懂茶的人，并不等于能把茶卖好。在今天，那些把"茶叶店"当作"渠道"的企业家们，显然更需要营销策划和销售管理的变革，否则只能把我们非常好的茶叶卖成"农产品"，茶叶从茶园到茶厂，再到茶店、商超等销售终端的过程都是需要精心"包装"的，在每年接近5亿千克的市场消费规模面前，我们的茶企一定要靠营销手段来突围，才能走出特定市场区域，走向全国，甚至走向世界。

营销手段一：以市场为导向，而非以产品为导向

国内95%以上的茶企都是"慢销"型的，问题就在于是按茶叶本身的分类和区域特点来销售，而不是以市场消费者的需求差异来营销的。比如在云南就做普洱茶，在浙江就卖西湖龙井，在广东福建就做铁观音，而这里面85%以上的消费者都不能区别茶的等级和好坏，也基本

上没有品牌意识，所以销售就全凭两张嘴：促销一张嘴和自己一张嘴，价格一般的看店主的介绍和过去的信誉，价格稍微贵的最多试喝几口再买。这样就形成了茶企被动销售的局面，一切主动权都掌握在销售终端的手上，终端茶店或者商场陈列得漂亮一点、位置好一点，或者让促销员主动推，茶就卖得动，否则销售就很慢。随着消费者越来越精明，以及80后、90后年轻人成为消费主力，茶企到了最迫切需要建立品牌拉动销售的时候。

反观立顿，把各种茶的品种分割成不同的产品品类，不断创造出新的口味和用户体验，瞄准消费者方便快速地喝一杯茶的需求，吸引了大量年轻人和办公室白领。在官方网站上，立顿在动态的茶园中放上几段幽默的视频，向消费者告知喝茶可以达到的目的有：保持轻盈体态、再现青春、净化心灵、摆脱疲劳、延年益寿等，各种不同功能、不同口味的产品满足不同年龄、不同需求的消费者，这样就有了明确的市场目标，在营销上便可大做文章。

这是国内茶企最亟须突破的地方，只有把茶产品做成不同细分功能的"方便面"产品，才能更好地树立品牌，而一味地向消费者宣传我们博大精深的茶文化对于企业做强做大一点用处都没有，因为俗语"柴米油盐酱醋茶"中的"茶"就应该是每天必用的东西，是饭后、上班时间、休闲时间必备的东西，而不是到了周末聚会或者需要小资情调的时候才会想起它，当茶产品被功能化、大众化、日常化之后，茶企品牌的崛起才会变得现实可行。

营销手段二：产品和品牌形象标准化

实际上，在一个懂喝茶、懂品茶的人看来，立顿就是品质一般，其他都好，但是从品牌营销的角度来看，我们国内上百个茶叶品类就是品质都好，其他一般。所以国内上万的茶企中所谓的品牌企业屈指可数，就是因为我们的茶企都沉迷于自身产品的品质，而不是产品和品牌的标准化。天福茗茶目前在中国的直营店超过了八百家，现已开始筹划在旧金山、洛杉矶等地建立集茶叶经营和茶文化传播为一体的茶馆，致力于打造全球茶业界的"星巴克"。从天福的连锁店我们可以发现，天福有标准化的、精致的茶文化服务，每家门店都布置了专门的空间供顾客品茗体验，古色古香的座椅、茶道小姐娴熟优雅的炮制手法、清脆悦耳的茶知识讲解，配以曼妙轻松的音乐为背景，即使是茶叶外行也会被深深吸引。另外，天福还推广自己品牌的茶点茶食，这显然增加了更多销售、吸引了更多的年轻消费者。

茶产品由于种植环境、采摘、制作等原因难以形成口味的标准化，这可以理解，但是产品功能、外观形象和品牌形象无法标准化则是行业的通病所在。大多数老百姓是没有茶叶鉴别能力的，这就给了许多茶企茶商以次充好的机会，随着媒体曝光和消费行为的逐渐成熟，这实际上对整个行业来说都是在制造信任危机。如果有茶企能够借助自身的生产工艺，以及根据产品的功能定位、品牌定位做一个"立顿式"的标准，然后进行设计、包装和推广，一定可以增强消费者的信任及市场的认可。

营销手段三：渠道制胜、终端为王

从1996年开始，八马就已经在连锁大卖场沃尔玛等开设专柜；云南龙润普洱茶也是同行中向快销品市场转型较早的企业，其开发的袋泡普洱茶已经开始进驻超市。这种剑走偏锋的做法显然是一个非常好的尝试和开始。因为，传统的门店经营和陈旧的营销理念已经严重阻碍了茶企的发展，茶产品就应该在快速消费中普及化、大众化，所以打通传统渠道（批发、商超）和现代渠道（连锁KA）是非常重要的。

对于我们众多茶企来说，运作传统和现代渠道一定要保证有健康的资金链、战斗力极强的销售队伍，以及规范快速的物流配送系统，这对自身企业管理又提出了更高的要求。但这是企业做强做大的必经之路，谁控制了渠道，谁拥有了终端，谁就离消费者更近，所以我们看到逢年过节，大型商超最好的陈列位置成了黄金宝地，寸土寸金。

立顿在渠道和终端的强势形象，改变了一代年轻人和白领的喝茶习惯，利用互联网等创新营销手段，立顿在粉丝论坛上与消费者亲密“互动”，又让立顿品牌融入了一代人的生活甚至心情。打造品牌是一个系统工程，营销也是一个需要积累的漫长过程，但是，中国茶企亟须补上“品牌营销”这一课。

改编于中国食品报　2009-09-03

农产品出口企业拓展境外营销网点

为减少中间环节、增强企业竞争力，云南省玉溪市农产品出口企业纷纷拓展境外营销网点。一些农产品进出口有限公司在境外建立了营销网点，一改以前完全依赖当地经销商的被动局面，减少了中间环节，自然就增加了收入，而且在经营上比较主动，既能搞批发又能零售，这样就能稳定和增加企业的出口量。这些企业在泰国、越南、马来西亚、香港、印度尼西亚设立了营销网点，增强了市场竞争力，争取了更多的市场份额，加快了货款回收，促进了各农产品出口企业在国际市场竞争中成长。

改编于玉溪新闻网讯　2013-08-01

◈ 知识要点链接

一、国际农产品市场的含义和特点

(一)国际农产品市场的含义

所谓国际农产品市场，就是指一个国家或地区与其他国家或地区进行农产品交易的场所和领域以及世界上不同国家或地区之间农产品的买卖活动。主要由进口和出口两个部分组成，也称农产品进出口贸易。广义的农产品包括农作物、畜产品、水产品和林产品，狭义的农产品则仅指农作物和畜产品。国际贸易中的农产品通常指狭义而言。

1.广义的国际农产品市场

广义的国际农产品市场既包括农产品的国际贸易市场，也包括与农业领域有关的科技、劳务、外汇和信贷资本等的国际流通市场。

2.狭义的国际农产品市场

狭义的国际农产品市场仅指各个国家或地区之间的各种农产品商品交换关系的总和。从地域上，既包括大国，也包括小国或地区。

世界上任何一个国家或地区的农产品市场，都可被看作是世界农产品市场的组成部分。但从业务上，不论是广义的或狭义的农产品国际市场，都是包括进口与出口两大业务。进口贸易指从国外输入商品、科技与劳务等；出口贸易指向别国或地区输出商品、科技或劳务等。

(二)国际农产品市场的特点

国际市场营销的产品要跨越国界，使市场、产品、销售等具有国际性。而且跨国营销就要受双方国家海关的管理和两国贸易政策的限制，造成不同的销售环境。农产品国际市场与国内市场相比，具有以下特点：

1. 结构复杂

目前参加国际市场经济活动的国家和地区有100多个，这些国家和地区各有不同的社会制度、指导思想、政策法律、文化教育、地理位置、风俗习惯、宗教信仰、收入水平、消费结构，反映在贸易往来上就有不同的要求，形成了各自的特色。

2. 竞争激烈

国际市场竞争，实际就是商品质量、价格以及销售方式、服务态度、指导思想等方面的激烈较量。

3. 商品构成变化大

进入国际市场上交易的商品品种越来越多，数量也有所增加，质量要求越来越高，正在由劳动密集型向知识密集型和技术密集型商品转移。

4. 营销规模不断扩大

战后国际市场无论在深度还是在广度上都在不断扩大，超过了以往任何时期，主要表现在各类型国家之间的经济贸易关系日益加强，商品流通额和资本输出额大大增加。

5. 农产品国际营销风险大

农产品多为鲜活易腐商品，有的体大笨重，搬运不便，即使干货，贮存期也有限，在国际运销过程中会遇到更大风险。因此要特别注意保鲜、保洁，轻搬快运，防止受潮、霉变、雨淋。更重要的是要严把质量关，严防有病虫害、有毒变质食品混入，造成检疫不合格而被扣被罚，减少损失，并确保消费者食用的安全卫生。

二、影响农产品进入国际市场的因素

农产品欲在海外营销，必须深入了解国际环境。国际环境是指影响和制约农产品国际营销活动的一切外部因素，具体包括各国的经济、社会文化、政治法律、竞争等因素。因此，与国内市场营销环境相比，国际市场环境更具有复杂性、多变性和不可控性。

1. 国际政治环境

经济与政治是分不开的，农产品进入国际市场之前，必须了解国际政情，即了解目标市场的社会性质、政治体制和方针政策，估计进入该市场的可能性和前景。尤其在当今贸易保护主义盛行、政府干预加强的情况下，农产品经纪人在开展国际市场营销之前，必须尽可能地估量要进入的那个国家占支配地位的政治气候和法律，了解所在国政府实现国家目标的方针、对外商的基本态度和政策，避免与其法律相抵触。

2. 国际经济环境

国际经济环境主要包括各国的经济发展水平、人口结构、收入水平等。

3. 国际法律环境

如果农产品要进入国际市场，必然受到该国法律或国际法律环境的约束，包括本国法律、国际法、介入国法律。不同国家的法规不同，企业只有熟悉和适应，才能进入该国市场。

4. 社会文化环境

各国的文化背景不同，如各国的风俗习惯、教育水平、语言文字、宗教信仰和价值观念等，导致对同一产品会产生不同的态度。农产品营销者必须了解由于文化因素而形成的消费习惯、消费心理，投其所好，避其所忌，才能使生意做活。

5. 国际市场竞争环境

国际市场竞争表现为一种有保护的竞争，因为各国政府必然会用各种方式干预竞争格局，目的是以竞争作为获取本国经济利益的主要手段，因此，它不是消灭竞争，而是强化竞争。现代国际市场竞争日趋激烈，各国力量的消长，使竞争日趋加剧，新产品、新技术作为国际竞争的物质基础和手段不断涌现，政府的干预使竞争提高到一个新水平。

6. 国际地理环境

地理环境也是企业营销所不能控制，但又容易忽视的环境因素。一个国家的自然条件，包括土地面积、地状、地貌、地形、气候、矿产资源、动植物状况、主要经济作物、主要农产品、水、光、热资源以及交通条件等，大体决定了该国的社会特征及社会用以满足其需要的财富，决定了一个国家的经济和购买力状况及其指向。

三、进入国际市场应具备的条件

在国际竞争日益激烈的背景下，随着中国开放度的进一步扩大，农产品所面临的国内外环境将更复杂，应对工作更艰巨。为此，我们需要全面理解农产品的出口现状和存在的问题，研究我们目前存在的差距，采取有针对性的改进措施，才能确保农产品稳步健康发展。

（一）了解农产品进入国际市场所需的信息

农产品挤入国际市场之前，要首先了解国际市场供求发展的历史与现状，找出发展规律，寻求进入机会。一般的市场调查包括以下内容：一是世界上对某产品的市场需求情况。二是世界潜在市场的份额和开发潜在市场的可能。三是竞争者的情况和竞争情况。中国的产品价廉物美，在国际市场很有竞争力。但如果不好好调查国外市场就按国内的价格出口，可能落个“倾销”嫌疑，甚至会吃官司。比如原来浙江的灯具出口到欧盟的超市，超市将价格提高 5 倍，贴上自己的标签销售。后来浙江企业以自己的商标出口，按照与国内差不多的价格在国外销售，却被认为是倾销。欧盟确定倾销行为的方法是，经过合理比较，被调查产品的出口价格低于它的正常价值，就构成倾销。这看似简单，背后却牵扯到复杂的规则。比如说产品成本，要调查企业的财务记录，这要求中国企业财务要准确，财务一塌糊涂，就不能说明其成本的合理性。出口企业要吸取这些教训，自己补课。出口定价最好由行业协会协调一下，切莫陷入自相压价的境地。四是熟悉国际市场经营的机会情况并与国内的机会做比较。尽快熟悉市场准入标准，欧盟 15 国的市场购买力巨大。从 1999 年到 2001 年，欧盟从中国进口产品增幅高达 40%。对欧盟出口要有很大提升，当务之急是研究透欧盟的“标准”。欧盟是一个凭标准打天下的经济体，欧盟 15 国有自己的标准即欧洲标准。如果产品打上 CE 标志，就可以在欧盟 15 国通行。欧盟标准制定的核心是严格的质量保证以及绿色环保理念。表面看市场准入有些“苛刻”，但一旦进入就会受到很好的保护，带来很高收益。

（二）把握农产品进入国际市场的时机

如果某种农产品具备了以下条件中的一个或几个，就可以考虑进入国际市场了。

（1）具备比竞争者更好的产品或更低价格的产品，可以考虑打入竞争者的国内市场，以削弱其竞争能力。

（2）国外市场的机会利润高于国内市场。

（3）国内市场已经或即将萎缩。

(4)拟扩大销售量来实现规模经济。

(5)需要以降低对某个或某些市场的依赖来降低经营风险。

四、农产品进入国际市场的途径

企业一旦决定开展国际营销业务，首先面临的问题就是如何进入国际市场。归结起来进入国际市场主要有两大渠道：一是出口，二是国外生产(图 5-3)。

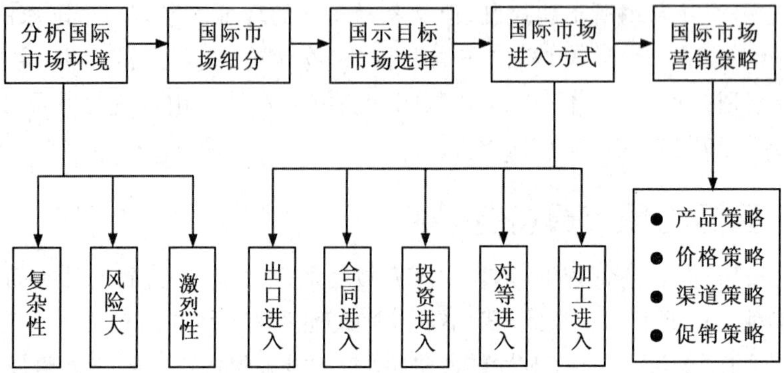

图 5-3 农产品进入国际市场的方法

1. 出口

即产品在国内生产，然后出口，包括间接出口和直接出口。

(1)间接出口。间接出口是指企业将产品生产出来之后卖给国内的中间商，然后由中间商再分售给国外的顾客。

(2)直接出口。直接出口是指企业生产出产品后，不经过中间商，直接卖给国外顾客(可以是最终用户，也可以是中间机构)。

2. 国外生产

在某些情况下，企业必须或者应该到国外直接进行生产，其方式主要有合同制造、装配、许可证贸易，开办合营企业或独资企业等。

在决定采用何种渠道进入国际市场时，经营者主要应考虑下述因素：

(1)渠道的可获性。不同的市场有不同的进入方法，比如在某些国家中建立独资企业是不可能的，但在另外一些国家则很受欢迎；在一些国家采用许可证贸易方式是不现实的，因为找不到合格的被许可人，而在另一些国家则是可行的。

(2)获利的可能性。利润是企业追求的主要目标之一。在评估采用不同渠道获得的利润时，主要应采用各种渠道所可能获得的销售额和发生的成本进行估测和比较。

(3)需要的投资。渠道不同所需投资亦不同，间接出口需要的资金较少，而国外独资经营所需资金较多。一般来说，进入海外市场的方式愈直接，所需的资金就愈多。企业必须结合自身的资金状况来选择进入海外市场的方式。

(4)人员要求。对人员要求也因不同渠道而异。一般来说，进入国际市场的方式愈直接，就愈需要更多的业务熟练的国际营销人员。

(5)风险。风险大小不仅取决于市场，而且取决于进入该市场的方式，一般认为国外比国内的风险更大。

(6)经营者对其产品分销渠道的控制程度。控制程度的高低与所选择的渠道有关,例如企业把产品卖给了出口商,让出口商去外销,这时企业对渠道就没有控制。但如果企业自己进行海外销售或建立海外制造子公司就可能在较高程度上对渠道进行控制。

五、国际市场营销策略

进入国际市场的营销策略,其内容与国内的营销策略大体相同,也包括产品、定价、销售渠道以及这些策略之间的协同作用等。

(一)国际市场营销产品策略

1. 产品标准化与差异化策略

产品标准化是指在世界各国市场上,都提供同一种产品;差异化则是指对不同国家或地区的市场,根据其需求差异,而提供经过改制的、略有不同的产品。影响产品标准化或差异化的因素很多,要做出一项正确的决策,须考虑这样一些方面因素,即成本与利润的比较,产品的性质、市场需求特点、东道国的强制因素等。

2. 产品包装

国际企业在不同的海外市场销售产品,其包装是否需改变这将取决于各方面的环境因素。例如,当今一些发达国家的消费者出于保护生态环境的强烈意识,重新倾向使用纸装包装,而在一些发展中国家,顾客仍普遍使用塑料袋包装。

3. 新产品的开发策略

新产品开发是从营销观念出发所采取的行动,因此首先必须是适应社会经济发展需要,有自己的特色,以适应和满足消费者需求的新变化。

(二)国际市场营销渠道策略

对于国际市场上分销渠道的决策,首先是选择如何进入某国外市场方式的决策,其次再进行在该国外市场上选择何种渠道模式的决策。

1. 选择国外经销商

根据各个国家企业进入国际市场的经验,选择一个好的经销商比选择一个好的市场更为重要。

2. 国际分销模式的标准化与多样化

所谓分销模式标准化是指国际企业在海外市场上采用与母国相同的分销模式;多样化则是指根据各个国家或地区的不同情况,分别采用不同的分销模式。

(三)国际市场营销定价策略

农产品价格的制定可分为两大类:一类是政府定价,农产品生产经营者对所出售的农产品价格没有决策权;另一类是农产品经营者定价,依据农产品质量、市场供求状况等因素决定其价格。国际企业定价决策应由谁负责?选择只有3个:母公司总部定价;东道国子公司独立定价;总部与子公司共同定价。最常见的方法是第3个选择,母公司既可对子公司的定价保持一定的控制,子公司又可有一定的自主权以使价格适应当地市场环境。

国际企业在做价格决策时,其基本方法同国内定价是相同的。即有以成本为导向的定价法,包括成本加成法、边际成本法、目标利润法、损益平衡法;也有以需求为导向的定价法,以竞争力导向的定价法,包括随行就市法、密封投标法。

（四）国际市场营销促销策略

在国际市场上销售产品，也要通过广告及其他促销活动，来提高企业的声誉，增进顾客对产品的了解，以达到增加产品销售的目的。但由于国际市场的市场环境比较复杂，各个国家对促销策略也不一样，所以在制定促销策略时，要视不同国家的具体情况而定。

（五）国际市场营销绿色营销

1.绿色贸易壁垒

所谓绿色贸易壁垒，是指进口国以保护生态环境、自然资源、人类和动植物的健康为由限制进口的措施，这就为世界各国的产品或服务的出口构成了绿色壁垒。

2.国际绿色营销

国际绿色营销，是企业面对国际营销的宏观环境，特别是绿色贸易壁垒，采取相应的绿色营销因素组合，以满足国际目标市场对保护环境、生态资源和动植物健康的需求。

(1)树立国际绿色营销观念。国际市场的绿色消费的现实需求和潜在需求很大，符合环保要求的产品的现实市场和潜在市场对企业充满着诱惑力，不符合环保要求的产品将会失去国际市场，生产过程不符合环保标准和法规的企业将会被停产。

(2)开发国际绿色产品。一是实行“绿色设计”：在产品设计中优先考虑环境保护准则，减少自然资源损耗、减少污染物产生、保护自然资源以及生态降解等；二是推行清洁生产：通过资源的综合利用、短缺资源的代用、二次资源的利用，以及节能、省料、节水，使产品的生产过程与环境保护相协调。

(3)适时申请ISO 14000认证和绿色标志认证。ISO 14000认证和绿色标志认证是企业进入国际市场和冲破绿色贸易壁垒的“绿色通行证”。同时，申请认证还能够推动企业的内部环境管理体系的建立，引导企业按照绿色要求改进产品种类、生态设计、生产工艺和生产过程，推动企业的管理走向标准化、规范性和国际化，促进企业经营由粗放经营向可持续经营的转变。

◈ 核心技能点

全球化的浪潮席卷世界的每一个角落，要把农产品贸易面临的挑战转化为机遇，就必须在各方面做好充分的准备，其中最重要的是知识和信息方面的准备，农产品经纪人要充分了解农产品国际贸易的基本形势，了解农产品国际市场的最新动态，掌握有关国际贸易实务的基本知识，了解进入国际市场的主要方式和营销策略，增强应对国际市场风险的能力。做到知己知彼，才能百战不殆，这对于农业和农村经济的发展，乃至整个国民经济的发展，都有着十分重要的意义。

◈ 实训活动

[案例分析]

农产品出口受阻带给我们的警示

廉价生产力、丰富的物产资源，这些都使中国农产品在国际市场上具有很大的竞争力，尤其是猪肉、禽肉、水产和蔬菜、水果、花卉等产品在出口上很有优势，农产品出口一直被视为中国出口创汇的重要来源之一。然而，最近一段时间内，在许多国家，中国农产品被封杀的事件屡有发生，肉产品、蔬菜、蜂蜜、茶叶……日本、英国、俄罗斯、欧盟……到底是什么阻碍了中国农产品进军国际市场之路？

中国茶叶出口一直是农产品出口的大头，总贸易额占所有出口的第二位，目前，有 100 多个国家和地区直接从中国进口茶叶，特别是绿茶和特种茶，占有世界市场 80%左右的份额。据国际茶叶委员会统计，2000 年中国茶叶产量约 68 万吨之多，仅次于印度，居世界第二位；中国茶叶出口 22.8 万吨，次于斯里兰卡和肯尼亚，位居世界第三。但是，“绿色壁垒”却狠狠地咬了中国的茶农一口。据资料显示，由于“绿色壁垒”问题，我国茶叶对欧盟出口出现了逐年下降的趋势。以近几年为例，1999 年我国茶叶对欧盟出口 2.74 万吨，较 1998 年减少 1.04 万吨，减幅达 27.5%；2000 年我国茶叶对欧盟出口 2.48 万吨，较 1999 年减少 0.26 万吨，减幅为 9.5%。而对于该地区的德国，2000 年从我国进口茶叶 6 705 吨，较 1999 年 9 383 吨减少 28.5%，我国茶叶在德国进口茶叶中的份额由上年 23.5%的第一位降至 19.4%的第二位，印度茶叶则顺势取代了中国茶叶。对欧盟茶叶出口呈减势。同时蜂蜜在英国被封杀，2 月 21 日，国内不少媒体都发布了一条让中国蜂农心情沉重的消息，即 2 月 20 日英国食品标准局发布公告称，来自中国的蜂蜜中含有超标的氯霉素，建议商店停售所有产自中国的蜂蜜。其实，除了英国以外，今年我国蜂产品在欧盟、日本等市场相继遭到封杀。据中国食品土畜进出口商会负责人龙学军介绍，我国蜂蜜的年产量为 20 万吨，一半用于出口。欧盟是我国蜂蜜的传统出口市场，去年，我国对欧盟出口蜂蜜 4.3 万吨，占出口总量的 41%；日本是我国蜂蜜第一大出口国，去年对日本出口 3.8 万吨，占出口总量的 35%。面对急转直下的蜂产品出口形势，众多专家表示出极大的忧虑：养蜂业是我国近年来在农业产业结构调整中凸显出来的一个“亮点”，如果不尽快从源头上解决蜂产品的质量安全问题，我国蜂产品将面临被国际市场封杀的危险，从而危及整个养蜂业。

上述情况在一定程度上反映出我国农产品出口前景堪忧。请你用所学的知识分析：

(1)中国农产品出口面临的主要问题是什么？

(2)中国农产品出口如何走出困境？

改编于 news.aweb.com.cn　2012-04-24

◈ 阅读材料

树立现代营销观念将中国农产品市场做大做强

中国改革开放三十年以来特别是近十年，城市化进程不断加快，农副产品的消费需求发生了很大的变化，人们的食物结构经历了细粮化、副食化演变已进入主食优质化阶段，选购食品也越来越注重食品的特色、营养成分、安全卫生性和易加工性，正是由于生活节奏的加快，消费者普遍倾向于节省时间、方便的场所购买，并且农副产品的品牌消费已经成为趋势。传统的农副产品农贸市场经营与消费需求和城市发展之间的矛盾日益显露和加深。显然，消费者对农副产品的需求差异越来越明显，这促使农副产品生产经营者必须从以生产或推销为中心向以顾客为中心的现代营销观念转变。

近些年，随着很多地方名牌战略的实施向着农副产品领域的延伸，不少农副产品已经注重使用品牌、商标，品牌化的农副产品越来越多，比如鲜肉、活鱼、螃蟹等都用上了商标，有的地方将鸡蛋也贴上了商标，但大多只是强调品牌、商标的识别功能和促销功能。

随着市场的不断发展，农副产品生产经营者和中介组织对品牌、商标功能的认识已有了很大的进步，开始从识别功能和促销功能向信息传递功能、价值功能、形象功能的综合功能转变。很多农副产品品牌富含个性特色，过目不忘，易于记忆和传递品牌信息，有利于树立品牌形象，创造品牌价值。虽然目前农产品商标在商标总量中所占比重较小，但农副产品品牌化意识的增强和商品从其基本功能向综合功能的转变，表明品牌营销已在农业领域初露端倪。

从当前和今后一段时间看，我国农产品从整体上讲已经出现了供大于求的状况，如果还停留在以前的老观念上，只是进行生产，而不顾市场的变化，就会造成更为严重的产品过剩。农产品发展，靠一个企业、一个产品来带动是远远不够的，必须采用协调联动的方法，增加企业、产品的关联性、延伸性、精深性、增值性，以降低竞争成本，形成集约优势，尽可能多卖“项链”，少卖“珍珠”，形成以农产品的龙头企业带动—协会协调—半成品坯料加工—农户基地协同发展的产业链，避免恶性竞争，这样才能形成以龙头加工企业带动千家万户种、养、加工，带动农民致富的新局面。农产品只有通过组团联盟，才能使企业竞争力增强、规模效益显现、发展迅速。目前，我国农产品行业无序竞争，相互杀价现象严重，可通过成立协会来协调规范企业发展，通过行业分层次组团联盟，发挥集约优势、规范效应，增强行业、企业发展竞争力。

在当前的形势下，国家应该通过制定优惠政策，鼓励非公有制经济发展附属于农业的农产品加工工业，鼓励工商企业、科研单位、大专院校等进入农产品领域，引导农民扩大规模经营，形成农村支柱产业，增加收入。协助农民构筑专业经济合作组织，以专业经济合作组织形式将农民组织起来进入流通领域，大力开发国内外市场，推动农业生产区域化、规模化、专业化的形成。比如美国，78.5%的农产品通过“生产地—配送中心—超市、连锁店—消费者”的渠道通路完成其分销过程。只有20%的农产品通过“生产者—批发市场—销售渠道”的传统农产品营销渠道。农民的集贸市场只占1.5%。这种渠道环节少，物流快、成本低、效率高的渠道结构已在全球形成发展趋势。

实际上，要做好农产品营销，还必须认真开展市场调研和分析预测，掌握农产品经营的主动权是重中之重。信息是企业经营的灵魂，搞好市场调研和预测是市场经济条件下农产品经营的前提和必修课。随着国家一系列惠农政策的出台，农产品供求关系出现了转折性的变化，必须格外重视市场调查，注重市场信息搜集整理，加强市场分析预测，做好信息收集。一方面及时提供给农民，使农民在适当时机、适当价格出售产品，以获得较高收益；一方面自己增强农产品经营，克服盲目性，掌握主动权。加强对农产品的生产形势、生产结构和当地优势资源的调查，积极走访有关部门，深入村庄农户，了解资源总量、品种质量、农民销售意向。加强对农产品市场供求的调查分析，从客户、市场、报刊、网络多渠道搜集市场信息，不仅注重国内市场信息，也要关注国际市场信息，不仅注重现货市场行情，也要关注期货市场行情，不仅研究当前生产发展动向，也要研究潜在市场发展趋势，准确把握农产品市场走向，抢抓机遇，捕捉商机。加强对市场营销渠道的调查，深入了解和分析合作伙伴和竞争对手的实力和营销策略，根据市场变化及时调整营销策略，在扩大农产品销售的同时确保经营安全。

农产品一定要坚持多渠道营销，大力开拓国内外市场。因为农产品营销是个系统工程，要积极实施“走出去”战略，推进农产品深购远销，通过组织举办和参加各类农产品交易会、展销会、洽谈对接会，广交海内外客商；加强与系统内外批发商、批发市场、生产加工企业、连锁超市等渠道的互访沟通，抓住实力强、经营好的大客户，诚信经营，建立长期稳定的合作伙伴关系；采取到外埠开设农产品展销中心、设点直销、代理销售等方式，开辟新的销售网络，根据产品特点和当地消费习惯，有选择、有针对性地开展产品促销，分割和占领销区市场；加强与龙头企业对接，促进农产品加工增值。

面对新的经济形势和国际的相关政策，农产品企业要加大国际市场开发力度，发展农产品对外贸易。要在营销专家指导下善于利用农产品在品质和价格上的比较优势，扩大在国内外市场上的知名度和影响力。充分发挥地区的地缘优势和抓住对外贸易战略升级机遇，努力扩大农产品对外出口，由供应出口向在境外设立批发市场、批零结合等发展。同时积极创造条件，发展对日本、韩国的农产品贸易，开拓南亚、西亚和欧美市场。

农产品还要积极推进现代流通方式，增强企业农产品营销能力。具体方法上可采用连锁、配送、电子商务等现代营销方式，这是经济全球化大趋势下企业提高市场竞争力的有效手段和必然选择，使农产品经营走向组织化、网络化、规模化，增强系统合力，扩大经营规模，降低经营成本。

改编于中国农产品加工网　2010-12-23

项目六　农产品经纪人应具备的相关法律知识

◆ 项目设置背景

学法、懂法、知法、守法是农产品经纪人避免发生违法行为的有效途径，平等、互惠、互利的农产品交易活动以依法经营和交易为前提。因此，农产品经纪人要熟悉《合同法》的有关内容，掌握《反不正当竞争法》、《消费者权益保护法》、《产品质量法》、《农产品质量安全法》等相关法律法规，使自己的中介活动合理、合法，这样不仅能很好地完成委托人交给的任务，还能适用法律武器保护自身的合法权益。通过本项目的学习，了解农产品经纪人应具备的相关法律知识，明确经纪人的权利和义务，树立正确的经营意识、长远发展的观念，避免因为短期利益而出现违法行为，懂得用法律来保护自身的合法权益。

◆ 引导案例

法庭调解农产品中介合同纠纷案

2011 年 8 月 17 日，下雷法庭仅用 1 小时便成功调解了一起涉及农产品中介的买卖合同纠纷案，被告夏某于调解当日付清 1 636 元龙眼款给原告黄某。

大新县是龙眼之乡，以盛产龙眼而闻名区内外，夏某是一名农产品经纪人，每年龙眼成熟季节，便到各村屯收购龙眼转卖给广东老板，从中赚取差价。今年 8 月 1 日，夏某到大新县下雷镇三湖村设点收购鲜龙眼果，邻村黄某知道后，便把自家的 496 斤龙眼果卖给夏某，收购价格 3.30 元/斤，价款为 1 636 元。由于夏某是中介人，须待龙眼卖给广东老板后才能支付龙眼款，为方便交易，双方约定以许某(黄某伯父，住三湖村)名义记账，夏某向许某支付龙眼款。8 月 10 日，未收到龙眼款的黄某找夏某要钱，夏某却称钱已付给许某，而许某矢口否认领得龙眼款。夏某拿出登记簿，称已付款的其都在名字上画圈，现许某的名字已被圈起，说明钱已付给许某。由于双方各执一词，争执不下，黄某便拉着夏某找法庭“讨说法”。

受理后，主办法官经调查发现，夏某在收购环节有疏漏：一是收到果农的龙眼后，未付款却不出具收条；二是付款后没有给果农签名。弄清案件来龙去脉后，主办法官从法理给夏某做分析，告知其仅凭自己记录并不足以证实已付款给许某的事实。经过释法明理，夏某亦认识到了自己的失误，当场同意当天付清龙眼果款给许某。调解结束后，夏某感慨地说：“我是花钱买了教训，生意中还得要懂法才能赚钱呀”。

改编于法制教育网　2011-08-18

任务一　农产品经纪合同的订立和履行

◈ 案例

工商局深入农村规范农产品经纪合同

为打造云阳优质油菜基地，促进云阳油菜产业的发展，云阳工商局合同中介科和当地工商所一道深入辖区油菜重点种植乡镇开展油菜籽经纪合同检查。检查的油菜籽经纪合同，涉及油菜籽经纪 17 000 余吨，经纪业务量 6 000 余万元。检查中，工商行政管理部门对委托方（企业）提供的油菜籽经纪合同格式条款依法进行了点评，指出了油菜籽经纪合同中存在的问题和不足，就规范和完善油菜籽经纪合同提出来了意见和建议，并引导他们参照有关行政管理工作部门、行业组织制定的农产品经纪合同示范文本订立合同，避免合同争议的发生。

通过检查，一定程度上规范和完善了全县油菜籽经纪合同，维护了油菜籽经纪合同当事人双方和油菜种植户的利益，深得涉农企业、农产品经纪人和农民的好评及政府的肯定。一位农产品经纪人的负责人，在合同检查后拉着检查人员的手说："感谢你们深入农村、深入我们企业检查指导合同工作！感谢你们从内行、从专业的角度指出我们合同中存在的问题以及如何弥补这些问题和不足给我们提出的宝贵意见和建议！我们一定按你们提出的意见和建议与对方进行再协商，依法规范和完善经纪合同。谢谢你们！"。

改编于云阳网（重庆）　2010-03-15

◈ 知识要点链接

一、农产品经纪人业务活动的法律依据

农产品经纪人的业务活动方式主要有居间、行纪和代理三种。

（一）居间活动的法律依据

居间是指农产品经纪人为委托人充当介绍或者提供订立合同的条件，撮合促成委托人与第三人交易而进行经纪活动的一种业务活动方式。居间业务的法律特征主要有：

（1）居间业务的行为是民事法律行为。是指依法取得经纪人资格的农产品经纪人，按照委托人的委托，在委托人与第三方进行经济往来、订立合同过程中依法进行中介服务的活动。

（2）居间业务行为是以签订居间合同来实施的。农产品经纪人在进行居间业务活动时必须依据法律规定同委托人签订合同，从而确立其权利义务关系。

（二）行纪活动的法律依据

行纪又称信托，是指农产品经纪人为委托人代购代销和寄售商品等服务的一种经纪活动业务方式。行纪业务的法律特征主要有：

（1）行纪人是指经营行纪业务的当事人。行纪人以自己的名义为他人进行商业上的买卖交易业务，即行纪人依委托人的指示进行商业活动，但在与第三人建立关系时不是以委托人的名义，而是以自己的名义出现，并承担所产生的法律后果。

（2）行纪人为委托人购销的物品的所有权属于委托人。行纪人为委托人购入或者销售的

物品，虽然这些物品都在行纪人占有、支配之下，但都是接受委托人委托而经营的，并不属于行纪人自己所有。

(3)委托人应向行纪人支付一定的报酬。

(三)代理活动的法律依据

代理是指代理人在代理权限内，以被代理人的名义实施的法律行为，由此而产生的权利和义务直接对被代理人发生效力。代理业务的法律特征主要有：

(1)代理行为是具有法律意义的行为，它是民事法律行为的一种。

(2)代理行为是在代理权限内通过意思表示而实施的行为。

(3)代理行为是以被代理人的意志和名义进行的代理活动。

(4)代理行为的法律效果直接归属被代理人。

二、农产品经纪人享有的权利

根据《中华人民共和国合同法》(以下简称《合同法》)、《经纪人管理办法》等法律法规的规定，农产品经纪人拥有以下权利。

(一)佣金获取权

《合同法》第 426 条规定：居间人促成合同成立后，委托人应当按照约定支付报酬。对居间人的报酬没有约定或者约定不明确，依照本法第六十一条的规定仍不能确定的，根据居间人的劳务合理确定。因居间人提供订立合同的媒介服务而促成合同成立的，由该合同的当事人平均负担居间人的报酬。居间人促成合同成立的，居间活动的费用，由居间人负担。《经纪人管理办法》第 14 条规定，经纪人依法从事经纪活动所得佣金是其合法收入。经纪人收取佣金不得违反国家法律法规。据此，农产品经纪人请求支付佣金须以委托人与第三方成立活动为前提条件，其请求支付佣金的时间一般是在委托人和第三方的交易合同成立后，当然当事人如有特别约定，从其约定。如果委托人已经支付佣金，而合同没有成立，或者合同虽已成立但因其他原因农产品经纪人不享有报酬请求权的，委托人可要求其返还。

(二)费用请求权

《合同法》第 427 条规定：居间人未促成合同成立的，不得要求支付报酬，但可以要求委托人支付从事居间活动支出的必要费用。据此，如果农产品经纪人未能促成合同成立，其仍能请求支付必要的费用。

(三)损害求偿权

农产品经纪人从事经纪活动时，因委托人的过错受到损失的，可以向委托人请求赔偿损失。经纪合同不能随意解除，因委托人擅自解除合同给农产品经纪人造成损失的，除不可归责于该委托人的事由外，委托人应对农产品经纪人赔偿损失。

三、农产品经纪人应尽的义务

1. 基于诚实信用产生的义务

农产品经纪人从事居间活动时，应就其所知的与订立合同有关的事项如实向委托人告知。如果农产品经纪人故意不履行如实告知义务或者提供虚假情况，损害委托人利益的，其不仅不能请求支付佣金，还要对委托人承担损害赔偿责任。除此之外，农产品经纪人基于诚实信用原则需要履行及时通知、协助、保密等附随义务。

2.报告订立合同的机会或者提供订立合同的媒介服务的义务

居间业务根据居间人所接受委托内容的不同，既可以是只为委托人提供订约机会的报告居间，也可以是为促成委托人与第三人订立合同进行介绍或提供机会的媒介居间。在报告居间的情形下，农产品经纪人应向委托人报告订立合同的机会。在媒介居间的情形下，农产品经纪人应承担媒介服务的义务，为委托人和第三方的交易实现提供机会并创造条件，促使交易双方之间合同的成立。

3.损害赔偿的义务

农产品经纪人在进行经纪业务时，如因自己的过错或者未尽合理注意义务导致委托人利益受损，应当承担相应的赔偿责任。农产品经纪人违背如实告知义务致使委托人利益遭受损失，也应当承担赔偿责任。农产品经纪人故意隐瞒与订立合同有关的重要事实或者提供虚假情况，损害委托人利益的，不得要求支付报酬并应当承担损害赔偿责任。农产品经纪人与委托人合谋欺诈善意第三方，应与委托人一起作为共同侵权人向善意第三方承担连带赔偿责任。

四、农产品经纪合同的订立

《合同法》中所指的合同，是平等主体的自然人、法人、其他组织之间设立、变更、终止民事权利义务关系的协议。

(一)农产品经纪合同的订立

1.合同的内容

依据我国《合同法》的规定，在不违反法律强制性规定的情况下，合同的内容由当事人约定，一般包括以下条款：当事人的名称或者姓名和住所、标的数量、质量、价款或者报酬、履行期限、地点和方式、违约责任、解决争议的方法。

2.合同的形式

合同的形式，是指合同当事人意思表示一致的外在表现形式。当事人订立合同，可以采取书面形式、口头形式和其他形式。

3.合同的订立程序

(1)要约。根据《合同法》规定，要约是指希望和他人订立合同的意思表示。发出要约的当事人称为要约人，要约所指向的人称为受要约人。一项要约，要取得法律效力，必须具备以下两个条件：一是内容表达必须具体明确；二是表明经受要约人承诺，要约人即受该意思表示约束，即要约必须向受要约人表明，该要约一旦由受要约人承诺，合同即告成立，要约人就要受到约束。

(2)承诺。承诺是受要约人同意要约的意思表示，承诺自通知到达要约人时生效。承诺的内容应当与要约的内容一致，但在实践中，受要约人对要约的内容做出实质性变更的，为新要约。承诺对要约的内容做出非实质性变更的，除要约人及时表示反对或者要约表明承诺不得对要约的内容做出任何变更的以外，该承诺有效，合同的内容以承诺的内容为准。

4.合同成立的时间

当事人采用合同书形式订立合同的，自双方当事人签字或者盖章时合同成立。

5.合同成立的地点

《合同法》规定，承诺生效的地点为合同成立的地点。当事人采用合同书形式订立合同的，双方当事人签字或者盖章的地点为合同成立的地点。如双方当事人未在同一地点签字或盖章,则以当事人中最后一方签字或盖章的地点为合同成立的地点。

(二)农产品经纪合同的履行

合同订立后,双方当事人必须按照合同约定履行各自义务。

1.合同的生效

《合同法》根据不同类型的合同规定了合同生效的时间,主要有以下4种情况:

(1)依法成立的合同,自成立时生效,这是指一般情况下合同生效的时间。

(2)法律、行政法规规定应当办理批准、登记等手续生效的,依照其规定办理批准、登记等手续后生效。

(3)当事人对合同的效力可以约定附条件,附生效条件的合同,自条件成立时生效;附解除条件的合同,自条件成立时失效。

(4)当事人对合同的效力可以约定附期限,附生效期限的合同,自期限届满时生效;附终止期限的合同,自期限届满时失效。

2.合同的履行

(1)合同的履行期限。履行期限直接关系到合同义务完成的时间,涉及当事人的期限利益,也是确定合同是否按时履行或者迟延履行的客观依据。履行期限可以是即时履行的,也可以是定时履行的;还可以是在一定期限内履行的,也可以是分期履行的。

(2)合同履行的地点。履行地点是指当事人履行合同义务和对方当事人接受履行的地点。不同的合同,履行地点有不同的特点。

(3)合同履行的方式。履行方式是指当事人履行合同义务的具体做法,不同的合同,决定了履行方式的差异。履行方式与当事人的利益密切相关,应当从方便、快捷和防止欺诈等方面考虑较为适当的履行方式,并且在合同中应当明确规定。

3.当事人签订合同时应注意的问题

(1)合同必须是双方自愿签订的,属于民事法律行为。如果不是双方基于共同的意愿出现的法律后果,不是合同。

(2)合同的签订可以是双方,也可以是多方。

(3)签订合同的当事人,要基于平等的基础,不得存在一方要求另一方,把自己的意志强加给另一方的情况。

(三)农产品经纪合同的变更和转让

1.无效合同

无效合同,是指已经订立,但因违反法律、行政法规规定的生效条件而不发生法律效力,不具有法律约束力的合同。

2.可撤销或可变更的合同

可撤销或可变更的合同,是指因重大误解订立的、在订立合同时显失公平的和一方以欺诈、胁迫的手段或者乘人之危,使对方在违背真实意思的情况下订立的合同,受损害方有权请求人民法院或者仲裁机构变更或者撤销的合同。

3.农产品经纪合同的变更

依法订立的合同成立后,具有法律约束力,任何一方都不得擅自变更和解除合同。但是,在合同的履行过程中，由于主、客观情况的变化，需要对原有的权利义务关系重新进行调整和规定时，合同当事人可以依法变更合同。合同的变更是在合同的主体不改变的前提下对合同内容或标的的变更，合同性质和标的的性质并不改变。

合同变更后，变更后的内容就取代了原合同的内容，当事人就应当按照变更后的内容履行合同，合同各方当事人均应受变更后的合同的约束。为了减少在合同变更时可能发生的纠纷，当事人对合同变更的内容约定不明确的，推定为未变更。合同变更后的效力原则上仅对未履行的部分有效，对已履行的部分没有约束，但法律另有规定或当事人另有约定的除外。

4.农产品经纪合同的转让

合同的转让是指合同当事人一方将其合同的权利、义务全部或部分转让给第三人。主要包括：

(1)合同权利的转让。合同权利转让是指不改变合同权利的内容，由债权人将合同权利的全部或部分转让给第三人。

(2)合同义务的转让。合同义务转让是指在不改变合同义务的前提下，经债权人同意债务人将合同的义务全部或部分转移给第三人。

(3)合同权利义务的一并转让。合同权利义务的一并转让是指当事人一方经对方同意，将自己在合同中的权利和义务一并转让给第三人。

五、农产品经纪合同的违约责任

违约责任即违反合同的民事责任，是指合同当事人一方不履行合同义务或者履行合同义务不符合约定时，依照法律规定或者合同约定所承担的法律责任。《合同法》规定，当事人一方明确表示或者以自己的行为表明不履行合同义务的，对方可以在履行期限届满之前要求其承担违约责任。违约责任在合同中非常重要，一般有关合同的法律对于违约的责任都已经做出较为详尽的规定。如果一方由于自己的过错使合同不能履行，或者不适当履行，就必须承担相应的法律责任。另一方就有权请求违约的一方履行合同，并支付违约金，如果造成损失的还应当赔偿损失。

(一)承担违约责任的主要形式

1.继续履行

订立合同的目的是实现合同的约定，继续履行合同既是为了实现合同目的，又是一种违约责任。

2.采取补救措施

受损失方可以根据标的物的性质以及损失大小，合理选择要求对方采取修理、更换、重做、退货、减少价款或者报酬等补救措施。

3.赔偿损失

当事人一方不履行合同义务或者履行合同义务不符合约定的，在履行义务或者采取补救措施后，对方还有其他损失的，应当赔偿损失。

4.支付违约金

违约金是指当事人一方由于不履行合同或者履行合同不符合约定时，按照合同的约定，向对方支付的一定数额的货币。

5.给付或者双倍返还定金

定金是合同当事人一方为了担保合同的履行而预先向另一方支付一定数额的金钱。给付定金的一方不履行约定的债务的，无权要求返还定金；收受定金的一方不履行约定的债务的，应当双倍返还定金。

(二)解决合同纠纷的方法

1. 双方自行协商解决合同纠纷

是指合同纠纷的当事人，在自愿互谅的基础上，按照国家有关法律、政策和合同的约定，通过双方协商，达成和解协议，自行解决合同纠纷的一种方式。用协商的方式解决合同争议，程序简便、及时迅速，有利于减轻仲裁和审判机关的压力，节省仲裁、诉讼费用，有效地防止经济损失的进一步扩大。

2. 由第三方进行调节解决合同纠纷

是指双方当事人自愿在第三者(即调解人)的主持下，在查明事实、分清是非的基础上，由第三者对纠纷双方当事人进行说明劝导，促使他们互谅互让，达成和解协议，从而解决纠纷的活动。

3. 通过仲裁解决合同纠纷

仲裁也称公断，合同纠纷的仲裁，是由第三者依据双方当事人在合同中订立的仲裁条款或自愿达成的仲裁协议，按照法律规定对合同争议事项进行居中裁断，以解决合同纠纷的一种方式。合同争议的仲裁是各国商贸活动中通行的惯例，依据我国《仲裁法》规定，通过仲裁解决的争议事项，一般仅限于经济、贸易、海事、运输和劳动中产生的纠纷。如果是因人身关系和与人身关系相联系的财产关系而产生的纠纷，则不能通过仲裁解决，依法应当由政府机关处理的行政争议，也不能通过仲裁解决。

4. 通过诉讼解决合同纠纷

诉讼是解决合同纠纷的最终形式。合同纠纷诉讼是指人民法院根据合同当事人的请求，在所有诉讼参与人的参加下，审理和解决合同争议的活动，以及由此产生的一系列法律关系的总和。它是民事诉讼的重要组成部分，是解决合同纠纷的一种重要方式。

◈ 核心技能点

通过本任务的学习，了解农产品经纪人经纪活动的法律依据，明确经纪人的权利和义务，重点掌握经纪合同的内容、签订及注意事项，懂得用法律来保护自身的合法权益。

◈ 实训活动

[案例分析]

身在外地的陈某给经销商刘某发过一条短信，要求其在45天内，按5.8元/千克的价格，给陈某供应10吨某种农产品，刘某回复同意，但要陈某付1万元定金。陈某当即派人送去了定金，刘某也出具了收据。可发货期届满后，由于该种农产品价格几乎翻了一番，经陈某多次要求，刘某只同意退回1万元定金，就是不愿意履行合同，理由是短信约定没有彼此签名盖章，不比白纸黑字，不属于合同范围，其想履行就履行，不想履行就不履行。

根据上述案例，请你分析一下，手机短信合同是法定的书面合同形式吗，刘某的观点是否正确，他是否必须履行该约定。

资料来源：农业知识　2011,6

任务二　消费者权益保护法相关知识

◈ 案例

消费者用法律手段维护自身合法利益

2011 年 6 月 18 日，张先生和妻子一同到镇农贸市场上购物。路过肉摊时，张先生发现个体户刘某摊上的牛肉水汪汪，格外新鲜好看。根据从报刊上学到的知识，张先生断定这批牛肉注了水。但是很多顾客没有这些知识和经验，见这些牛肉颜色好就纷纷购买。张先生觉得有责任将自己的怀疑告诉有关部门。张先生和妻子匆匆赶到镇工商所，向值班所长报告了这一情况。所长带着两位工作人员迅速赶至农贸市场。经检验发现，刘某所售牛肉果然是注水牛肉，而且所注之水相当肮脏。镇工商所立即封存该批牛肉并予没收；同时没收刘某的非法所得，并处以罚款 250 元；对卖出的注水牛肉，作退货处理。

本案例是涉及消费者的监督检举权。《消费者权益保护法》第 15 条规定，消费者享有对商品和服务以及保护消费者权益工作进行监督的权利。消费者有权检举、控告侵害消费者权益的行为和国家机关及其工作人员在保护消费者权益工作中的违法失职行为，有权对保护消费者权益工作提出批评、建议。这是消费者依法享有的监督权。消费者监督权的主体，既可以是直接购买、使用商品或者接受服务的消费者，也可以是其他与之无关的人，非受害人也有权监督、检举和控告侵害消费者权益的权利。消费者权益保护不是哪一单位、哪一部门或者哪一个人的事，而是需要全社会参与其中的一个浩大的系统工程。每个消费者除了积极保护自身的合法权益外，还应当对整个社会的消费者权益保护问题予以关注，途径之一就是行使自己的监督权。国家有关部门、消费者组织、其他社会组织和个人都应当积极配合、支持消费者进行的监督行为。

改编于 wenku.baidu.com　2012-04-03

◈ 知识要点链接

一、消费者权益

在市场经济条件下，生产者、经营者和消费者之间存在着利益上的对立，消费者总是处于弱者地位。1993 年 10 月颁布的《中华人民共和国消费者权益保护法》，标志着我国消费者保护法制建设发展到了一个新阶段，是在市场经济条件下保护消费者、规范经营者行为的重要手段。农产品经纪人作为经营主体，在经营活动中应该严格遵守该法的规定。

（一）消费者权益的含义

消费者权益保护法中所涉及的“消费者”，主要是指为生活消费需要购买、使用商品或者接受服务的人。在特殊情况下也包括生产资料的消费者，如农民的生产性消费活动等。消费者权益包括消费者的利益与权利，消费者利益即消费者在购买商品和接受服务时所应得到的正当利益，如安全、经济、省时、方便等，消费者权利即消费者利益在法律上的表现。

(二)消费者的权利

消费者权利,是指在法律保障下,消费者有权做出一定的行为或者要求他人做出或不做出一定的行为。我国《消费者权益保护法》根据世界各国的法律立法经验,明确规定了消费者享有以下权利:

1. 消费者的安全权

安全权是指消费者在购买和使用商品或接受服务时所享有的人身和财产安全不受侵害的权利,这是消费者最重要的权利,包括人身安全权和财产安全权两方面的内容。

2. 消费者的知情权

《消费者权益保护法》第 8 条第 1 款规定:“消费者享有知悉其购买、使用的商品或者接受的服务的真实情况的权利”。

3. 消费者的选择权

选择权是指消费者根据自己的意愿自主地选择其购买的商品及接受的服务的权利,该项权利表明,消费者有权自主选择提供商品或者服务的经营者,自主选择商品品种或者服务方式,自主决定购买或不购买任何一种商品,接受或不接受任何一项服务。

4. 消费者的公平交易权

公平交易是市场经济的一项准则,其核心是消费者以一定数量的货币可以换得同等价值的商品或者服务。由于法律规定消费者与经营者享有平等的法律地位,消费者购买或者不购买任何一种商品、接受或不接受任何一项服务都具有自主的选择权。

5. 消费者的损害赔偿请求权

消费者享有的损害赔偿请求权简称求偿权,是指消费者在购买、使用商品或者接受服务受到人身、财产损害时享有依法获得赔偿的权利,包括人身损害赔偿请求权和财产损害赔偿请求权。

6. 消费者的结社权

消费者的结社权是指消费者享有的,依照中国有关法律的规定成立社会团体,以维护自身合法权益的权利。

7. 消费者获得有关知识的权利

消费者获得有关知识的权利是指消费者享有获得有关消费者和消费者权益保护方面的知识的权利。

8. 消费者的监督权

消费者的监督权是指消费者享有对商品和服务进行监督以及对保护消费者权益工作进行监督的法定权利,它是社会监督的重要组成部分。

9. 消费者的受尊重权

受尊重权是指消费者在购买、使用商品和接受服务时,享有人格尊严、民族风俗习惯受到尊重的权利。人格尊严受到尊重,是消费者应享有的最起码的权利之一。

二、经营者的义务

经营者作为消费活动的一方主体,是实现消费者权益保护的义务承担者。

(一)经营者的约定义务

在消费活动中经营者一般通过口头承诺或格式合同形式与消费者缔结合同。对于这类合同经营者必须按照合同法律的有关规定，承担合同约定的义务。

(二)经营者的法定义务

(1)经营者向消费者提供商品或者服务，应当依照《中华人民共和国产品质量法》和其他有关法律、法规的规定履行义务。

(2)经营者应当听取消费者对其提供的商品或者服务的意见，接受消费者的监督。

(3)经营者应当保证其提供的商品或者服务符合保障人身、财产安全的要求。对可能危及人身、财产安全的商品和服务，应当向消费者做出真实的说明和明确的警示，并说明和标明正确使用商品或者接受服务的方法以及防止危害发生的方法。

(4)经营者应当向消费者提供有关商品或者服务的真实信息，不得作引人误解的虚假宣传。

(5)经营者应当标明其真实名称和标记。

(6)经营者提供商品或者服务，应当按照国家有关规定或者商业惯例向消费者出具购货凭证或者服务单据；消费者索要购货凭证或者服务单据的，经营者必须出具。

(7)经营者应当保证在正常使用商品或者接受服务的情况下，其提供的商品或者服务应当具有的质量、性能、用途和有效期限，但消费者在购买该商品或者接受该服务前已经知道其存在瑕疵的除外。

(8)经营者提供商品或者服务，按照国家规定或者与消费者的约定，承担包修、包换、包退或者其他责任的，应当按照国家规定或者约定履行，不得故意拖延或者无理拒绝。

(9)经营者不得以格式合同、通知、声明、店堂告示等方式做出对消费者不公平、不合理的规定，或者减轻、免除其损害消费者合法权益应当承担的民事责任。

(10)经营者不得对消费者进行侮辱、诽谤，不得搜查消费者的身体及其携带的物品，不得侵犯消费者的人身自由。

三、消费者权益争议的解决和法律责任

消费者和经营者发生消费者权益争议的，可以通过下列途径解决。

1.消费者与经营者协商和解

当消费者和经营者因商品或服务发生争议时，协商和解应作为首选方式，特别是因误解产生的争议，通过解释、谦让及其他补救措施，便可化解矛盾，平息争议。协商和解必须在自愿平等的基础上进行。重大纠纷，双方立场对立严重，要求相距甚远的，可寻求其他解决方式。

2.消费者请求消费者协会调解

消费者协会是依法成立的对商品和服务进行社会监督的保护消费者合法权益的社会团体。消费者权益保护法明确消费者协会具有七项职能，其中之一是对消费者的投诉事项进行调查、调解。消费者协会作为保护消费者权益的社会团体，调解经营者和消费者之间的争议，应依照法律、行政法规及公认的商业道德从事，并由双方自愿接受和执行。

3.消费者向有关行政部门申诉

政府有关行政部门依法具有规范经营者的经营行为，维护消费者合法权益和市场经济秩序的职能。消费者权益争议涉及的领域很广，当权益受到侵害时，消费者可根据具体情况，向不同的行政职能部门，如物价部门、工商行政管理部门、技术质量监督部门等提出申诉，求得行政救济。

4.消费者提请仲裁

由仲裁机构解决争端，在国际国内商贸活动中被广泛采用。消费者权益争议亦可通过仲裁途径予以解决。不过，仲裁必须具备的前提条件是双方订有书面仲裁协议(或书面仲裁条款)。在一般的消费活动中，大多数情况下没有必要也没有条件签订仲裁协议。因此，在消费领域，很少有以仲裁方式解决争议的。

5.消费者向人民法院提起诉讼

消费者权益保护法及相关法律都规定，消费者权益受到损害时，可径直向人民法院起诉，也可因不服行政处罚决定而向人民法院起诉。司法审判具有权威性、强制性，是解决各种争议的最后手段。消费者为求公正解决争议，可依法行使诉讼权。

四、解决争议的几项特定规则

1.销售者的先行赔付义务

消费者在购买、使用商品时，其合法权益受到损害的，可以向销售者要求赔偿。销售者赔偿后，属于生产者的责任或者属于向销售者提供商品的其他销售者的责任的，销售者有权向生产者或者其他销售者追偿。

2.生产者与销售者的连带责任

消费者或者其他受害人因商品缺陷造成人身、财产损害的，可以向销售者要求赔偿，也可以向生产者要求赔偿。属于生产者责任的，销售者赔偿后，有权向生产者追偿。属于销售者责任的，生产者赔偿后，有权向销售者追偿。此时，销售者与生产者被看作一个整体，对消费者承担连带责任。

3.变更后的企业仍应承担赔偿责任

企业的变更是市场经济活动中常见的现象。为防止经营者利用企业变更之机逃避对消费者应承担的损害赔偿责任，消费者权益保护法规定：消费者在购买、使用商品或者接受服务时，其合法权益受到损害，因原企业分立、合并的可以向变更后承受其权利义务的企业要求赔偿。

4.营业执照持有人与租借人的赔偿责任

出租、出借营业执照或租用、借用他人营业执照是违反工商行政管理法规的行为。消费者权益保护法规定：使用他人营业执照的违法经营者提供商品或者服务，损害消费者合法权益的，消费者可向其要求赔偿，也可以向营业执照的持有人要求赔偿。

5.展销会举办者、柜台出租者的特殊责任

通过展销会、出租柜台销售商品或者提供服务，不同于一般的店铺营销方式。为了在展销会结束后或出租柜台期满后，使消费者能够获得赔偿，消费者权益保护法规定，消费者在展销会、租赁柜台购买商品或者接受服务，其合法权益受到损害的，可以向销售者或服务者要求赔偿。展销会结束或者柜台租赁期满后，也可以向展销会的举办者、柜台的出租者要求赔偿。展销会的举办者、柜台的出租者赔偿后，有权向销售者或者服务者追偿。

6.虚假广告的广告主与广告经营者的责任

广告对消费行为的影响是尽人皆知的。为规范广告行为，广告法、消费者权益保护法均对虚假广告作了禁止性规定。消费者权益保护法规定，当消费者因虚假广告而购买、使用商品或者接受服务时，若合法权益受到损害，可以向利用虚假广告提供商品或服务的经营者要求赔偿。广告的经营者发布虚假广告的，消费者可以请求行政主管部门予以惩处。广告的经营者不能提供经营者的真实名称、地址的，应当承担赔偿责任。

五、侵害消费者权益的法律责任

消费者权益保护法中的法律责任是指经营者违反保护消费者的法律规定或者与消费者约定的义务而应依法承担的法律后果，它是保证经营者依法履行义务的措施，是保护消费者权益的重要手段。根据侵害消费者权益的不同情况，不法经营者应承担的法律责任包括民事责任、行政责任和刑事责任。

1.民事责任

民事责任是经营者违反民事义务应承担的法律后果，民事义务包括法律直接规定的义务，也包括消费者与经营者约定的义务。

2.行政责任

经营者违反行政管理法，实施损害消费者利益的行为，依照法律、法规的规定执行。如果法律、法规未做规定的，由工商行政管理部门责令改正，可以根据不同情况单处或者并处警告、没收非法所得、处以违法所得一倍以上五倍以下的罚款，没有违法所得的，处以一万元以下的罚款，情节严重的，责令停业整顿，吊销营业执照。

3.刑事责任

违反法律，损害消费者权益的行为，不仅可能承担民事责任和行政责任，而且可能承担刑事责任。

◈ 核心技能点

通过学习重点掌握消费者的权利及经营者的义务，作为一名经纪人要懂得用法律手段来保护消费者的合法权益的同时，也是在保护经纪人自身的合法权益。

◈ 实训活动

[案例分析]

李先生在某商店购买一条售价680元的名牌香烟。李先生拆开包装后发现是假烟，马上到商店要求退换。商店负责人回答：香烟一经售出概不退换，李先生遂向烟草专卖管理局投诉，经鉴定，确系假烟。

分析：

(1)商店该行为违反了我国《消费权益保护法》的哪些相关内容？

(2)商店应对李先生负哪些责任？

◈ 阅读资料

农民购买生产资料纳入《消费者权益保护法》保护范围

消费者权益保护法是有关保护消费者在有偿获得商品或接受服务时免受人身、财产损害或侵害的法律规范的总称。消费者权益保护法是对居于弱势地位的消费者提供特别保护的法律，是以保护消费者权利为主要内容的法律。消费者权益保护法有广狭义之分，广义上的消费者权益保护法是指涉及消费者保护的各种法律规范所组成的有机整体。如由消费者保护基本法和其他专门的单行消费者保护的法律和法规，以及其他法律和法规中的有关法律条款的规定组成的有机整体即为广义上的消费者权益保护法。狭义上的消费者权益保护法是指国家有关消费者权益保护的专门立法。在我国广义上的消费者权益保护法包括《广告法》、《价格法》、《食品卫生法》、《产品质量法》等诸多有关消费者权益保护的法律、法规，而狭义上的消费者权益保护法则仅指1993年10月31日第八届全国人大常委会第四次会议通过的《中华人民共和国消费者权益保护法》。

消费者权益保护法是维护消费者利益、保护消费者合法权益的基本法律，是国家对基于消费者弱势地位而给予的特别保护，是维护真正的公平交易市场秩序的法律。之所以说是基于消费者的弱势地位而给予的特别保护，是由于消费者的弱势性而决定的。消费者的弱势性，是指消费者为满足生活消费需要在购买、使用经营者所提供的商品或服务的过程中，因缺乏有关知识、信息以及人格缺陷、受控制等因素，导致安全权、知情权、自主权、公平交易权、受偿权、受尊重权、监督权在一定程度上被剥夺造成消费者权益的损害。

我国是一个农业大国，有80%以上的人口分布在农村。农民个人、家庭、农村集体经济组织为生活需要购买、使用商品或者接受服务，虽然已作为消费者纳入《消费者权益保护法》的调整范围。但是，农民消费者除生活需要消费外，还要从事农业生产，需要购买、使用农业生产资料，因为农民的生活主要还是依赖于农业生产或者是家庭种养殖。农民在购买、使用农业生产资料时，经常受到假劣农药、化肥、种子等农业生产资料的坑害，造成减产、绝产的事件屡见不鲜。农民受害以后，其合法权益经常得不到有效的保护。加之农业生产受客观条件限制，季节性强，生产周期长，一旦受到人为的损害，农民则失去种植的时机，其损失难于弥补。因此，农民在农业生产消费中也处于弱者地位。为了保护农民消费者的利益，《消费者权益保护法》把农民购买生产资料作为特殊情况纳入《消费者权益保护法》的保护范围。

改编于法律快车 www.lawtime.cn 2011-03-08

我国消费者权益保护事业不断完善

近几年，我国举办了一个又一个国际盛会，这些国际性重大盛会在给我国带来前所未有的荣耀的同时，也提出了一系列重大考验，其中包括对消费市场的监督，对消费者合法权益的维护。

2008年的北京奥运会是举世瞩目的盛会，全国上下、各行各业都为奥运会的成功举办贡献了力量。在2008年3月15日国际消费者权益日当天，中消协举办了“消费与责任”高层论坛暨迎奥运大型承诺活动，在活动中，中消协向全国消费者发出倡议，“让我们携起手来，从我做起，从现在做起，为成功举办一届有特色、高水平的奥运会奉献力量，并在奉献中分享奥林匹克带给我们每一个人的欢乐”。来自全国30多家企业以及行业协会代表也参与了承诺活动，表示要强化社会责任，共迎奥运盛会。2008年7月，离奥运会开幕还有一个月，主办地的北京市消费者协会和赛事举办城市天津、上海、沈阳、青岛、秦皇岛、香港的消费者组织，共同向全社会再次发出了“迎奥运、讲文明、营造和谐消费环境”的联合宣言。与此同时，六市一区消费者组织还向广大消费者发出倡议，做文明守法的消费者。

奥运会的热情还激荡在人们心中，两年之后的2010年，世博会又在上海市召开了，这是继北京奥运会之后在我国举办的又一场国际盛会。由于会期长达半年，因此保护消费市场安全，维护消费者权益的责任更显艰巨。为了做好这项工作，早在2010年1月，北京、天津、上海、重庆、江苏、浙江、香港、澳门八地消费者组织在上海市签署合作协议，宣布在上海世博会期间，联合推出跨区域消费维权联动机制。根据这份合作协议，八地消费者组织建立起消费争议异地投诉处理“绿色通道”，联手为世博游客进行消费维权。同年4月19日，距离上海世博会开幕还有10天时间，经过上海市工商局、上海市消费者权益保护委员会严格考察、精心选拔的26名世博会园区消费维权工作人员已经入驻世博园，这26名维权工作人员分布在各个片区，主要负责处理服务点难以解决的消费投诉。此外，上海市工商、消保委系统还在全市主要商圈、旅游景点、饭店设立了119个世博消费维权服务点，每个服务点均设有专人负责接待消费者投诉，对消费纠纷实行“企业和解在先”的处理原则，及时解决消费纠纷，确保世博期间社会稳定。在整个世博会期间，世博园内的2 057件投诉全部获得解决，解决成功率达到100%。

在2010年11月举办的广州亚运会期间，广东省、广州市等地的消费者组织同样为维护中外消费者合法权益，维护消费市场安全稳定和谐，发挥了独特的作用。

中消协先后围绕“消费与环境”、“消费和谐”、“消费与责任”、“消费与发展”、“消费与服务”年主题，通过各种形式开展宣传活动；联合各地消费者组织，邀请政府部门和专家学者，采取网上宣传、访谈和辩论、现场咨询、文艺晚会、专题宣传、维权评选等多种有效形式，扩大年主题的认知度，动员社会各界共同开展维权工作；围绕年主题，大力开展3·15国际消费者权益日宣传活动。

2007年“五一”长假期间，一档由国家工商总局、中消协、中央电视台以及国家质量监督检验检疫总局、卫生部等部门共同打造，由中央电视台《每周质量报告》栏目组制作的《消费者学校》节目播出，大受欢迎，不但重播了多次，而且还在2007年国庆黄金周期间又制作播出了第二期，并再度受到消费者的欢迎。

除了开展消费教育活动之外，中消协每年还投入大量人力物力开展对商品和服务的比较试验，向消费者提供独立、公正的消费品信息，缩小消费者与经营者之间的信息“鸿沟”。针对社会上的一些消费陷阱，中消协以及各地消费者组织及时发布消费警示，如发布了关于选购“家电下乡”产品、食品礼包、学生配镜、陌生飞信、空调安装、选购太阳能热水器、网络购买机票、让烟草远离未成年人等消费警示（提示）。

中消协和各级消费者组织通过辛勤努力，浓墨重彩地写下了我国消费者权益保护事业的精彩篇章，也为今后开创更加美好的消费者权益保护工作新局面搭建了平台，积蓄了力量。

改编于中国消费网·中国消费者报　2011-03-02

任务三　农产品质量安全法相关知识

◈ 案例

寿光农产品质量安全区域化建设

寿光是国家、山东省确定的蔬菜、粮食、果品、水产、畜牧等综合商品基地。寿光农业有较好的基础，特别是蔬菜产业有比较优势。寿光蔬菜产业的大发展，带动了农业农村工作的跨越式发展。农业生产基本实现了区域化布局、规模化经营、专业化生产，并将标准化、基地化、品牌化、高端化作为农业的主攻方向。为了保证农产品质量，他们一方面加强质量监管，进一步完善市、镇、村三级监管网络，全面推行市场准入、基地准出和质量追溯制度，坚决杜绝不合格蔬菜进入市场；另一方面加快绿色有机蔬菜和无公害畜牧养殖两大基地建设，推进农业由分散种植向规模集中转变。同时，加大农业品牌创建力度和种苗产业培育力度，“寿光蔬菜”逐步成为高端农产品的代名词，进一步确立寿光现代农业在全国的示范领先地位。

随着农产品供求关系的变化和人民生活水平的不断提高，市场竞争日趋激烈，农产品质量问题显得越来越突出。要想在现有基础上实现新的突破，就必须坚持以打造“全国最大最安全的蔬菜产销基地”为目标，大力实施标准化、品牌化、产业化、基地化发展战略。为此他们狠抓质量安全监管，把标准化生产作为“寿光蔬菜”的生命线，不断完善市、镇、村三级农产品质量安全监管体系，积极创建国家级农产品质量安全检测中心。积极推进“蔬菜国家标准”创建工作，大力推行“寿光模式”，建立有机蔬菜安全指标权威体系，力争使我市标准成为国家标准，争取2～3年内全市绿色有机蔬菜面积达到60万亩以上。

目前全市已认定“三品”基地71万亩，认证“三品”农产品503个，绿色、有机食品发展到290个，桂河芹菜和寿光独根红韭菜等8个农产品成为国家地理标志产品。建立健全了市农安办统筹调度、镇街道属地管理、村联防联治的市、镇、村三级农产品质量安全监管体系；建立了以市检测中心为龙头，镇街道检测机构为骨干，农产品生产企业、合作组织及村级市场检测机构为补充的市、镇、村三级农产品质量检测体系；建立了以市农业执法大队为主体的市、镇两级农业行政执法体系。实施农药登记备案准入制度，逐步实现优质合格放心农药全覆盖。市财政出资建设了新检测中心，检测能力和效率得到了全面提升。

改编于中共寿光市党务公开网　2011-10-21

◆ 知识要点链接

一、农产品质量安全的内涵

（一）农产品的概念

“民以食为天，食以安为先。”老百姓的餐桌上，相当一部分食物来自农业。“农产品”是指来源于农业的初级产品，即在农业活动中获得的植物、动物、微生物及其产品。农产品质量安全与否，直接关系到老百姓的身体健康。《中华人民共和国农产品质量安全法》由中华人民共和国第十届全国人民代表大会常务委员会第二十一次会议于2006年4月29日通过，自2006年11月1日起施行。农产品质量安全法主要填补了《食品卫生法》和《产品质量法》留下的空白，农产品质量安全法的施行，将对农产品实现从农田到餐桌的全程监管，影响深远。

（二）农产品质量安全

农产品的质量主要是指农产品的外观和内在品质，如营养成分、色香味、口感、加工性能等。安全是防范潜在的危害，农产品的安全主要是指防范农药残留、兽药残留、重金属污染等对人、动植物和环境的危害。通俗地讲，是指食用农产品中不含有可能损害或威胁人体健康的因素，不应导致消费者急性或慢性中毒，或感染疾病，或产生危及消费者身体健康的隐患。

(三)农产品质量安全标准

1.推荐性标准和强制性标准

食用农产品标准从性质上来说，分推荐性标准和强制性标准，推荐性标准是推荐各有关部门采用；强制性标准是在一定范围内强制实施，等同于技术法规，食用农产品的产品标准多为强制性标准。

2.国家标准、行业标准、地方标准和企业标准

农产品标准从层次上来说，分国家标准、行业标准、地方标准和企业标准。国家标准可以通过中国标准出版社查询、购买；行业和地方标准可以通过中国农业出版社查询、购买。

(四)农产品质量安全管理

保障农产品质量安全一靠生产、二靠监管。农产品质量安全管理包括两个层面的管理活动：一是政府宏观层面的监管，二是生产者微观层面的管理。政府监管是指有关行政主管部门为保障农产品消费安全和产业健康发展，依据有关法律法规，对农产品生产环节所开展的监督管理活动。生产管理是指生产者在追求自身利益最大化的前提下，按照有关法规和规范要求，对于实施农业标准化生产技术、保障农产品质量安全而做出的一系列决策反应。

二、农产品质量安全法适用的范围及主要内容

(一)农产品质量安全法适用的范围

1.农产品质量安全法适用的产品范围

农产品质量安全法所指农产品是指来源于农业的初级产品，即在农业活动中获得的植物、动物、微生物及其产品。

2.农产品质量安全法适用的行为主体

农产品质量安全法所指的行为主体既包括农产品的生产者和销售者，也包括农产品质量安全管理者和相应的检测技术机构和人员等。

3.农产品质量安全法适用的管理环节

农产品质量安全法所指的管理环节既包括产地环境、农业投入品的科学合理使用、农产品生产和产后处理的标准化管理，也包括农产品的包装、标识、标志和市场准入管理。可以说，农产品质量安全法对涉及农产品质量安全的方方面面都进行了相应的规范，调整的对象全面、具体，符合中国的国情和农情。

(二)农产品质量安全法的主要内容

1.总则

对农产品的定义，农产品质量安全的内涵，法律的实施主体，农产品质量安全风险评估、风险管理和风险交流，农产品质量安全信息发布，安全优质农产品生产，公众质量安全教育等方面做出了规定。

2.农产品质量安全标准

对农产品质量安全标准体系的建立，农产品质量安全标准的性质，农产品质量安全标准的制定、发布、实施的程序和要求等进行了规定。

3.农产品产地

对农产品禁止生产区域的确定，农产品标准化生产基地的建设，农业投入品的合理使用等

方面做出了规定。

4.农产品生产

对农产品生产技术规范的制定，农业投入品的生产许可与监督抽查、农产品质量安全技术培训与推广、农产品生产档案记录、农产品生产者自检、农产品行业协会自律等方面进行了规定。

5.农产品包装和标识

对农产品分类包装、包装标识、包装材质、转基因标识、动植物检疫标识、无公害农产品标志和优质农产品质量标志做出了规定。

6.监督检查

对农产品质量安全市场准入条件、监测和监督检查制度、检验机构资质、社会监督、现场检查、事故报告、责任追溯、进口农产品质量安全要求等进行了明确规定。

7.法律责任

对各种违法行为的处理、处罚做出了规定。

三、农产品生产者的质量安全责任

1.安全生产责任

《中华人民共和国农产品质量安全法》规定，农产品生产者应当严格执行农业投入品，使用安全间隔期或者休药期的规定，禁止在农产品生产过程中使用国家明令禁止使用的农业投入品。

2.质量自检责任

农产品生产企业和农民专业合作经济组织，应当自行或者委托检测机构对农产品质量安全状况进行检测；经检测不符合农产品质量安全标准的农产品，不得销售。

3.生产记录责任

《中华人民共和国农产品质量安全法》规定，农产品生产企业和农民专业合作经济组织应当建立农产品生产记录，如实记载下列事项：起用农业投入品的名称、来源、用法、用量和使用、停用的日期；动物疫病、植物病虫害的发生和防治情况；收获、屠宰或者捕捞的日期。农产品生产记录应当至少保存2年，禁止伪造农产品生产记录，国家鼓励其他农产品生产者建立农产品生产记录。

四、销售者质量安全责任

1.禁止销售的农产品

《中华人民共和国农产品质量安全法》规定，有下列情形之一的农产品，不得销售：含有国家禁止使用的农药、兽药或者其他化学物质的；农药、兽药等化学物质残留或者含有的重金属等有毒有害物质不符合农产品质量安全标准的；含有的致病性寄生虫、微生物或者生物毒素不符合农产品质量安全标准的；使用的保鲜剂、防腐剂、添加剂等材料不符合国家有关强制性的技术规范的；其他不符合农产品质量安全标准的。

2.农产品批发市场责任

《中华人民共和国农产品质量安全法》规定，农产品批发市场应当设立或者委托农产品质量安全检测机构，对进场销售的农产品质量安全状况进行抽查检测，发现不符合农产品质量安全标准的,应当要求销售者立即停止销售,并向农业行政主管部门报告。农产品销售企业对其销售的农产品,应当建立健全进货检查验收制度,经查验不符合农产品质量安全标准的,不得销售。

五、农产品质量认证管理

农产品质量安全认证是指由认证机构及其检查人员,依据国家相关法律法规和技术标准,按照科学、公正的评定程序,对农产品质量安全及其生产管理体系的质量安全保证能力进行合格评定的活动。近几年来,我国农产品质量安全认证工作从无到有、逐步规范、不断发展,目前基本形成了无公害农产品、绿色食品、有机食品和农产品地理标志(简称"三品一标")为主体的农产品质量安全认证体系(图 6-1)。

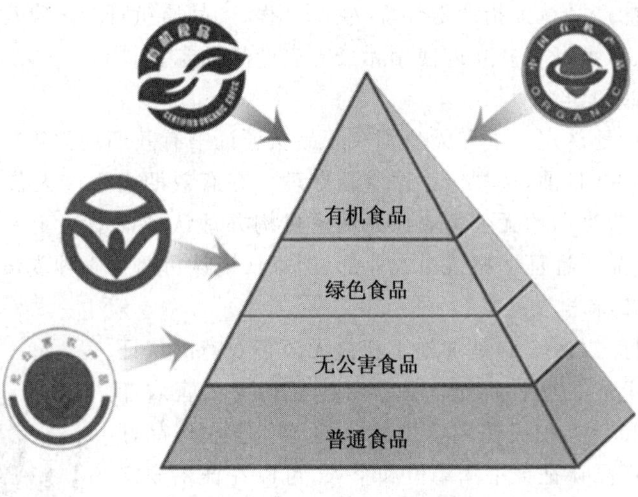

图 6-1 食品等级金字塔

(一)农产品质量认证

1. 农产品质量认证的目标定位

无公害农产品是为了规范农业生产,保障基本安全,满足大众消费;绿色食品是为了提高生产水平,满足更高需求、增强市场竞争力;有机食品则是为了保持良好的生态环境,以及人与自然的和谐共生。

2. 农产品质量认证的质量要求

无公害农产品达到中国普通农产品质量水平;绿色食品达到发达国家普通食品质量水平;有机食品达到生产国或销售国普通农产品质量水平。

3. 农产品质量认证的运作方式

无公害农产品采取政府运作,公益性认证,认证标志、程序、产品目录等由政府统一发布,产地认定与产品认证相结合;绿色食品采取政府推动、市场化运作,质量认证与商标使用权转让相结合;有机食品属于社会化的经营性认证行为,因地制宜、市场化运作。

4. 农产品质量认证的认证方法

无公害农产品和绿色食品认证依据标准,强调从田间到餐桌的全过程质量控制;检查检测并重，注重产品质量。有机食品实行检查员检查制度，在国外通常只进行检查，在国内一般以检查为主，检测为辅，注重生产方式。

5. 农产品质量认证的认证机构

无公害农产品认证由农业部农产品质量安全中心负责；绿色食品认证由中国绿色食品发展中心负责；农业部门的有机食品认证由农业部中绿华夏有机食品认证中心负责。

(二)无公害农产品的产地认定和产品认证

1. 无公害农产品的产地认证

无公害农产品的产地认证指产地和产地环境符合国家有关标准和规范的要求，并通过有资质的检测机构进行检测评价，经省级农业行政主管部门认定，颁发无公害农产品产地认定证书。

2. 无公害农产品的产品认证

无公害农产品的产品认证指产地环境、生产过程、产品质量符合国家有关标准和规范的要求，经认证合格颁发认证证书并允许使用无公害农产品标志。

3. 无公害农产品的证书管理

无公害农产品产地认定证书和无公害农产品认证证书有效期均为年。期满需要继续使用的，应当在有效期满 90 日前，按规定程序重新办理。在有效期内生产无公害农产品认证证书以外的产品品种的，应当向原无公害农产品认证机构办理认证证书的变更手续。无公害农产品产地认定证书、产品认证证书格式由农业部、国家认证认可监督管理委员会规定。

4. 无公害农产品标志

无公害农产品标志(图 6-2)是加施于获得无公害农产品认证的产品或者其包装上的证明性标记。国家鼓励获得无公害农产品认证证书的单位和个人积极使用全国统一的无公害农产品标志。获得无公害农产品认证证书的单位和个人，可以在证书规定的产品或者包装上加施无公害农产品标志，用以证明产品符合无公害农产品标准，延用无公害农产品标志的单位和个人，应当在无公害农产品认证证书规定的产品范围和有效期内使用，不得超范围和逾期使用，不得买卖和转让。无公害农产品的标志，是由农业部和国家认监委联合制定并发布。揭开标志，产品或包装上留有 16 位防伪数码，可以通过查询电话、手机短信和互联网等方式核实查询。

图 6-2 无公害农产品标志

(三)绿色食品认证

1. 绿色食品认证的认证申请

申请人向中国绿色食品发展中心及其所在省绿色食品办公室、绿色食品发展中心领取“绿色食品标志使用申请书”“企业及生产情况调查表”及有关资料，或从网站下载。申请人填写并向所在省绿色食品办公室递交“绿色食品标志使用申请书”“企业及生产情况调查表”。

2. 绿色食品认证的认证审查

绿色食品认证机构收到上述申请材料后，进行登记、编号，并进行材料初审、现场检查、产品抽样、环境监测、产品检测、认证审核和认证评审，对认证合格的申请人颁发《绿色食品标志商标使用许可合同》和绿色证书。

3. 绿色食品标志

绿色食品标志描绘了一幅明媚阳光照耀下的和谐生机，告诉人们绿色食品正是出自纯净、良好生态环境的安全无污染食品，能给人们带来蓬勃的生命力(图 6-3)。同时还提醒人们要保护环境，通过改善人与自然的关系，创造自然界新的和谐。识别绿色食品的真伪，主要看产品编码或企业信息码和标志，假冒产品一般只用绿标或绿色食品字样，没有产品编码或编造不规范的号码。

图 6-3　绿色食品标志

4.《绿色食品标志管理办法》规定

凡具有绿色食品生产条件的单位与个人均可作为绿色食品标志使用权的申请人。绿色食品标志使用权自批准之日起 3 年有效。要求继续使用绿色食品标志的，须在有效期满 90 天内重新申报，未重新申报的，视为自动放弃使用权。

(四)有机食品认证

有机食品是指来自有机农业生产体系，根据有机农业生产标准生产、加工和销售，并经合法认证机构认证，许可使用有机食品标志的产品。有机食品认证采取企业自愿申请、自由选择认证机构的方式。

1. 有机食品认证的认证申请

申请人登录 www.ofcc.org.cn 下载填写“有机食品认证申请书”和“有机食品认证调查表”，下载“有机食品认证书面资料清单”并按要求准备相关材料。目前，国家认监委依据《认证认可条例》批准的从事有机农产品认证的机构共有 27 家。

2. 有机食品认证的审核颁证

认证中心进行文件审核、实地检查、审查评估，交技术委员会审议，做出同意颁证、有条件颁证、有机转换颁证或拒绝颁证的决定。证书有效期为 1 年。

3. 有机食品标志的使用

根据证书和《有机食品标志使用管理规则》的要求，签订《有机食品标志使用许可合同》，并办理有机食品商标(图 6-4)的使用手续。

图 6-4　有机食品标志

4. 保持认证

有机食品认证证书有效期为 1 年，在新的年度里，有机食品认证机构会向获证企业发出“保持认证通知”。获证企业在收到“保持认证通知”后，应按照要求提交认证材料、与联系人沟通确定实地检查时间并及时缴纳相关费用。目前经认证的有机食品主要包括：有机农作物产品(如粮食、水果、蔬菜等)、有机茶产品、有机食用菌产品、有机禽畜产品、有机水产品、有机蜂产品、采集的野生产品以及用上述产品为原料的加工产品。国内市场销售的有机食品主要是蔬菜、大米、茶叶、蜂蜜等。

(五)农产品地理标志保护

农产品地理标志是指标示农产品来源于特定地域，产品品质和相关特征主要取决于自然生态环境、历史人文因素，并以地域名称冠名的特有农产品标志。农产品地理标志登记管理是一项服务于广大农产品生产者的公益行为，主要依托政府推动，登记不收取费用。《农产品地理标志管理办法》规定，县级以上人民政府农业行政主管部门应当将农产品地理标志管理经费编入本部门年度预算。县级以上地方人民政府农业行政主管部门应当将农产品地理标志登记保护和利用纳入本地区的农业和农村经济发展规划，并在政策、资金等方面予以支持，对特色农产品实施地理标志保护是国际通行的做法。根据《农产品地理标志管理办法》规定，农业部负责全国农产品地理标志的登记工作，农业部农产品质量安全中心负责农产品地理标志登记的审查和专家评审工作。省级人民政府农业行政主管部门负责本行政区域内农产品地理标志登记申请的受理和初审工作。农业部设立的农产品地理标志登记专家评审委员会，负责专家评审。

1. 申请条件

农产品地理标志登记保护申请人由县级以上地方人民政府择优确定，应当是农民专业合作经济组织、行业协会等服务性组织，并满足下列条件：

(1)申请人条件

①具有监督和管理农产品地理标志及其产品的能力；

②具有为地理标志农产品生产、加工、营销提供指导服务的能力；

③具有独立承担民事责任的能力。

(2)申请农产品地理标志登记保护的产品应当符合的条件

①称谓由地理区域名称和农产品通用名称构成；

②产品有独特的品质特性或者特定的生产方式；

③产品品质和特色主要取决于独特的自然生态环境和人文历史因素；

④产品有限定的生产区域范围。

⑤产地环境、产品质量符合国家强制性技术规范要求。

2. 农产品地理标志登记

我国农业、质检和工商部门都已开展相关工作，农业部门对农产品地理标志实行登记管理，重在保护农产品地理标志资源、产品品质和传统农耕文化。质检部门主要是对加工领域地理标志产品进行保护。工商部门主要采用商标保护方式，更多从市场打假、维权角度对地理标志进行保护。

3. 农产品地理标志标识

农产品地理标志公共标识基本图案(图 6-5)由中华人民共和国农业部中英文字样、农产品地理标志中英文字样、麦穗、地球、日月等元素构成，图案整体体现了农产品地理标志与地球、人类共存的内涵。

图 6-5　农产品地理标志公共标识基本图案

核心技能点

民以食为天，自古以来农产品的质量与安全关系着整个国家人民的生命健康、生活质量。确保农产品的质量与安全，保证人们吃上放心的食品是公民的道德要求，是公民遵守法律的集中体现，同时也是农产品经营行业得以持续经营的保证。通过本任务学习，要了解《农产品质量安全法》的重要意义、主要内容、具体规定和法律责任，在现实生活中能做到知法、懂法、守法、用法，切实履行义务，依法维护自己的合法权益。

◆ 实训活动

实地参观一个企业，了解该企业的发展状况、发展前景和生产环节，重点了解产品生产各环节安全、品质控制的措施。通过参观实习，同学们既要见识企业的生产场面，也要注意了解国家对产品安全的控制力度，对产品生产、产品质量控制和分析检测有深刻的感官认识。

任务四　反不正当竞争法相关知识

◆ 案例

散布虚假消息涉嫌不正当竞争

江苏的一个保温瓶厂在新闻发布会上，公布了一条“惊世骇俗”的消息，他们说我国百姓几十年来一直使用的保温瓶胆存在着砒霜渗透的问题。他们为了弥补这一缺陷，经过几年的研制，生产出无毒的“金胆”，安全、可靠，是保温瓶生产的一次革命。这一消息引起广大消费者的关注，很多商场也关心这一问题，大家纷纷打听如何购买所谓的“金胆”。这家企业又及时地发出广告，开展“金胆”换“银胆”的销售活动，消费者只要交两元人民币可以用一个“银胆”换一个“金胆”，厂家大发其财。但是，与此同时，全国各地的“银胆”销售受到影响，厂家大量积压产品。另外，很多外国商人闻听此讯，也纷纷发出退货、解除合同等电文和传真。江苏某保温瓶厂“金胆”产品的宣传、广告及销售方法，冲击了其他生产保温瓶厂家的生产、经营，给这些企业造了巨大的经济损失，触怒了许多生产“银胆”的厂家，纷纷要求工商行政管理部门、各级技术监督管理部门调查有关事实真相，为“银胆”平反。经过江苏省技术监督部门的技术鉴定，做出如下结论：①普通的保温瓶所使用的“银胆”根本不存在砒霜渗透的问题；②所谓的“金胆”和普通保温瓶使用的“银胆”在原材料、设计方法、外形、制造工艺等方面都完全一样。当地的工商行政部门经过调查也发现该保温瓶厂生产的所谓“金胆”实际上就是用换来的“银胆”冒充的；鉴于此有关部门做出了如下处罚：①责令该厂立即停止违法行为；②在全国性的报纸杂志上登报一个月，澄清事实的真相，消除影响；③赔偿“银瓶”生产厂家的经济损失；④处以二十万元的罚款。

改编于 www.doc88.com　2012-06-17

◆ 知识要点链接

一、反不正当竞争法概述

竞争是市场经济最基本的运行机制，但不正当竞争行为会窒息市场活力，破坏贸易秩序，阻碍经济的发展，因此，中国社会主义市场经济的有效运行必须建立完善的竞争保护机制。1993年9月颁布的《中华人民共和国反不正当竞争法》(以下简称《反不正当竞争法》)是一部保护公平竞争、制止不正当竞争、保障社会主义市场经济健康发展的重要法律。经纪人作为市场主体，也应自觉地遵守《反不正当竞争法》的规定。

(一)不正当竞争行为的概念

《反不正当竞争法》第 2 条第 2 款规定"本法所称的不正当竞争，是指经营者违反本法规定，损害其他经营者的合法权益，扰乱社会经济秩序的行为"。

(二)不正当竞争行为的类型

1. 混淆行为

混淆行为是经营者采用假冒、仿冒、伪造等欺骗手段，不真实地告知购买者有关商品的制造者、商标、产地、质量等信息，导致或足以导致购买者误认误购的不正当竞争行为。

2. 经济垄断行为

经济垄断行为是指公用企业或者其他依法具有独占地位的经营者，限定他人购买其指定的经营者的商品，排挤其他经营者公平竞争的不正当竞争行为。

3. 行政垄断行为

行政垄断行为是指政府及其所属部门滥用行政权力，限定他人购买其指定的经营者的商品，或限制商品的交易地域的不正当竞争行为。

4. 行贿受贿行为

行贿受贿行为是指经营者为了推销或购买商品，以金钱、物品或其他不正当利益为诱饵进行贿赂的行为。

5. 虚假广告行为

虚假广告行为是指经营者利用广告或其他方法对商品或服务做不真实的公开宣传以及广告经营者经营虚假广告的行为。

6. 侵犯商业秘密行为

侵犯商业秘密行为是指以不正当的手段获取、披露、使用他人商业秘密或允许他人使用通过不正当手段获取的商业秘密的行为。

7. 不正当亏本销售行为

不正当亏本销售行为是指经营者以排挤竞争对手为目的，以低于成本的价格销售商品的行为。

8. 搭售和附加不合理条件的交易行为

这种交易行为是指经营者销售商品时，违背购买者的意愿，强行搭售商品或者附加其他不合理条件的行为。

9. 不正当有奖销售行为

不正当有奖销售行为是指经营者采用巨额奖金或奖品促销商品，或者进行欺骗性有奖销售，或者利用有奖销售推销假冒商品、质次价高商品的行为。

10. 商业诽谤行为

商业诽谤行为是指经营者捏造、散布虚假事实，损害竞争对手的商业信誉、商品声誉的不正当竞争行为。

11. 不正当招投标行为

不正当招投标行为是指投标者串通投标，以抬高或压低标价，或招标者和投标者相互勾结，排挤竞争对手的不正当竞争行为。

二、不正当竞争行为的法律责任

(一)民事责任

民事责任是指当事人违反民事义务而应依法承担的民事法律后果。不正当竞争行为的民事责任主要有赔偿损失和消除影响两种。

1. 赔偿损失

经营者违反《反不正当竞争法》，实施不正当竞争行为给被侵害的经营者造成损害的，应当承担损害赔偿责任，被侵害的经营者的损失难以计算的，赔偿额为侵权人在侵权期间因侵权所获得的利润。

2. 消除影响

经营者捏造、散布虚假事实，损害他人的商业信誉、商品声誉，或者利用广告或其他方法对商品做使人误解的虚假宣传，或者实施假冒商标的不正当竞争行为损害了他人的信誉的，应承担消除影响的法律责任。

(二)行政责任

经营者实施的不正当竞争行为，一经监督检查部门查出，所应承担的行政责任包括：行为无效、责令停止违法行为；改正行为；没收违法所得；罚款、吊销营业执照等。

(三)刑事责任

经营者实施不正当竞争行为，如商标侵权、贿赂销售采购、商业诽谤、虚假广告等，以及监督检查不正当竞争行为的国家工作人员滥用职权、玩忽职守、徇私舞弊、包庇罪犯构成犯罪的，应依法追究刑事责任。

◈ 核心技能点

随着市场经济的迅速发展，竞争的方式和手段都愈加呈现出多样化、复杂化的趋势。同样，不正当竞争的方式和手段也愈加纷繁复杂。如何明晰对实践中正当竞争行为的认识，全面地对该种行为进行法律层面的剖析，成为当下十分必要的课题。通过本任务学习，了解我国反不正当竞争法及主要内容，结合相关案例，在企业经营过程中规范商业行为，依法维护合法权益。

◈ 实训活动

[案例分析 1]

2007 年 8 月，春花纸厂推出“玫瑰”牌餐巾纸，每箱价格为 30 元。该品牌投放市场以后，以其低廉的价格，良好的质量赢得广大消费者的青睐。与此同时，云兰纸厂的“沙龙”牌餐巾纸在市场上却无人问津。云兰纸厂面对严峻的市场形势，做出战略调整，以每箱 28 元的价格投放市场。因云兰纸厂的产品质量也不错,很快就赢得了一定的市场份额。2008年3月,春花纸厂将产品价格降为25元每箱。于是,双方打起了价格大战。2008年7月,云兰纸厂为了彻底击垮对手,做出了大胆决定,以低于成本价的每箱18元的价格投放市场,并同时优化纸质。2009年2月,云兰纸厂凭借其雄厚的实力终于将对手击垮。2009年2月19日,春花纸厂因产品滞销、财政困难而停产。2009年3月13日,春花纸厂向人民法院提起诉讼,状告云兰纸厂的不正当竞争行为,并要求赔偿损失。

试分析:云兰纸厂的行为构成不正当竞争行为吗?如果构成不正当竞争行为应承担怎样的法律责任?

[案例分析2]

2010年年初,某市决定兴建一条连接本市两河岸交通的大桥,采取招标方式选择承包商。某建筑公司为保证能以最低的标价中标,多方寻找能获得其他建筑公司投标价的机会。在得知负责本次招标的张某是本公司一职员李某的大学同学后,该公司领导让李某去说情,并承诺如果该公司能够获得承包权的话,就给李某1万元的好处费,张某10万元的好处费。李某去找张某,张某答应帮忙,并在投标截止日前一天把其他建筑公司的投标价和投标文件等信息泄露给了该公司,据此该建筑公司以低于上述最低投标价1.5万元和其他更优惠的条件在投标截止最后期限前递交了投标书。在评标、决标过程中,张某利用其负责人的地位对评标委员会其他成员施加影响,致使该建筑公司最终获得了该大桥的施工合同。其他建筑公司对此事很是不满意,举报到工商行政部门,工商行政管理部门经过仔细的调查取证,经查证:其他建筑公司反映的情况属实,依《反不正当竞争法》第14条、第27条判定该中标无效,并对该建筑公司处以20万元人民币的罚款,将受贿的张某和行贿的李某及该建筑公司有关人员移送司法机关处理。

试分析:该建筑公司的行为,应否承担法律责任?

项目七　农产品经纪人应具备的经营管理知识

◈ 项目设置背景

农产品经纪人虽然提供的是中介服务，但整个经纪活动中蕴含着丰富的管理思想。经纪活动不是简单地联系农产品供需双方，而是一系列的经营活动。在这个经营活动中，农产品经纪人要想在市场上生存，更好地服务于农村经济的发展，就需要经纪人了解市场需求，掌握农产品的采购、销售等若干方法；能根据实际情况对农产品发展趋势做出合理的判断与预测；对农产品成本做出正确的核算。从经纪人本身的发展着眼，如何运作整个经纪队伍，同样需要经营管理知识的帮助。

◈ 引导案例

农产品经纪人迫切需要掌握经济管理知识

1999 年以来，在秦州区农产品产销一线活跃着一批思想活、路子广的农产品经纪人。他们的出现，对推动农产品对外销售，服务农村经济，促进全区农业经济发展做出了积极贡献。但自 2002—2009 年这八年的发展高峰期后，农产品经纪人的生意却越来越清淡，原因何在呢？

48 岁的秦州区太京乡村民景先生是秦州区第一批农产品经纪人，从 1999 年开始，他就开始从事农产品异地销售的生意，是天水市农产品交易发展中走在前列的资深经纪人，曾经获得过市政府颁发的“优秀经纪人”和“党员示范岗”等奖励。景先生表示自 2009 年以后这门生意非常不好做，一来各种费用都在涨，人工费、库存费、代办费等都是一个劲地涨；二来从事这个行业的人也越来越多，竞争压力非常大。因此作为经纪人首先得了解市场行情，熟悉周边几个省市农产品的价格；其次还要有畅通的物流，以保证农产品在运输中不会因为延迟而坏掉；最后还要有开阔的收购渠道，确保可以在销售旺季不断货。

景先生还算了一笔账：以人工费来说，我们将农产品装车需要不少工人来参与装卸，一袋 30 千克的大蒜的搬运费以前是每袋 3 元多，今年涨到了每袋 5 元，一车货的装卸费用就要几百元，此外，运输费也越来越贵，一车蔬菜拉到西安的蔬菜批发市场时成本就要将近 2 000 元。对于反季节农产品来说，他们的做法是在果品收获期大量收购，然后存入冷库，等该农产品停产之后再拿出来进行销售，这样既能保证消费者能够吃到想吃的农产品，也能较大的提升我们的附加利润。但如今冷库库存费也涨到每斤货品 0.12 元了，这样每吨货每个月的库存费就是三四百元，无形中又增加我们的成本。

景先生和他的几个合伙人下一步计划着成立一家农产品贸易公司，从个人单干转为正规化的共同经营，并进一步加大投入，使农产品经营能够走上企业化的道路，这样既能带动当地经济，帮助农户提高收入，又能对农户所种植的品种拥有较大的选择权，指导农户种植市场所需或所缺的农产品，达成真正的特色化、区域化农产品生产，真正实现市场经济对农业的调控作用，以避免“菜贵伤民、菜贱伤农”等不正常市场规律，使得消费者和种植户双方都能得到满意的结果。他们目前面临的困难主要有两方面，一是目前的市场行情不是很稳定；二是农产品经纪人缺乏经营管理方面的知识。但只要农产品经纪人能够正确认识到“特色化、区域化、正规化”这三点，不断加强自身学习，农产品经营的发展之路就会明朗许多，也会好走许多。

改编于秦州区外宣办　2013-05-03

任务一　经营决策知识

◆ 案例

农民当起“花经纪”　鲜花卖到欧洲去

十几年前，赖学看村里有人种剑兰花赚了钱，就也照比学样地种了起来。当时种剑兰主要是卖种球，但到了春夏，地里的剑兰开起了花，一片姹紫嫣红的灿烂，赖学和村民就掐了花让过路的车捎去北京或沈阳的花店卖，但花捎走了，却常常拿不回钱。赖学就趁农闲时自己搭车去北京和沈阳，跑花店和市场，卖了自己和亲戚的花。后来，村里人觉得他老实厚道靠得住，就托他把自己的花也捎带上卖。几年后，随着鲜花种植面积的不断扩大，越来越多的人托他卖花，赖学对鲜花市场也越来越明白，特别是北京和沈阳的花商也主动与他联系，并经常找他代收鲜花托运到北京、沈阳，给他一些酬劳。赖学就这样被赶鸭子上架地当起了经纪人。

在辛杖子村像赖学这样的种了半辈子地的“土经纪人”有几十位。2000 年，辛杖子村建起了凌源市第一个花卉市场。有了市场，凌源市的鲜花生产已经以每年 1 万亩的速度迅速发展，并辐射到朝阳地区及附近 10 个县区。2004 年 10 月，一个占地 9.6 万米^2、投资 3 600 万元的花卉交易市场在辛杖子竣工并投入运营。这是目前东北地区规模最大、功能最全的综合性大型花卉交易市场，能容纳 3 000 人同时交易，被省政府确定为省级农业产业化龙头企业和省级扶贫龙头企业。市场有了，而作为连接市场与花农的经纪人，此刻显得尤为重要。为了让更多具有现代经营意识和理念的农村经纪人走进花卉流通领域，凌源市工商局帮助花卉市场采取各种措施，吸引全市农村和下岗职工中有经济头脑的人成为花卉经纪人。

对许多初涉市场的经纪人来说，知识缺乏、不懂相关法规、不懂交易技巧，结果常常发生合同违约、上当被骗等情况。针对这种情况，凌源市工商局积极与花卉市场联系，定期举办经纪人培训班。今年 4 月，在省工商局和朝阳市工商局的支持下，他们专门请来了辽宁行政学院教授、辽宁省经纪人首席讲师陈文成等人，就经纪人业务知识、《合同法》及经纪人谈判技巧等方面内容，进行了系统的培训和辅导。经考试合格后，花卉经纪人全部持证上岗。

随着花卉经纪人队伍的不断壮大，2005 年初在凌源市工商局的支持和协助下，凌源市花卉经纪人协会宣布成立。花卉协会聚集了具有丰富经验和经济实力的一些经纪人，他们开始成立自己的公司，实行进口种球、种子供应、鲜切花生产、运输、销售和国产种子、种球外销及恒温储存等一条龙服务，并设售后服务部，探索“公司＋农户”、“公司＋中介＋农户”、“公司＋协会＋农户”等发展模式，发展“订单花卉”，创立花卉龙头企业。

改编于辽宁日报　2006-06-28

农产品经纪人协会以全新经营模式引导农民进入市场

杭州市萧山区农产品经纪人协会，是由区供销社牵头组建的杭州地区供销社系统第一家由农产品经纪人个人和农产品流通企业、农民专业合作社及其他有关单位、组织、社团、个人自愿参加组成的专业性、非营利性社团组织。协会的宗旨是在自愿、互利、民主、平等的原则上，以农产品经纪人为主体，通过构建农产品经纪人的工作平台、农产品信息平台、技术培训平台，来提高从业人员的专业技能，增加农产品的价值，促进农产品的流通，更好地为农业、农村、农民服务。

萧山区农产品经纪人协会成立以来，充分依托方方面面的优势，积极构建农产品经纪人的工作平台、农产品信息平台、职业技能培训平台和科研服务平台，努力把协会办成全体会员的"娘家"。

依托区供销社人、财、物等方面的优势，构建农产品经纪人工作平台。协会在区供销社的大力支持下，积极做好协会的日常工作。区供销社为协会注入了开办经费，落实专门力量加强对协会工作的指导和服务，帮助其规范运作。同时建立了农产品经纪人档案。

依托农产品经纪人职业技能鉴定中心萧山工作站的优势，构建农产品经纪人职业技能培训平台。协会充分利用这一平台，根据《萧山区农民素质培训工程实施意见》的要求，制定了我区农产品经纪人培训工作方案，积极开展农产品经纪人职业资格的培训、考核、鉴定和发证的一站式服务工作。

依托杭州农科院的科研合作平台，构建农产品经纪人服务农民专业合作社的科研平台。协会成立以来，已牵头为杭州盛红大棚蔬菜专业合作社建立市农科院新品种新技术示范推广基地，邀请农科院专家为合作社社员进行现场指导，努力提高农产品品质。同时帮助杭州万农粮食专业合作社落实了170亩冬闲田开发项目，通过绿肥栽培，圈养优质白鹅，切实提高土地利用率，增加合作社社员的经济效益。

依托区供销社遍布区内外的农产品销售网络，构建农产品营销信息平台。协会充分利用区供销社系统遍布城乡和区内外的农产品销售网络及万丰集团网站、供销社网站、舒兰农业公司网站、汇林食品公司网站、钱江蔬菜公司网站等虚拟网络，搭建农产品信息、营销和服务大平台，引导各农民专业合作社生产的产品进市场、进超市。协会还将与区供销社紧密协作，组建萧山地方名特优农产品展馆，既把萧山农民生产的名特优农产品销出去，又将萧山市民需要的外地名特优农产品引进来，进一步搞活农产品流通。

改编于 www. xsnet. cn 萧山网　2008-08-25

◈ 知识要点链接

一、经营管理的含义

凡是存在人群的地方，需要共同生活的领域，都存在着管理。任何行为个体无论是否有所意识，他都直接参与了管理，管他人或被他人所管。因此管理的含义可以表述为：管理就是通过计划、组织和控制等一系列的活动，合理配置组织内部的各种资源，以达到组织既定目标的过程。管理的特点包括以下几个方面：

1. 管理是人类的活动

管理活动必须要有人参与，它体现为管理的主体一定是人，管理的客体除了客观事物之外，还有人。而现代管理的观点认为：在管理客体中，人是日益重要的因素，对客观事物管理效率的高低，取决于对人管理的效率。

2. 管理是有目的的活动

没有规定预期目的的活动，必然是杂乱无章的，不能视为管理。只要有了既定的目标，即使该目标没有实现或没有全部实现，这样的活动也是管理。

3. 管理要达到既定的组织目标，就必须采取特定的方式，使用特定的方法

随着社会经济的发展，会出现效率更高、适应性更强的管理方式和管理方法，它体现了管理的动态性这一特征。

4. 管理是一种系统活动

这表现为管理的对象具有系统的特征，管理活动是由一系列相互联系的职能而组成的综合系统活动，管理是协调各种关系的过程。

5. 管理是一个动态过程

无论是管理的主体、客体，还是管理的手段及其相互关系都随组织内部环境和外部环境的变化而变化。

二、树立正确的经营管理理念

经营理念是企业的一种资源，而且是能动的、活跃的资源。经营理念作为一种资源，必然以一定的形态存在，它体现为观念的集合。经营理念由以下观念组成。

1. 市场观念

按市场需求进行生产已经是企业经营者必备的常识，但由于对市场的看法不同，就形成了各种不同的市场观念。

(1)趋同式经营的市场观念。持这种观念的人们主要是受小生产观念的影响，看别人行事。这是个体农民从事贩卖活动的观念，当看到市场上需要黄瓜就赶紧卖黄瓜，这时可能发现市场又开始要茄子了，总是在追，但总是追不上。

(2)求异式经营的市场观念。这种市场观念是与趋同式经营方式相对立的一种观念，该观念认为有效的经营者必是与众不同的经营者，他们的成功就在于自己的特色。这种经营者最重视市场，他们把市场看成是企业生存的空间。从事经纪活动当然要赚钱，但他们不把赚钱当作目的，而是把企业更好地生存和发展当成目的。如果为了几个钱而把市场丢掉，那么将来又从哪里赚钱呢？如果一时少赚几个钱，甚至赔钱，但牢牢地占领了市场，那么将来就能赚大钱。按照这种思路所确立的市场观念，当赚钱与市场发生冲突的时候，就会毫不犹豫地抛开赚钱而抓住市场。

2. 用户观念

用户观念是把用户作为经营的出发点，同时又把用户作为经营的归宿，经营始终围绕着一个中心展开，那就是使用户满意。怎样才能使用户满意呢？那就要自觉地调整自己的观念、习惯和爱好，通过深入研究市场和消费者的需求，去迎合用户的观念、习惯和爱好。在价值规律铁的事实面前，没什么可选择的，只有一条，就是去“迎合”用户。

3. 竞争观念

竞争是与市场经济相联系而存在的客观现象，只要企业存在着独立的经济利益，那么相互间就存在着竞争。

4. 盈利观念

盈利，或者说是赚钱，这是企业不需要回避的问题。有三种赚钱的方式：第一种，你赚了人家的钱，人家感谢你；第二种，你赚了人家的钱，人家骂你；第三种，没赚着钱，还挨了一顿骂。只有第一种才是确立了正确的盈利观念。将消费者的利益与企业的利益统一起来，盈利越多，说明企业为消费者服务得越好。

5. 信息观念

企业参与市场竞争，固有的人、财、物等资源并不能自然地产生效益，它们需要组合在一定的结构中，结构决定功能。只有在获得信息的情况下，这种合理的结构才能建立起来，否则，这些资源就会被白白地消耗掉。

6. 时间观念

首先，资金具有时间价值，就是企业收回的资金经过投资可以增值。企业的经济效益与资金的周转速度有关，而资金周转的快慢，则表明经营成果的大小；其次，时间就是经营机会，机会总是与时间相联系而存在，机不可失，失不再来。在经营中，抢先一步，海阔天空；落后一步，寸步难行。因此，在经营中不但要善于发现机会，而且更要善于抓住机会。

7. 创新观念

企业的生命力在于它的创新能力，创新观念既包括创造新的产品，也包括创造新的经营方式。创新要有科学的思想，这个思想就是永不满足于已经取得的成就，创新要有最基本的条件，这个条件就是有一批勇于探索，富于创造精神的人才。

三、农产品经营决策内容和要求

经营决策是经营的核心问题，科学的决策是指经营者为自己未来的经营活动确定目标，并从两个以上的可行方案中选择一个合理方案的工作过程。决策是经营者特有的工作，是其他经营工作展开的根据。决策不仅是解决眼前的问题，而且是基于战略考虑的决断。

（一）经营决策的内容

1. 销售决策

主要指销售渠道、销售方式、销售地点、产品价格、产品包装及广告促销、售后服务等方面的决策。

2. 供应决策

指原材料的采购渠道、方式、储备量及仓库管理等方面的决策。

3. 财务决策

包括资金来源、分配、使用、消耗、补偿及产品成本、利润、收益分配等方面的决策。

4. 投资决策

指投资方向、投资额等方面的决策。

（二）经营决策的要求

经营决策是经营者的一项基本活动，它关系到经营单位的生存和发展，关系到单位人、财、物的使用方向及其经济效益。因而在经营者进行经营决策时应遵循一些基本要求，增强科学性，减少失误。

1.及时性

市场具有瞬息万变的特征，任何决策都是有风险的。因而决策者必须及时发现影响经营单位生存、成长的积极因素和限制性因素，做出决策，抓住机遇。任何一个决策的正确与否都是与当时的环境条件相联系的。

2.经济性

经营者的生产经营活动的目的是取得经济效益，因而决策必须掌握经济性原则，在生产经营过程中，应考虑资金的时间价值、机会成本、资金收益率等经济因素和指标，并进行各种核算，以取得经济效益。

3.系统性

即进行经营决策应综合考虑各种制约因素和有利条件，正确处理好当前利益与长远利益之间的关系。

4.灵活性

根据单位内外部条件的变化，及时调整决策的重点和内容。

四、经营决策的程序

1.提出问题

管理中的问题是指在组织目标的实现过程中先要研究讨论并加以解决的矛盾、疑难点，它经常表现为管理中各项活动的实际执行结果与预期结果之间的差距。如果实际结果与计划预期规定的结果相差甚远，那就说明在管理中存在许多问题需要解决。

2.预测分析

预测是决策和计划的前提和基础，没有科学的预测，就不能有科学的决策。预测需要掌握大量的信息和数据，这些信息不仅包括有关的历史资料，而且包括对未来情况的估计和预测，在预测的基础上对管理问题进行深入的分析。

3.制订方案

制订可行的经营方案的阶段也是集思广益的阶段。在这一阶段应当使人们的想法充分地表达出来，就某一单独的管理问题的解决和处理办法，可以设计出许多具体的实施方案来，并说明各种方案之间的区别和联系。只有存在两个以上的多种可供选择的方案才构成决策。制订各种备选方案是为了管理者比较各种方案，并从中选出一种最适合的方案。

4.评价和选择方案

决策就是要对某问题做出最后的处理决定。正确的决策总是以达到目标为基本目的，选择方案时应注意使用科学适宜的方法。

5.经营决策的执行和反馈

决策的执行和反馈是决策程序的重要内容。没有决策的执行，就不能达到决策的目的；没有决策的反馈就不能比较分析问题的处理效果，也不能为下一轮决策提供必要的信息。

经营决策的程序见图7-1。

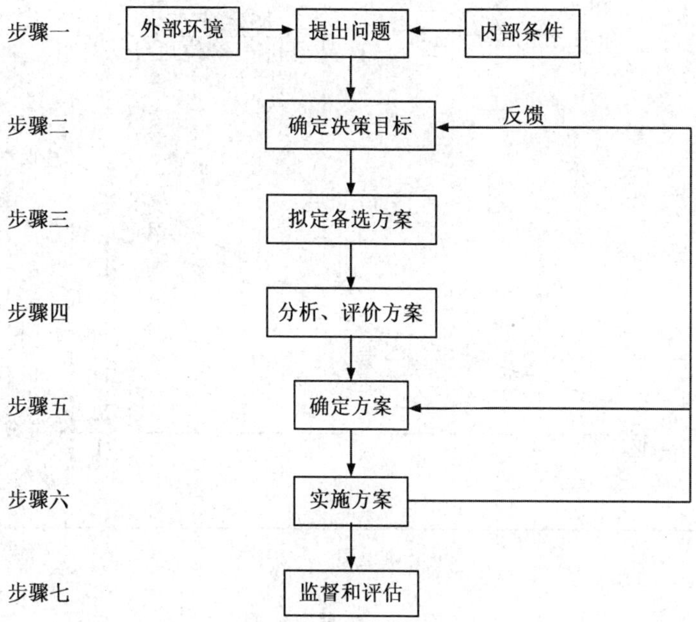

图 7-1 经营决策的程序

五、经营决策的方法

(一)本量利决策法

经营决策的方法很多,最常用的方法是盈亏平衡分析法,也就是本量利分析法或保本分析法。其基本思路是根据产量、成本、价格和利润之间的数量关系,找出合理的选择方案。

1. 产量、成本变化与利润变化之间的关系

利润＝收入－成本

＝产量×产品单价－(固定成本＋可变成本)

＝产量×产品单价－固定成本－产量×单位可变成本

式中的固定成本是指不随产量变动而变动的成本,如企业管理人员的工资、按年限法计提的折旧费、租赁费、保险费和广告费等;可变成本是指随着产量的增减而变动的成本,如材料费、计件工资和燃料费等。

2. 确定盈亏平衡点的产量

盈亏平衡点产量是指企业不盈不亏时的产量。人们从事企业经营就是为了获得利润,影响利润的因素很多,但最不确定的因素是销售量。所以管理者总是希望抛开销售量的因素,先找出本企业的盈亏平衡点产量是多少,然后看某个方案所带来的销售量是多少。如果一个方案的销售量大于盈亏平衡点产量,说明该方案有利可图,是可取的;否则就会亏本,是不可取的。所以盈亏平衡点产量也是决策的一个重要依据。盈亏平衡点分析法研究产量、成本等因素对利润的影响,它把重点放在寻找盈亏平衡点的产量上(图 7-2)。根据前述有关各个量之间的关系,可以求得:

$$盈亏平衡点产销量=\frac{固定成本}{产品单价-单位可变成本}$$

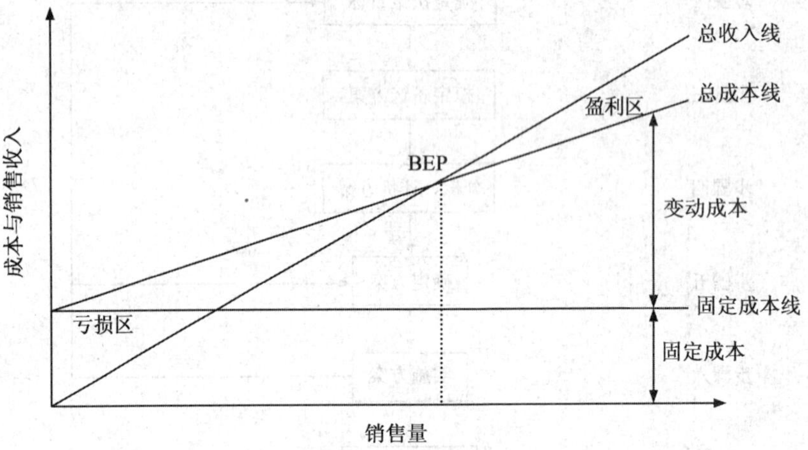

图 7-2　本量利分析

3. 确定企业的经营安全率

企业的经营安全率是利用盈亏平衡点法的原理来表示企业经营状态的一个重要指标，是指产品盈利销售量比实际销售量的百分比，比值越大，安全率也就越高，说明企业经营状况越好。经营安全率的计算公式如下：

$$经营安全率=\frac{实际年产销量-盈亏平衡点产量}{实际年产销量}$$

盈亏平衡点分析法是一种在企业里得到广泛应用的决策分析方法。它的应用范围很广，可以用于确定保本和保利润销售量；确定最佳的价格水平和质量水平；确定选用什么样的技术来生产某种产品；分析各种因素变动对利润的影响；判断企业经营安全状况等方面。

(二)机会成本决策法

成本是指消耗在某种具体产品上的各种支出，它是利润的减项，与利润大小呈反向变化，成本越高，利润也就越低。为说明机会成本的含义，先来看一个例子，假如你有块地，这块地只能种植一种作物，种了小麦就不能种玉米，种了水稻就不能种小麦。又假设我们根据有关市场行情可以大略估计出该块地种植小麦、玉米和水稻时所能取得的收益(利润)，分别为小麦 500 元，玉米 400 元，水稻 600 元，自然我们会选择利润最高的水稻项目。可这样一来该块土地就不能种小麦和玉米，从而可能造成的损失是 500 元或 400 元，这 500 元或 400 元就是我们因选择了种水稻所放弃的它本可以用来种植小麦和玉米所能带来的最大收益。这 500 元或 400 元我们就称为机会成本，这就是用机会成本来选择经营投入的思路。

经纪人在经营中遇到的首要问题就是选择哪些项目进行经营，选择的标准是利润最大化，也就是在众多可能的项目中选择那个利润最大的项目。以利润为目标选择经营项目是市场经营本身的要求，市场经济是讲求效益的经济，讲究有投入就要有产出。

六、风险管理

(一)风险管理的概念

所谓风险管理,就是经济单位和个人在对风险进行识别、预测、评价的基础上,优化各种风险处理技术,以一定的风险成本达到有效控制和处理风险的过程。

农产品经纪人所涉及的农业风险管理,是指风险管理主体通过对风险的认识、衡量和分析,优化组合最佳风险管理技术,以最小成本使农业生产经营者获得最大安全保障的一系列经济管理活动。农业风险管理既是影响农业发展以及国民经济发展的一个基本管理范畴,也是现代农业生产活动中一项不可或缺的组成部分。其主要功能主要体现在减少农业风险发生的可能性和降低农业风险给农民造成意外损失的程度。就管理层次而言,农业风险管理可以分为微观风险管理、中观风险管理和宏观风险管理。

(二)农业风险管理的目标

农业风险管理的总目标是以最小成本达到最大安全保障。具体而言,农业风险管理包括安全目标、经济目标和生态目标。

1.安全目标

所谓安全目标,就是要求农业为社会提供充足而安全可靠的农副产品,保证人们的生活质量持续提高,社会和谐稳定和文明进步。通过农业风险管理,不仅可以为社会提供充足的农产品,维持人类的基本生存,满足整个国民经济对农业的需求;还可以最大限度地消除或减轻农业风险对人们的各种危害。

2.经济目标

所谓经济目标,即对农业风险的管理应以最小的成本,取得尽可能好的社会经济效益。或者说,既要有利于资源的优化配置,提高农业综合生产力,又不要过分加重政府的财政负担,同时还要有利于实现均衡的市场价格,提高农业经营管理的水平和农业经济效益。

3.生态目标

所谓生态目标,就是要求在进行农业生产时,必须注重合理开发利用和保护自然资源、维护和改善生态环境。把开发利用、保护治理及资源增值有机地结合起来,发挥资源优化组合功能,形成各具特色的持续平衡的生态系统,并对资源与环境的动态变化进行监测,实行科学规划和管理。

(三)农业风险管理的措施

农业风险类别不同,其管理手段亦不相同。大致可以分为规避、预防、通过经济手段转移和救灾救济等方式。

1.风险规避

风险规避的方式主要有两种:一是为规避某一风险带来的损失,放弃该项农业生产活动,或者为了避免新技术应用可能带来的风险,农业生产者选择成熟的、已经大面积推广的技术使用;二是通过降低农业收入在家庭总收入中的比重,规避农业风险可能带来的损失。

2.风险预防

预防是指在损失发生前为消除或减少损失所采取的各种措施。包括:一是为降低农业风险损失所采取的工程或技术措施;二是多样化种植,分散风险;三是国家通过宏观经济调控稳定农业经济,降低农业的波动性。

3. 风险转移

风险转移虽然不能降低风险损失的大小,但可以通过一定经济手段转移或分摊损失,降低某一时段内风险对生产的影响。以经济手段转移农业风险的方式有两种:一是保险转嫁。保险转嫁是指农业生产者以小额保险费为代价,将农业生产风险转移给农业保险经营者。农业保险作为一种财务安排方法,是一种科学管理和化解农业风险的制度建设,具有将灾前防灾防损与灾后及时补偿结为一体的优越性。既降低了农业风险对农业生产经营主体的损害,也降低了社会经济发展的成本,是农业生产的稳定器。二是非保险转嫁。非保险转嫁是指通过各类经济合同将可能产生的潜在损失后果转嫁给他人的方法。农产品经纪人在从事经济活动过程中,可以利用合同条款等将有关活动的潜在风险损失转嫁给他人承担。这种风险转嫁的优点在于应用范围广、费用低廉、灵活适用,可以弥补保险之不足。但其局限性在于它常受合同条款、法律条文的限制,带有一定程度的盲目性,需要以健全的法律体系为条件。

4. 救灾救济

救灾救济是指依靠政府或社会力量对受灾地区人民的生产、生活进行经济补偿与救助的行为,分为政府救济和民间救济。但是,救灾救济只是作为一种临时性的帮助行为,其实施没有法律保障。

◈ 核心技能点

农产品经纪活动属于第三产业的范畴,因此农产品经营必须充分分析内外部环境的要素,结合自身条件的优势、劣势和外部环境的机会、风险做出合适的经营决策。由于市场行为也会存在时间的滞后性,所以做好战略管理十分必要。通过学习了解经营管理的相关知识,掌握经营决策的方法,会运用定量分析的方法,对经营风险进行评估。

◈ 实训活动

选择一种农产品,收集相关资料,分析外部环境变化会对农产品经营产生什么影响?结合外部环境的机遇与风险,给出经营的决策和战略思考。

任务二　农村财务管理知识

◈ 案例

小额贷款助农产品经纪人走上致富路

农产品经纪人有较强的市场经济意识和组织能力,掌握着农产品的供求状况,引导着众多分散经营的农户进入千变万化的市场,加快了农产品商品化的进程,并为促进地方经济发展发挥积极的作用。但不少农产品经纪人刚起步,经济实力不是很强,资金周转常会碰到困难。农村合作银行附海支行充分利用农产品经纪人在促进新农村建设中的桥梁纽带作用,加强与农产品经纪人的联络，积极为他们创造良好的贷款环境，推出了农户小额贷款、农民经纪人从事农产品流通贷款，帮助他们走上自主创业的致富大道。农村合作银行附海支行采用以"一户带多户"的方式，深入了解辖内"三农"生产经营基本情况，掌握他们的金融服务需求，提供针对性、有效性服务。在立足农户小额贷款、农产品经纪人从事农产品流通贷款的基础上，还推出了新农村青年创业贷款、丰收卡小额贷款、个人农村集体土地房抵押贷款等一系列"农"字号金融服务产品，支持当地特色农业、基地农业、生态农业以及规模化农业的发展。附海镇东海村村民陈乾根自前几年从农村合作银行附海支行贷款10万元，搞起规模种植和农产品购销，如今，他共承包了500多亩土地，种植大豆、南瓜、甘蓝包菜、大白菜、榨菜等蔬菜，到现在年销售达150万元，净利润就有50万元。还成了远近闻名的农产品经纪人，每年帮助农户销售的各类蔬菜达1 000多万元。在附海镇，像陈乾根这样受该支行帮助的农产品经纪人已有215人，累计贷款达2 000万元。

改编于 http://www.cixi.gov.cn 2009-11-10

◈ 知识要点链接

一、农村财务管理的概念和意义

(一)农村财务管理的含义

农村财务管理是指对直接归农民集体占有、支配、管理的各种资产所发生的一切收入、使用、分配等财务活动的核算、计划、监督与控制。其基本任务是：贯彻和执行党和国家的财经政策与法令；加强财务管理和监督；管好用活集体资金，保证集体财产不受损失；积极筹集资金，增加生产经营资金的投入，扩大集体收入和积累，促进农村经济发展；搞好经济核算工作，改善经营管理，努力增加收入，不断降低费用水平，提高经济效益；搞好承包合同的签订、结算和兑现工作；正确处理国家、集体、个人之间的经济利益关系和农村集体内部各行业、各经营层次之间的经济利益关系；贯彻社会主义分配原则，搞好收益分配工作；管理和监督所属企事业单位的财务活动。

(二)农村财务管理工作在农村经济发展中的作用

(1)做好财务管理是发展农业生产，切实提高经济效益的需要。财务管理的主要目标是提高经济效益。农村集体要发展农业生产，开发各种经济资源，迫切需要加强财务管理，管好用活集体资金，开拓生产资金的来源渠道，有效地利用现有的生产要素，增加各项生产经营和管理服务收入，努力降低各项费用开支水平，从而提高经济效益。

(2)做好财务管理是壮大集体经济，充分发挥农村集体经济组织统一职能的需要，同时也是维护集体经济组织及其成员合法权益的需要。加强财务管理工作，可以确保集体资产的安全与完整，实现集体资产的保值增值，巩固与壮大集体经济。通过加强财务管理，积极帮助和指导下属企事业单位和农户搞好生产经营，充分调动他们的生产积极性，正确处理好同他们的经济利益关系，确保农村集体经济组织经营的统一职能切实履行，并在履行职能的同时维护集体经济组织及其成员的利益。

(3)做好财务管理是加强农村基层民主政治建设和廉政建设的需要，也是农村社会稳定的需要。农村财务管理工作是根据党和国家的有关方针、政策、法规、制度来开展的。财务管理搞好了，就能保证党和国家的方针、政策、法规、制度在农村的顺利贯彻落实。当前农村正在开展以村务公开为主要内容的基层民主政治建设，而村务公开的重点是财务公开。

二、经纪人筹集资金的技巧

(一)农产品经纪人筹资的目的

筹资是指生产经营者根据生产经营、对外投资及调整资本结构的需要，通过筹资渠道和资金市场，运用筹资方式，从外部有关单位、个人和经营单位内部筹措和集中所需资金的财务活动。筹集资金是经营者的基本财务活动，筹资管理是农产品经纪人经营管理的重要内容。

1. 为经纪组织的创立而筹资

资金是企业从事生产经营活动的基本条件。企业的创立是以充分的资金准备为基本前提的。创立企业，首先必须筹集足够的资本金，然后取得会计师事务所的验资证明，据以到工商行政管理部门办理注册登记，方能开展正式生产经营活动。

2. 为企业发展而筹资

企业的发展集中表现为扩大收入，扩大收入的根本途径是扩大销售量，提高产品质量，增加新品种，这就要求企业不断扩大生产经营规模，不断更新设备进行技术改造，合理调整企业的生产经营结构或扩大新的投资领域，不断提高企业员工的素质等。这些都会引起企业资金需求量的增加，只有以足够的资金投放才能保证其实现。因此，企业的发展阶段，也是企业资金需求量扩张的阶段。

3. 为了偿还债务而筹资

经营者为了获得投资收益或是为了满足资金周转的临时需要，可以通过举债方式来满足生产经营的需要。而债务都有一定的期限，到期必须归还。如果企业现有支付能力不足以偿还到期债务，或者企业虽有支付能力，但偿还到期债务将影响资本结构的合理性时，就需要为偿还债务而筹集资金。

(二)资金的来源

资金从哪里来的实质是资金渠道问题，筹集资金的渠道是指农产品经纪人取得资金的来源。目前，农产品经纪人筹集资金的渠道，归纳起来有以下几个方面：

1. 银行信贷资金

银行贷款是农产品经纪人的重要资金来源，银行资金雄厚，贷款方式也能灵活地适应生产经营过程中的各种需要，如固定资产借款、各种流动资金借款及其他方式的短期和长期借款，它是经营者资金的重要供应渠道。

2. 非银行金融机构资金

各级政府主办的其他金融机构主要有农村信用社、信托投资公司、租赁公司、保险公司等，这些金融机构的资金力量比银行小，但其资金供应灵活方便，而且可以提供其他多方面的服务，在目前市场经济条件下有广阔的发展前途。

3. 其他经营者投入的资金

农产品经纪人在其生产经营过程中，有时会出现资金紧张，有时也会出现部分资金暂时闲置甚至会较长时间地腾出部分资金，以供在经营者之间相互调剂使用。随着经济的发展，农村经营者之间的资金联合和资金融通有了很广泛的发展。

4.个人投入资金

随着我国改革的不断深入和经济的快速发展，人们生活水平普遍得到很大提高，这就使得城乡居民手中有很可观的闲散资金。企业职工和城乡居民的投资，就属于个人资金渠道。

(三)农产品经纪人借款技巧

1.借款应注意的问题

(1)按经济规律办事才能得到银行贷款的支持。无论是新建企业，还是改、扩建企业扩大生产能力，都要通过市场调查，考虑产品的市场供求状况，根据市场需求及其变化趋势来决定企业的规模。精心论证建设项目的可行性，一个好的可行性研究报告，对于争取项目贷款的优先支持具有十分重要的作用。可行性研究要论证项目是否符合国家的方针、政策和有关规定；是否在技术上合理、可行，经济上合算，重点要把企业的经济效益作为可行性研究的出发点和落脚点。

(2)企业不要好高骛远，应该量力而行。企业应充分考虑当地资源状况和企业产品的市场需求，确定生产规模。

(3)选择合适的借款申请时间。要做到这一点，就要了解银行贷款规模、编制下达的大体时间、银行计划年度新增贷款规模等情况。

(4)多走几家银行。由于现在金融体制改革的不断深化和金融机构的增加，一个地区，一个城市内往往会设立多家银行机构。这种情况的出现，一方面有利于搞活经济，另一方面不可避免地会出现信贷资金分配、使用上的差异，有时甲银行投资性贷款已经安排完毕，乙银行可能还仍留有余地。农产品经纪人应在国家政策允许的范围内，多走几家银行，力争及时得到有关银行的信贷支持。

2.保持良好的银企关系

(1)保持良好银企关系的作用。在现有的经济条件下，任何企业都不可能脱离银行而独立开展经济活动。在此，企业与银行保持良好的关系，企业的生产经营活动会受益无穷。

①良好的银企关系能使企业获得充足的资金来源；

②良好的银企关系能使企业减少资金占压；

③良好的银企关系能使企业获得大量的经济信息；

④良好的银企关系可以提高企业的信誉。

(2)保持良好银企关系的方法

①注重信誉。银行最关心的是企业的经济效益，最担心的是企业的经济效益不佳，无力按期偿还贷款。因此，企业在与银行的交往中，首先要使银行对贷款的安全性绝对放心。

②注重培养与银行经办人员的感情。企业在与银行的交往中，一般要从最初意义上的公事公办而发展到建立在同志之间友谊上的公事公办。如果与经办人员建立深厚的私交，那么经办人员就会设身处地地为企业着想，在不违反国家方针政策的前提下，主动为企业出主意，想办法，排忧解难。

③要有耐心。企业在与银行的业务交往中，不能要求银行办事事事顺利，因为许多事情成功与否，要受许多客观因素的影响。因此，企业办事一时受挫，也要有耐心。

④主动、热情地配合银行开展各项工作。任何理解都是双方的，帮助也是如此。银行帮助企业，企业也应帮助银行做好各项工作，如配合银行检查企业贷款使用情况和资金使用情况，努力完成银行管理流动资金所提出的各项要求，配合银行开展对企业的各项调查等，认真填写

报送银行的财务报表，这都有利于保持良好的银企关系。

三、农产品经纪人投资的技巧

（一）对外投资的概念

对外投资是指为谋求其他利益而将资产让渡给其他单位所获得的另一项资产。主要包括货币资金投资、实物资产投资和无形资产投资等。

农产品经纪人除了将资产用于本身的生产经营服务活动以外，还可以根据国家法律、法规和政策的规定将资产投资到其他单位进行对外投资。对外投资主要有两个方面的特征：一是对外投资是以让渡某项资产而换取的另一项资产；二是对外投资所流入的经济利益与其他资产为农产品经纪人带来的经济利益在形式上有所不同，如出售产品可以直接带来经济利益，而对外投资通常是将资产转让给其他单位，通过其他单位使用这些资产而创造效益后分配取得的。

（二）对外投资的管理

农产品经纪人或经纪组织应当建立对外投资业务内部控制制度，明确审批人和经办人的权限、程序、责任和相关控制措施。对于审批人超越授权范围审批的对外投资业务，经办人有权拒绝办理，并及时向上级主管部门反映。应当加强投资收益的控制，对外投资获取的利息、股利以及其他收益，应纳入会计核算体系，严禁设置账外账。对定期或不定期监督检查过程中发现的对外投资业务内部控制中的薄弱环节，应当及时采取措施，加以纠正和完善。

（三）对外投资的技巧

1. 注意选择好项目实施团队

无论资金实力有多雄厚，市场、原料供给条件多优越，所置设备多先进，对项目起决定作用的最终还是人，是项目实施团队，核心竞争能力存在于企业人的身上，核心竞争力深深根植于人的技巧、知识、个人能力和合作精神之中，选择好项目实施团队远比选择项目本身重要得多。

2. 注意对项目的前期分析

对投资项目的前期分析是战略决策从书面走向实践的关键一步。应从法律、市场前景、财务和整合资源能力等多个角度对实施项目的可行性进行分析。

3. 注意投资项目的"安全性"

这里所说的安全，包括员工操作"安全"、生产环境"安全"、劳动保护"安全"、产品使用"安全"等，总之投资一定要注意各方面的"安全"，项目才有可能获得成功。

4. 注意投资项目的环保

随着我国经济总体水平的提高及人们环保意识的加强，环境保护的整体要求在不断提高。但由于各地区经济发展水平不同，可能实际要求存在差异，同一地区各个发展阶段不同，要求也不一样，但总体来说全国、全球对环保的要求都在逐年提高，如果投资项目有带污染性的三废外排，投资设计时就应考虑做到达标排放，不注意到这一点，以后再来补课，发生费用将更大，项目预计的好的效益可能就会被未来的废水、废气等环保处理费用给吞食，因此企业项目投资一定要注意环保事项。

5. 注意与现有产业相衔接

投资是为了获利，要获利就得发挥现有优势，节约各种支出。对大多数农产品经纪人来说，优势是对现在从事产业的了解和成熟的运作，投资要获利还得控制成本，提高现有资源的利用率是节约支出最有效的办法。进行新的投资时首先应当考虑是否能与现有产业链衔接，投资对现有产品的技术提升，生产能力提升，或投资现有产品上、下游，成功的机会应当更多一些。

6.注意与所在地区产业相连接

随着我国改革开放和经济发展，国内已形成许多专业生产区域的格局，而原料集散市场、产品的集中展示集散市场，对行业布局非常重要。在这些区域里所有生产资源、技术资源、市场资源、劳动力资源相对集中并配套，形成了一些一小时经济圈，半小时经济圈，在这一经济圈内许多费用都是国内最低的，甚至是世界最低，如果企业投资能与地区优势相结合，成功的可能性也将大大提高。

四、农产品经纪人资产管理技巧

（一）流动资产管理

一般来说，流动资产包括货币资金、应收及预付款项、存货等。

1.货币资金管理

(1)货币资金概述。货币资金是资产的重要组成部分，是资产中流动性最强的资产。根据货币资金存放地点及其用途不同，货币资金分为库存现金和银行存款。

货币资金具有如下特点：一是具有最强的流动性，收支极为频繁，易于移动，任何人可以用其来换取其他财物，容易被盗或挪用，受损失的风险较大。二是货币资金业务与其他业务具有广泛的联系，业务量大，造成其发生账务处理错误的概率比较大。由于货币资金具有高度流动性，加强货币资金的管理和控制是至关重要的。

(2)货币资金管理。农产品经纪人或经纪组织要根据实际情况，设计货币资金支出业务流程，确定不相容职务并确保其相互分离，建立严格的支付授权批准制度。根据国家有关规定，结合实际情况明确各种货币资金结算支付方式的使用范围。货币资金支出应尽可能使用支票、汇票等方式通过银行进行支付，以避免更多人接触现金。现金开支项目一般仅限于日常零星开支和工资及个人劳务报酬支出等项目。

2.应收款项管理

(1)应收款项概述。应收款项划分为两类。一是农产品经纪人或经纪组织与外部单位和个人发生的应收及暂付款项，为外部应收款，以“应收款”科目核算；二是合作社与所属单位和成员发生的应收及暂付款项，为内部应收款，以“成员往来”科目核算。

(2)应收款管理。要确保应收账款管理的及时性和有效性，确保每一笔应收账款的入账、调整、冲销都有相应凭证有据可查，并经过授权审批；确保应收账款及收款的账务记录正确完整；保证折扣、折让经过审批，杜绝盲目折扣与折让；完整收取各项现金收入并保证其安全。

经过销售发货后，对于赊销订单形成的应收账款应予以严格管理，并应定期进行核查，进行相关处理。在收款前，无论赊销或现销都应在经过审批后确定折扣和折让的额度，及时进行收款。农产品经纪人或经纪组织应建立有关应收账款管理、折扣和折让及收款的规章制度，根据不相容职务分离原则和授权控制原则，保证在应收账款管理和收款的过程中不会出现舞弊和错漏。应定期检查应收账款及收款结果，如差异不大，可以认为应收账款内部控制运行状况良好，如不一致，应分析原因，进一步完善内部控制；实收款项应与订单上预计款项保持一致，不一致时应及时查明原因，并加以完善。

3. 存货管理

(1)存货概述。存货是指在生产经营过程中持有的以备出售，或者仍然处于生产过程中，或者在生产或提供劳务过程中将消耗的各种材料、物资等。具体来讲，存货包括各种材料、燃料、机械零配件、包装物、种子、化肥、农药、农产品、在产品、半成品、产成品等。

(2)存货管理。存货是一项重要的流动资产，正确的存货管理方法可以通过降低企业的平均资金占用水平，提高存货的流转速度和总资产周转率，最终提高企业的经济效益。通过加强企业存货管理，达到降低企业综合成本的目标，有效地保证企业生产经营活动的连续正常进行，从而提高产品的竞争能力，确保企业持续、稳定、健康地发展。

①建立适合自身发展需要的计算机存货管理系统。企业要根据自己的需要，建立适用的存货管理系统，以便可以实时、动态了解企业的存货信息，提高存货运营效率。按统一的会计制度规定进行核算，对存货的核算应及时、准确和完整。

②建立科学高效的存货管理制度。企业应建立起科学高效的存货管理制度，并随着企业的发展不断完善。存货的日常控制方法应采用存货归口分级管理责任制。制订指标部门应参照历史数据，结合本期实际情况，分解存货资金计划指标给企业各有关职能部门进行管理。

③制订存货规划。存货的规划是控制存货水平，降低资金占用，使存货效益和成本达到最优化的存货事前控制方法。做好存货规划，首先应制订经济订货规划，确定好经济订货批量，再订货点，及时补货，避免缺货。其次，要确定存货资金的占用额，通常可以采用以下三种方法：一是根据各种存货平均每天的周转额和其资金的周转日数来确定存货资金数额的周转期法；二是以上年存货资金占用额为基础，分析计划年度各项变动因素加以调整后确定资金数额的因素分析法；三是根据存货资金与有关因素的比例关系来确定资金数额的比例法。

④完善内部控制，确保其行之有效。一是做好岗位分工控制；二是做好验收与入库的控制；三是做好仓储与保管控制；四是做好监督与检查。

⑤合理整合内部物流资源，充分利用第三方物流企业。内部物流资源是指有利于加强存货管理的所有资源，如仓储资源、人力资源、信息资源、管理资源、运输资源等。

(二)固定资产管理

1. 固定资产的概述

一般来说，农产品经纪人的固定资产要根据其经营内容与范围来确定，可能涉及使用期限在1年以上的房屋、建筑物、机器、机械、运输工具、产畜和役畜，使用土地、机井、水泥晒场、经济林木、防护林、养殖池以及其他与生产经营有关的设备、器具、工具等。此外，单价在2 000元以上，且使用期限超过2年的物品，也可列入固定资产。

2. 固定资产的来源管理

①购入的固定资产。购入不需要安装的固定资产，按实际支付的买价加采购费、包装费、运杂费、保险费和交纳的有关税金等，借记“固定资产”科目，贷记“银行存款”、“应付款”等科目；购入需要安装的固定资产，要先通过“在建工程”科目核算其实际购置和安装成本，待安装完毕交付使用时再转入“固定资产”科目。

②自行建造的固定资产。经纪人组织自营工程主要通过“在建工程”科目进行核算，“在建工程”科目主要核算经纪人为工程所发生的实际支出，以及改扩建工程等转入的固定资产净值。

③改建、扩建的固定资产。经纪人由于生产经营的需要，有时需对原有固定资产进行改建或扩建。对于在改建扩建过程中拆除部分的固定资产价值，从理论上讲，应该从原有的固定资产价值中扣除，但在实际工作中，为了简化核算工作，一般情况下不予扣除。改建扩建后的价值按原有固定资产的账面原值，加上由于改建扩建而增加的支出，减去改建扩建过程中发生的变价收入后的余额作为固定资产的原值。在原有固定资产的基础上进行改建扩建，不增加固定资产数量，只增加其价值。农产品经纪人进行固定资产的改建扩建，可以自营，也可以采取发包方式进行。

④投资者投入的固定资产。投资者作为资本投入新的固定资产，按照投资各方确认的价值，借记本科目，按照经过批准的投资者所应拥有以注册资本份额计算的资本金金额，贷记"股金"科目，按照两者之间的差额，借记或贷记"资本公积"科目。

⑤接受捐赠的固定资产。农产品经纪人接受捐赠的固定资产，按照所附发票所列金额加上应支付的相关税费，借记"固定资产"科目，贷记"专项基金"科目；如果捐赠方未提供有关凭据，则按其市价或同类、类似固定资产的市场价格估计的金额，加上由经纪人负担的运输费、保险费、安装调试费等作为固定资产成本，借记"固定资产"科目，贷记"专项基金"科目。

⑥国家财政直接补助资金形成固定资产。经纪组织或经纪人接受国家财政直接补助资金，建造固定资产。在接受财政补助资金时，借记"银行存款"科目，贷记"专项应付款"科目；固定资产建造过程中发生的支出通过"在建工程"科目核算，待固定资产建造完成，交付使用时，将"在建工程"转入"固定资产"科目，同时，借记"专项应付款"科目，贷记"专项基金"科目。

3. 固定资产的折旧管理

固定资产折旧是指在固定资产使用寿命内，按照确定的方法对应计提折旧额进行系统分摊。

①固定资产折旧的范围。应计提折旧的固定资产主要包括：房屋和建筑物(不论是否使用)；在用的机械、机器设备、运输车辆、工具器具；季节性停用和大修理停用的固定资产，其中，季节性使用的固定资产要在使用期内提足全年折旧；融资租入和以经营租赁方式租出的固定资产。

②固定资产折旧的计算方法。固定资产的折旧方法可在"平均年限法"、"工作量法"等方法中任选一种。折旧方法一经选定，不得随意变动。提取折旧时，可以采用个别折旧率，也可以采用分类折旧率或综合折旧率计提。

4. 固定资产减少的管理

固定资产减少是指因实物形态消失或因所有权发生转移，而需注销账面原值，保持账实相符的情况。经纪人在生产经营过程中，对不适用或不需用的固定资产，通过对外出售的方式进行处置；对由于使用而不断磨损直到最终报废或由于技术进步等原因发生提前报废、由于遭受自然灾害等非正常损失发生毁损的固定资产及时进行清理，都会造成固定资产的减少。另外，合作社以固定资产对外投资、发生固定资产盘亏等也会造成固定资产的减少。农产品经纪人对各种情况下的固定资产减少都要及时组织核算，加强管理。

(三)无形资产的管理

1. 无形资产的内容

无形资产包括专利权、商标权和非专利技术等。

2. 无形资产的管理

①外购无形资产。经纪人购入的无形资产，应以实际支付的价款作为入账价值。如果无形资产是与其他资产一同购入的，则应依据所购入各单项资产公允价值的相对比例将总成本进行分配，以确定无形资产和其他资产的入账价值。

②接受投资转入无形资产。接受投资转入的无形资产，应以投资各方确认的价值作为入账价值。一般情况下，接受投资转入的无形资产，其入账价值按投资各方确认的价值确定。

③接受捐赠取得无形资产。经纪人接受捐赠无形资产，其入账价值应分别以下列情况确定：捐赠方提供了有关凭证的，按凭证上标明的金额加上应支付的相关税费确定；捐赠方没有提供相关凭证的，按同类或类似无形资产的市场价值加上应支付的相关税费确定。

④自行开发无形资产。经纪人自行开发并依法申请取得的无形资产，其入账价值应按依法取得时发生的注册费、律师费等费用确定；依法申请取得前发生的研究与开发费用，应于发生时确认为当期费用。已经计入各期费用的研究与开发费用，在该项无形资产获得成功并依法申请取得专利时，不得再将原已记入费用的研究与开发费用予以资本化。无形资产在确认后发生的支出，应在发生时计入当期损益。

五、财务评价与分析

财务评价与分析主要由财务指标来体现，一般包括偿债能力指标、营运能力指标和盈利能力指标。具体包括流动比率、速动比率、应收账款周转率、存货周转率、资产负债率、资本金利润率、营业收入利税率、成本费用利润率等。

1. 流动比率

流动比率是衡量资产在短期债务到期以前可以变为现金，用于偿付流动负债的能力。计算公式为：

$$\text{流动比率}=\frac{\text{流动资产}}{\text{流动负债}}\times 100\%$$

2. 资产负债率

资产负债率用于衡量利用债权人提供资金进行经营活动的能力，反映债权人发放贷款的安全程度。计算公式为：

$$\text{资产负债率}=\frac{\text{负债总额}}{\text{全部资产总额}}\times 100\%$$

3. 应收账款周转率

应收账款周转率用于反映企业应收账款的流动程度。计算公式为：

$$\text{应收账款周转率}=\frac{\text{赊销收入净额}}{\text{平均应收账款余额}}\times 100\%$$

$$\text{赊销收入净额}=\text{销售收入}-\text{现销收入}-\text{销售退回、折让、折扣}$$

$$\text{平均应收账款余额}=\frac{\text{期初应收账款}+\text{期末应收账款}}{2}$$

4. 存货周转率

存货周转率用于衡量企业销售能力和存货是否过量。计算公式为：

$$存货周转率=\frac{销货成本}{平均存货}\times 100\%$$

$$平均存货=\frac{期初存货+期末存货}{2}$$

5.资本金利润率

资本金利润率用于衡量投资者投入企业资本金的获利能力。计算公式为：

$$资本金利润率=\frac{利润总额}{资本金总额}\times 100\%$$

6.营业收入利税率

营业收入利税率用于衡量营业的收益水平。计算公式为：

$$营业收入利税率=\frac{利税总额}{营业收入}\times 100\%$$

7.成本费用利润率

成本费用利润率反映成本费用与利润的关系。计算公式为：

$$成本费用利润率=\frac{利润总额}{成本费用总额}\times 100\%$$

◈ 核心技能点

在经纪组织中，财务管理就是要在没有资金的时候筹集资金，并且花最小的代价及时筹集到所需的数额；有了资金后，就要合理利用资金，把每一分钱都恰到好处地运用到刀刃上，并且要让钱生钱，合理运用资金，也就是搞好投资；在资金运用过程中还需要不断监督资金的使用情况和安全完整性；在获得收益时又要合理分配资金，既要补充原来的成本费用开支，还要考虑是否扩大投入，追加投资，将追加的投资追加到哪些项目上，做好资金筹划。这些就是财务管理的内容。通过本任务的学习，要求掌握资金运用的管理方法，也就是对资金筹集、资金运用以及资金分配的策划与管理。

◈ 实训活动

[案例分析]

可口可乐决胜奥运

世界上第一瓶可口可乐于1886年诞生于美国。这种神奇的饮料以它不可抗拒的魅力征服了全世界数以亿计的消费者，成为“世界饮料之王”。在《商业周刊》“2003年全球1 000家最有价值品牌”的评选活动中，它以704.5亿美元的品牌价值名列榜首。伦敦《金融时报》披露了2004年世界最受尊敬的企业排行榜，在食品饮料类企业中，可口可乐蝉联排行榜第一。

但是，就在可口可乐如日中天之时，竟然有另外一家同样高举“可乐”大旗、敢于向其挑战的企业，它宣称要成为“全世界顾客最喜欢的公司”，并且在与可口可乐的交锋中越战越强，最终形成分庭抗礼之势，这就是百事可乐公司。

百事可乐同样诞生于美国，那是在1898年，比可口可乐的问世晚了12年。百事可乐于20世纪70年代在美国始负盛名。青年们特别爱喝这种健康饮料，以致一度在美国社会学和社会语言学上出现了一个 Pepsi Generation(“百事可乐一代”),专指 70 年代的美国青年。在《商业周刊》“2003 年全球 1 000 家最有价值品牌”的评选活动中,百事可乐位居第四位。2004 年百事可乐在营业收入总额和增长率方面都超过了可口可乐。

可口可乐与百事可乐的竞争缠绵百年。随着年轻一族日益成为消费主体,百事可乐的“新一代选择”广告策略成功抢夺了大批年轻消费者,并用强大的明星阵容和宣传气势压倒了可口可乐。但是在堪称体育营销年的 2004 年,全球饮料巨头可口可乐为时下最火热的体育营销写下了精彩注脚。

事情的经过是这样的:在刘翔巴黎世锦赛夺得铜牌之前,可口可乐与他取得了联系。经过认真筛选和评估后,可口可乐看中了他的潜质,“只花一个星期就签订了合同”。

2004 年雅典奥运会期间,每天在赛事直播中反复出现的一个由刘翔和滕海滨出演的“要爽由自己”的广告,随着奥运圣火的越烧越旺,随着刘翔夺得小组第一名,并开始与欧美人竞争金牌,极大地刺激了社会的消费欲望,推动了可口可乐的品牌影响力和终端销售。此时,百事的娱乐明星广告却被人们淡忘。刘翔夺得奥运会冠军后,以刘翔名字命名的“刘翔特别版”可乐在各地几近脱销,可口可乐反败为胜!

用最小的成本获得了最大化的商业价值——这是可口可乐胜利的关键。可口可乐的成功绝非偶然。它一向把“欢乐、活力”作为两大宣传重点,其最佳创意表现当然是与音乐、运动相联系。从 1928 年阿姆斯特丹奥运会,可口可乐就开始向奥运会提供赞助。此次可口可乐的奥运战略是一年之前就形成的,可口可乐开始“选秀”时,大多数公司连奥运计划都没有开始做。可口可乐对奥运“选秀”异常重视,其市场部旗下有专门负责体育赞助的机构,在奥运之前就深入中国运动员参战的各个项目进行选秀,并要经过一段时间的筛选和仔细评估。

可口可乐的胜利不只在选择代言人上。由于打了个时间差,他们 5 月初邀请刘翔代言时广告合约价格只有 35 万元一年。成为冠军后的刘翔被广告商高价抢夺,身价急升至上千万。可口可乐的成功可以给日益重视体育营销的国内企业以这样的启示:只要你实力非凡、眼光独到,并有精心的策划和准备,奥运会随时会给你提供“双赢”的机会。

阅读上述资料,分析讨论以下问题:

(1)从可口可乐与百事可乐的市场角逐中,你有何启发?

(2)为什么要将企业价值最大化作为财务管理的目标?

(3)财务管理的基本环节有哪些? 核心环节是什么?

改编于 wenwen. soso. com　2012-12-15

任务三　经济核算知识

◈ 案例

浙江 JY 集团有限公司核算不规范导致会计信息失真

浙江 JY 集团有限公司(下称 JY 集团)成立于 1993 年,是一家拥有相当知名度和规模的民营企业,主要从事食品饮料制造、加工和销售。JY 集团 1999 年度会计报表由 JY 集团本部及杭州 SL 食品工贸公司(下称 JY 杭州)、浙江桐庐 JY 皇家实业公司(下称 JY 桐庐)、浙江 JY

集团嘉兴保健饮料厂(下称JY嘉兴)、浙江JY集团涪陵有限责任公司(下称JY涪陵)五家具有法人资格、实行独立核算的企业报表汇编而成。1999年合并会计报表反映,该集团年末资产总计45 382万元、负债总计27 296万元、所有者权益18 086万元、利润总额217万元。当年会计报表未经社会中介机构审计。

2000年7月,财政部门派出检查组,对JY集团及其下属四个子公司1999年会计信息质量进行了检查。检查发现,JY集团财务管理混乱,会计核算不规范,基础工作薄弱,会计信息严重失真。经检查后调整会计报表,该集团实际资产为20 098万元、负债为15 667万元、所有者权益为4 431万元。资产、负债、所有者权益分别虚增了126%、74%、308%,利润虚增达3 488万元。检查结果被财政部门公告,在社会上引起了较强的反响。

资料来源:http://www.xtczjd.cn/

◈ 知识要点链接

一、成本核算

(一)成本的概念

农产品生产成本是指生产一定种类、一定数量的农产品所消耗的生产资料费用和劳动报酬费用的总和,是农产品价值的一部分。

1.直接组织生产产品的耗费

直接组织生产产品的耗费包括农产品成本项目和工业产品成本项目两部分。

(1)农产品成本项目。农产品成本项目包括:一是直接材料费,即生产中耗用的自产或外购的种子、种苗、肥料、地膜、农药等;二是直接人工费,即直接从事种植业生产人员的工资、工资性津贴、奖金、福利费;三是其他直接费,即除直接材料、直接人工以外的其他直接支出,包括机械作业费、灌溉费、田间运输费等;四是间接费用,指应摊销、分配计入各产品的间接生产费用,包括为组织和管理生产所发生的管理人员工资、折旧费、修理费、水电费、办公费等。

(2)工业产品成本项目。工业产品成本项目包括:一是外购材料,即为从事生产经营而耗用的一切从外单位购进的原料及主要材料、半成品、包装物、低值易耗品等;二是外购燃料,即为进行生产经营而耗用的一切从外单位购进的各种固体、液体和气体燃料;三是外购动力,即为进行生产经营而耗用的一切从外单位购进的各种动力;四是工资,即应计入工业产品成本的职工工资;五是折旧费,即按照规定的固定资产折旧方法提取的折旧费;六是其他支出,即不属于以上各要素但应计入工业产品成本的支出。

2.对外提供劳务的耗费

这部分费用包括培训费、工资福利、差旅费、保险费等。

(二)成本核算的概念

成本核算是将企业在生产经营过程中发生的各种耗费按照一定的对象进行分配和归集,以计算总成本和单位成本的过程。成本核算是农产品经营的重要组成部分,应当引起产品经纪人的足够重视。

农产品生产周期较长,收获期比较集中,各项费用和用工发生不均匀,农产品成本通常应按产品生产周期计算。发生各项生产费用时,要归集和分配生产费用,能够分清属于某种产品负担的，就直接归集计入该种产品成本，不能区分的，可采用一定方法分配，如按照产品的种植面积、作业面积、产量等分配，最后将耗用的直接材料、直接人工、其他直接和间接费用直接或分配计入产品生产成本。

(三)成本核算的程序

1.确定成本核算对象

所谓成本核算对象就是指对哪些产品进行成本核算，也就是进行成本核算的具体产品项目。由于农户生产的种类繁多，所以只有首先确定成本核算的具体对象，才能较清楚地反映该产品生产中的各项花费。

2.确定成本计算期

在农产品的生产过程中，往往要经过许多阶段，而且许多产品都是随市场情况而不断出售的，所以在核算成本时，要明确是对哪个时期的产品进行成本核算。这个被确定的时期就是成本计算期。

3.确定成本开支范围

确定成本开支范围就是确定哪些费用应计入产品成本，哪些费用不应该计入产品成本，在产品生产过程中花费的支出应列入成本。

4.确定成本项目

为了反映产品成本构成情况，需要对计入产品成本的各项费用按经济用途进行分类，这就是产品的成本项目的确定问题。

5.建立成本核算原始记录

为了及时反映农产品生产过程中发生的用工和各项收支及产品数量的变动情况，农户应设立按成本核算对象设置的原始记录登记簿。

二、费用核算

(一)费用的概念

费用是指经纪人或经纪组织进行生产经营活动所发生的各种耗费的总和，包括经营支出、管理费用和其他支出等。

费用作为会计要素之一，是和收入相对应而存在的。费用和成本是两个并行使用的概念，两者之间既有联系也有区别。成本是按一定对象所归集的费用，是对象化了的费用。也就是说，生产和劳务成本是相对于一定的产品或劳务而言所发生的费用，是按照产品品种或劳务项目等成本计算对象对当期发生的费用进行归集而形成的。两者之间也是有所区别的。费用是资产的耗费，它与一定的会计期间相联系，而与生产哪一种产品或提供哪一种劳务无关；成本与一定种类和数量的产品或劳务相联系，而不论发生在哪一个会计期间。

(二)费用的核算

经纪人或经纪组织费用支出分为两大类，一类是营业费用，是指经纪人提供农业生产资料的购买，农产品的销售、加工、运输、储藏以及与农业生产经营有关的技术、信息等服务发生的实际支出。这类费用支出时，记入“经营支出”账户借方，同时记入“产品物资”、“生产成本”、“应付工资”、“成员往来”、“应付款”等账户贷方，年终结转时，记入“本年盈余”账户借方，同时记入“经营支出”账户贷方，结转后，本账户应无余额。另一类是非营业费用，是指与上述生产经营活动没有直接关系的支出，如管理费用、其他支出等。管理费用是指农产品经纪人和经营组织管理部门及派出机构为管理和组织经营活动支付的各项费用，包括组织经费、劳动保险费、咨询费、排污费、绿化费、税金、土地使用费、土地损失补偿费、技术转让费、无形资产摊销、开办费摊销、土地开发费，业务招待费、坏账损失等以及其他管理费用。发生管理费用时，记入“管理费用”账户借方，同时记入“应付工资”、“库存现金”、“银行存款”、“累计折旧”等账户贷方，年终结转时，记入“本年盈余”账户借方，同时记入“管理费用”账户贷方，结转后，本账户应无余额。

三、销售利润核算

（一）农业经济效益核算的特点

农业经济效益是指农业生产中所取得的有效成果与劳动占用和劳动消耗量的比较。讲求经济效益就是要以尽可能少的劳动占用和劳动消耗，生产数量既多质量又好的农产品。

1. 农业经济效益形成的特点

(1)农业效益形成受自然因素影响。农业生产不同于其他经济部门的生产经营活动，农业生产过程是自然再生产和经济再生产相互交织的过程，受自然条件尤其是气候因素影响较大。所以考核农业的经营成果即效益形成时，必须考虑自然因素还有地理位置等的差别对农业经营效益的影响。

(2)效益形成周期长。由于农业生产的周期长，少则几月，多则几年，其效益形成一般也是要在一个农业生产周期结束时才能完成。

(3)农业生产对市场反应慢，适应性差。价格是市场供求关系的集中反映，是农民调整生产的重要信号，但由于农产品生产周期长，受自然条件影响大，所以在调整结构上总显得滞后性比较强，对市场变化的适应能力很弱。

(4)效益项目繁杂、分散。农业生产常常是一业为主，多种经营，植物、动物、微生物等生产相互结合。

2. 农业经济效益考核的特点

(1)成本不完整。成本是指生产某种产品的全部花费，包括物质费用和人工费用两部分。农民在生产中的投入部分是购买的，部分是自备的，习惯上对于自备部分在计算耗费时往往不作价计入，而只计算购入的部分。实际上自备部分同样要作价计算，只有这样才能完整地反映成本情况。由于农业生产的特殊性，在进行农产品成本核算时，还须考虑农产品成本的空间（地区、地块）和时间（年度）差异性；并须正确规定自产自用产品的估价办法以及不同作业、不同生产项目的共同生产费用和主、副产品费用的分摊办法等。

(2)计价不统一。从成本各个项目看，由于各项目来源不同，计价标准不统一。主要表现在自备部分计价标准不一致，尤其是人工费用的计价标准更难掌握。由于各地发展不平衡，分配格局有差别，很难用统一标准考核人工费用。

(3)分类考核与整体考核相结合。农户往往是多种经营的综合单位，同时进行两种或两种以上产品的生产。在考核效益时，首先要按生产的项目进行分类考核，其次，再进行整体考核。只有这样，才能较全面、完整、准确地反映农业一定时期内的综合经济效益。

（二）销售利润的核算方法

利润是农民生产和经营农产品的最终成果，它是产品销售收入扣除销售成本、销售费用和销售税金之后的余额。利润作为生产农产品的净所得，对农民有重要意义。农产品销售利润的计算公式为：

农产品销售利润＝农产品销售收入－产品销售成本－产品销售费用－产品销售税金

根据上面的计算公式，核算农产品利润的步骤如下：

1.正确核算农产品销售收入

农产品销售收入，又称毛收入，是销售某种农产品或某几种农产品所获得的总收入，它在数量上等于销售数量和销售价格的乘积。考虑到利润是农民已经实现的净所得，所以在统计农产品销售收入时，只能是已实现销售的农产品才算数，尚未销售的部分不能事先计算在内。否则利润就不真实。

2.确定农产品销售成本

销售成本是指已经销售的那部分农产品所分摊的生产成本，它的计算公式为：

产品销售成本＝销售量×单位产品成本

3.确定产品销售费用

销售费用是指农民在销售农产品的过程中发生的各项费用，具体包括包装费、运输装卸费、保险费、展览费和广告费等。

4.农产品增值税征收办法

现行的农产品增值税实行“进项税额凭票扣税”（进项税额是指纳税人购进货物或应税劳务所支付或者承担的增值税税额）。由于农民销售自产农产品是免增值税的，并没有增值税发票，所以一般纳税人收购农业生产者自产的农产品可以自行开具普通发票（各省不一样，有的是农产品收购发票，有的直接就是通用普票），按13％抵扣进项税。农业生产者销售自产农产品免税。农产品销售企业（一般纳税人）销售农产品开具普通发票，按13％纳税。一般纳税人购买农产品销售企业销售的农产品，凭取得的普通发票按13％抵扣进项税。

（三）税后利润分配

对于农产品经纪和经营组织缴纳所得税后的利润，一般按照下列顺序分配：支付各项税收的滞纳金和罚款；弥补上一年度的亏损；提取法定盈余公积金，法定盈余公积金按照所得税后利润的10％提取；提取公益金，主要用于职工集体福利设施支出；向投资者分配利润。如果农产品经纪和经营组织是股份有限公司，提取公益金以后，应按照下列顺序分配：支付优先股股利；提取任意盈余公积金；支付普通股股利。当年无利润时，不得分配股利。

◈ 核心技能点

通过学习，了解成本的相关概念，会运用会计核算方法，对成本、利润进行计算和分析。

◈ 实训活动

大众公司2010年陷入经营困境，原有柠檬饮料因市场竞争激烈、消费者喜好产生变化等开始滞销。为改变产品结构，开拓新的市场领域，拟开发两种新产品。

1.开发洁清纯净水

面对全国范围内的节水运动，尤其是北方十年九旱的特殊环境，开发部认为洁清纯净水将进入百姓的日常生活，市场前景看好，有关预测资料如表 7-1 所示。

表 7-1　开发洁清纯净水的预测资料

市场销路	概率/%	预计年利润/万元
好	50	180
一般	20	85
差	30	25

经过专家测定，该项目的风险系数为 0.5。

2. 开发消渴啤酒

北方人有豪爽、好客、畅饮的性格，亲朋好友聚会的机会日益增多；北方气温大幅度升高，并且气候干燥；北方人的收入明显增多，生活水平日益提高。开发部据此提出开发消渴啤酒方案，有关市场预测资料如表 7-2 所示。

表 7-2　开发消渴啤酒的预测资料

市场销路	概率/%	预计年利润/万元
好	60	150
一般	20	60
差	20	−10

据专家测算，该项目的风险系数为 0.7。

阅读上述资料，分析讨论以下问题：

(1)对两个产品开发方案的收益与风险予以计量。

(2)确定大众公司应选择哪个方案？

项目八　农产品经纪人应具备的物流知识

◈ 项目设置背景

2013年中央一号文件提出要采取多种政策、措施提高农产品流通效率。近年来，一些地方时常出现农产品滞销、农民增产不增收现象，而城市居民又被农产品价格过快上涨困扰。出现这种买难卖难问题，原因是多方面的，其中一个重要原因是农村物流体系不健全，造成产销衔接不畅、流通成本过高。这不仅给农民和农业生产带来损失，加大了物价上涨压力，而且制约现代农业发展和农业效益提高。因此，积极培养农村物流专业人才，提升服务理念。发展农村物流体系非常重要和紧迫。政府部门可以制定相关政策，建立专门发展基金，与学校和企业联合培养既熟悉农村情况又精通现代物流知识的复合型人才。开展农村物流从业人员在职培训，通过举办学习班、实行考证上岗等方式尽快提高农村物流从业人员专业水平，为发展农村物流体系提供人才支撑。

◈ 引导案例

物流业发展带动农民致富

浙江省景宁畲族自治县(简称“景宁县”)地处浙西南山区，素有“九山半水半分田”之说。20世纪90年代以来，景宁县政府大力开发高山生态蔬菜种植产业。农民也是从那时候开始，一部分农民承包土地从事种植和养殖活动，逐渐摆脱贫穷，实现了发家致富的梦想，但是，受交通滞后以及货运不畅制约，他们只能眼睁睁地看着自己辛苦劳动的成果烂在地里。

“要致富，先修路”，从2003年起，乡村康庄工程在浙江省10万多千米^{2}的大地上开展，而景宁县也凭着这股强劲的春风，先后在各乡镇开展了农村公路建设，使全县的建制村村路通达率达到了100%。

路是基础，车是保障。2007年以来，景宁县运管部门借助“千村万家放心店”工程实施的契机，利用农村客运班线较为成熟的网络，在班线沿途的小商店、小超市设置配送联络点，建立起了农村小件物流配送体系，踏出了关键的一步。小件配送体系的不断完善拉近了农村和城镇的距离。农民提着新摘的菜、拎着家养的鸡坐车进城贩卖成为日常的风景。但是，已有的客运网络存在局限性，只能惠及沿途的一小部分地区，更多的地域，特别是较为偏远的村落，还不能享受到社会发展带来的便利。因此，探索新的发展模式，惠及到更多乡村，使农村交通运输真正姓“农”，成了景宁运管部门的新课题。物流和市场的结合是提升农村经济发展的最好办法。景宁运管经过长期的摸索和思考，采取“走出去学、请进来教”等办法，确立了以发展绿色物流为主线，扶持龙头企业为支柱，构建乡镇网络站点为基础的发展模式，全力打造符合实际的农村物流体系。

经过尝试，景宁县运管部门发现仅仅依靠在乡镇建立几个基础配送站点，远远达不到农村发展的需求。配送站点应当更靠近农村，更靠近生产基地，覆盖面要更广泛。这时，浙江省出台了对农村物流网络站点建设项目给予一次性补助20万元的扶持政策。在此形势下，景宁县运管部门引导企业，构建布局更合理的物流配送网络。目前，景宁县共成立了3家以农村配送为主的物流企业，先后在22个乡镇(街道)建立农村货运网络站，完成建设农村货运网络站60个，营业面积达5 255平方米，累计投资金额465.7万元，服务网点覆盖了全县3/4的乡村，乡镇的覆盖率达到了100%，为75%以上的农民提供了"配送＋寄递"双向互动的物流"绿色通道"，改变了以往农村物流链单向的局限性。

现在，物流业已经发展到了农民的家门口，该县物流业的龙头企业——畲乡物流有限公司积极探索发展新模式，利用其通达全国的运输网络，在各乡镇建立了托运部、配送点，同时在政府的大力扶持下，在县内建立了蔬菜种植基地100多亩，并且通过农村合作社的方式，带动农业订单3 000多亩，受益群众4 000多人，年均为农民增收3 000多万元。只要你有货，物流公司就可以就近调集配送点的车辆上门服务，既节省了货运成本，又加快了农产品的上市速度，一进一出双向受益，形成了"产、运、销"一条龙的物流新模式。

如今，竹笋、蕨菜、马兰头、香菇等畲乡特色菜品，已不仅是农民们农闲时的佐酒小菜，它已经插上物流日渐强壮的翅膀，飞出了畲乡山沟，远销海外。而其中冷水茭白这一主打产品，更以其肉质脆嫩、味道香甜的特点，受到各地食客的欢迎。

改编于中国蔬菜网 2013-03-29

任务一 农产品物流的内涵和特点

◈ 案例

提升物流配送能力 助生鲜食品做大做强

作为一种新兴模式，网络售菜在发展和经营中也遇到瓶颈。由于蔬菜副食品商品具有保存时间较短、在运输过程中易损耗的特点，最容易出现实际送到的商品与网上显示的图片不一致的问题。有些网上菜市场卖家与物流企业配合不协调，导致不能按时送达商品，造成商品腐烂变质，增加了成本还影响了信誉。

生鲜产品对物流要求高，如何能够按时、按质、按量送货，这是一个极大的考验。为了避免生鲜产品受到第三方物流平台的损耗，"来此购"组建了专业的自有物流配送团队。"来此购"每一辆运货车上都有自带保温隔热功能的运货箱，加上冰盒、冰块等冷藏保温措施，即使到了夏天高温时段，生鲜产品的质量与口感均不会受到影响。目前，公司多则每天发货100～200多单，少则几十单，顾客预约都集中在上午10～11点钟配送。对于只有30人的物流队伍来说，人力安排、行程相当紧凑。为了优化送货路线，保证监控食品从出库到顾客手中不超过8个小时，公司给每辆运货车都安装了GPS定位系统。物流人员必须严格按照规定的路线送货。公司能够清楚掌握每辆运货车的位置。假如遇到堵车，顾客的生鲜货品还没能送到，可以通过GPS定位系统知道物流人员所处的位置，顾客就可以掌握到达的大致时间。

传统农贸市场的优势是产品源头，而网店的优势在网站的经营和运作。生鲜食品要想走向电子商务平台，运输必须采取冷链运输，提升物流配送能力。规模较大的网上菜市场可组织商家与配送公司协商，开办一些区域性次晨达、同城限时专递等业务，增加真空包装的应用，以保证货品的新鲜度和送货的准时度。

网上买菜尚属新鲜事物，仍有不少消费者对网上买菜的接受度不高，倾向于“眼见为实”。家住相思湖的麦女士就表示：“肉菜还是要自己亲自看过才知道是否新鲜。”目前，售后服务体系不完善，消费者对生鲜食品的色泽、气味、触觉等存在不确定因素，以及产品批量小等，都是网上菜市场亟待解决的问题。“来此购”策划部经理马永佩认为，网络购菜的客户群体还是偏少：“目前还是很少人知道可以网上买菜，只是在一些高档楼盘集中的地方如凤岭等有较多客户，很多会员隔一天下单买一次菜。而网购人群往往并不是一个家庭中买菜的‘当家人’，这也极大地阻碍了网上买菜的发展。”

由于规模小、运输成本高，不少卖菜网站还在盈亏边缘挣扎，网上卖菜想要做强做大，还有很长的路要走。

改编于中国交通报　2013-03-29

◈ 知识要点链接

自 2009 年国务院出台《物流业调整和振兴规划》、提出建立农村物流体系以来，我国农村物流体系建设取得了长足进步，主要表现在：农村物流主体逐渐多元化，除了农村供销社等传统主体，农业龙头企业、农村专业合作社、农村经纪人等新兴主体不断涌现；农产品物流产业发展较快，各类农副产品市场、农产品运输“绿色通道”相继建立；一些地方根据现代流通理念布设农村商业网点，初步形成现代农村流通网络体系；农村物流信息平台建设进展较快，全国市县两级农业部门建立农业信息网站的比例大幅提高。

一、农产品物流的内涵

农产品物流是物流业的一个分支，指的是为了满足消费者需求而进行的农产品物质实体及相关信息从生产者到消费者之间的物理性流动。传统意义上的农产品物流是指农产品流通中的运输、储存和装卸，是狭义的农产品物流。现代农产品物流是指为满足用户需求、实现农产品价值而进行的农产品物质实体及相关信息从生产者到消费者之间的物理性经济活动。它包括农产品的生产、收购、运输、储存、装卸搬运、包装、配送、流通加工、分销、信息活动等一系列环节，并在这一过程中实现农产品价值增值和组织目标。

农产品物流的发展目标是增加农产品附加值，节约流通费用，提高流通效率，降低不必要的损耗，从某种程度上规避市场风险。

二、农产品物流的几种基本功能要素

物流的功能要素主要包括包装、装卸、运输、储存、流通加工、配送等（图 8-1）。

1. 包装

包装是指在物流过程中，保护产品、方便储运、促进销售的包装物及包装操作的总称。它主要分为工业包装和商业包装。包装在社会再生产过程中，既是生产的终点，又是物流的起点。

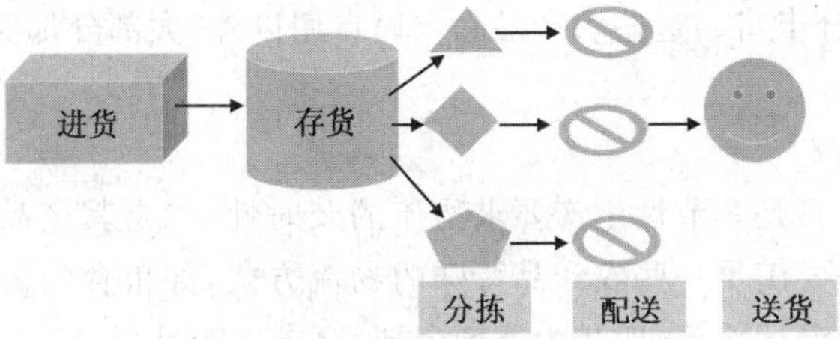

图 8-1　农产品配送的一般流程

2.装卸(含搬运)

装卸是指在较短的区域内以改变货物存放状态和空间位置为主要内容和目的的物流活动。在物流的过程中,它是运输、保管等环节之间相互转移的桥梁,是物流的一个重要功能要素,构成物流的一个子系统。

3.运输

物流中的运输,是以改变"物"的空间位置为目的的活动,实现产品在空间上移动的职能。它是物流的主要功能要素之一。通过创造空间效用与时间效用来创造价值,因而它是一个增值过程。同时运输成本构成了商品价格的一个重要部分,运输成本的降低可以达到以较低的成本提供给顾客优质服务的效果,从而提高竞争力。

4.储存

储存是包含库存和储备在内的一种广泛的经济现象,是以改变"物"的时间状态为目的活动。它与运输构成物流系统中两个最主要的功能要素,运输最主要改变"物"的空间状态、而它是改变"物"的时间状态。它是社会物质生产重要条件之一,主要表现在衔接及调节的作用上,并创造时间效应。

5.流通加工

流通加工是指物品从生产领域向消费领域流动的过程中,为促进销售、维护产品质量和提高物流效率,对物品进行一定程度的加工。流通加工能有效地完善流通,提高物流水平,促进流通向现代化发展,它是国民经济中重要的产业形态,是物流业的重要的利润来源。

6.配送

配送是按用户要求,在配送中心或其他物流地点进行货物配备,并以最合理方式送交用户。配送有利于合理配置资源,实现物流运动合理化,从而降低物流成本,并使物流运动演化成一种"规模经济"运动。同时,它还有着调节生产结构,提高产品质量的功能。

三、农产品物流的特点

农产品物流是以农业产出物为对象,通过农产品产后加工、包装、储存、运输和配送等物流环节,做到农产品保值增值,最终送到消费者手中。

1.农产品物流数量大,品种多

2006 年《中国农村统计年鉴》显示,中国农产品、水产品、林产品、畜产品的产量加在一起,达到 93 766.2 万吨,其中粮食 48 402.2 万吨、棉花 571.4 万吨、油料 3 077.1 万吨、糖料 9 451.9 万吨、水果 16 120.1 万吨、各类水产品 5 107.6 万吨、各类林产品 413.3 万吨、肉类 7 743.1 万吨、禽蛋 2 879.5 万吨。中国有大海、大江、大湖,有平原、丘陵、高山,有热带、亚热带、温带,农产品品种十分丰富。这些农产品除农民自用以外,大部分都要变成商品,形成了巨大的农产品物流。

2. 农产品物流要求高

农产品物流要求高,一是季节性生产要求物流的及时性;二是其产品是有生命的动植物,要求物流的绿色化;三是要满足一些农产品特殊的物流方式,如粮食的散装运输、分割肉的冷藏运输、牛奶等制品的恒温运输等;四是为调剂余缺,要求农产品形成进出口物流;五是其价格较低,要求做到低成本运营。

3. 农产品物流难度大

农产品与工业品不同,是有生命的动物性或植物性产品,在物流过程中一是包装难,二是运输难,三是仓储难,有相当一部分需要冷链处理,这在国际上都是个难题。

四、农产品物流的作用

现代物流业在我国城市出现后,改变着市民的消费方式和企业的生产方式,促进了城市经济的发展。我国是农业大国,将现代物流业引入农产品生产销售领域必将对农民生活、农业生产、新农村建设以及和谐社会的构建等都会产生一系列重大影响。

(1)发展农产品物流业有利于加速农村剩余劳动力的转移,扩大就业,增加农民收入。

农产品物流业的发展,必将运用现代组织和管理方式,对生产、运输、仓储、包装、加工、配送、信息、销售等环节进行整合,实现一体化经营,为农户生产提供多功能综合性服务,这就必然会促进农村新的社会分工的形成,从而吸纳更多农村劳动力就业;还可以通过调整品种结构,减少生产的盲目性和风险性,从而降低社会经营成本,增强农民市场谈判能力和讨价还价能力,既可以使农民得到生产环节的收益,又可得到加工和销售环节的收益,实现多渠道增加农民收入。

(2)发展农产品物流业有利于推进农业产业化进程,促进现代农业发展。

发展现代农产品物流业,可以利用电子商务及其组织管理方法,通过龙头企业的桥梁作用,有机连接种植、加工、销售环节,适应消费需求的快节奏,严格按照客户的个性化要求组织生产和流通,推广订单农业,不断扩大专业化种植基地规模,从而有利于推进农业产业化进程。现代物流业由于采用专有的物流配送体系,能够保质保量地为农民提供包括种子、化肥、农药、饲料、农膜以及钢材、水泥、农机具、柴油等农用物资,从而满足农业生产发展需要,促进现代农业不断发展。

(3)发展农产品物流业有利于拉动我国特色农产品进入国内外市场大循环。

近年来,广大农民迫切需要提供各种信息与技术服务,通过农产品物流体系强大的信息功能,引导农户生产符合出口国卫生标准、品质标准的绿色农产品。通过物流企业整合资源,变分散为集中,把千家万户的个体生产行为与千变万化的大市场对接起来,从而有序进入国内外市场。

(4)发展农产品物流业有利于解决日益突出的农产品消费安全问题。

传统农产品营销体制下,经营者小规模购销、分散运输,生产流通环节的农产品安全问题得不到保障。而大型加工型或贸易型企业的社会信用成本高,在市场拼搏中形成的企业形象力和品牌号召力,本身就是商品品质的承诺。由若干龙头企业分工协作承建的农产品流通体系,为了确保产品品质,必须采取封闭型流通通道,以确保产品从生产、收购、运输、库存、加工、配送诸环节的产品安全质量，这就从经营体制上建立了从田间到餐桌的安全流通通道，为居民食品的安全消费提供了制度性保障。

(5)发展农产品物流业有利于缩小城乡差距，统筹城乡发展，构建和谐社会。

发展农产品物流业，采用统一采购、集中配送，连锁经营，既有利于工业品下乡，并保证质量，降低经营成本，扩大农产品消费，提高农民的生产质量；又有利于将鲜活农产品及时送往城市，满足城镇居民生活需要，缩小城乡差距，统筹城乡发展。另外，现代物流业作为无边界的大流通，其触角不仅要伸向农产品甚至还要伸向国外，借助现代物流业，不仅可以将本地农产品打入国内外市场，也可以将国内外农业先进技术引入本地区，从而更好地发展外向型经济。这一切必将有利于和谐社会的构建。

五、农产品物流的要求

1. 农产品物流公共设施发达，流通网点布局合理

由于农产品保鲜期短，便利快捷的运输、合理的流通网点分布对于降低农产品损耗、提高农产品流通交易效率至关重要，如荷兰的蔬菜、水果的损耗率仅为5%，而中国却高达25%。因此，在促进农产品流通过程中，各国政府都十分注重发挥公共设施服务功能的作用，不断完善基础设施的改造，优化网点布局。如日本政府在对房屋、仓库、场地、道路等主体基础设施的投资占其总投资的40%；欧盟每年也从财政中拨款，对改善农产品运输、储存、加工和销售的项目进行补贴，包括修建道路、码头、仓库(包括冷库)和市场等基础设施，此项补贴占欧盟农业基金的25%，在某些基础设施较差的地区甚至可达30%～50%。目前，除发达便利的海运、铁路、公路运输外，欧盟各国大规模的农产品批发市场布局也非常合理，如荷兰拥有包括欧洲第三大航空港谢尔伯机场在内的6个航空港和鹿特丹港，其中鹿特丹港靠近重要的蔬菜和水果的种植地区，港区四周高速公路纵横交错，通往内地的水路运输网络非常发达，而且靠近欧盟国家水果进出口中心所在地巴伦德雷赫，可以迅速便捷地将荷兰58%以上的蔬菜与切花等鲜活植物运往巴黎、伦敦、香港和东京等世界各大城市。通过充分利用其交通设施便利的优势，荷兰的花卉产业目前已占领了全球65%的花卉市场。

2. 农产品物流信息化程度高

目前，世界各发达国家的农产品物流信息化程度较高。如目前日本的大规模零售店都已安装了EOS系统(自动订货系统)，与交易对方联机，并有VAN(附加值通讯网)将食品工业和批发业联结起来，从而大大提高了流通效率。同时日本的批发市场也已装备了完善的信息设施，实现了全国乃至世界主要批发市场的联网。在鲜活农产品的零售服务上，利用电子网络销售近年来也十分盛行。消费者只要发一个E-mail，运输公司就可及时送货上门，保证质量。据统计，日本在2003年利用网上电子交易的人数已达2 186万人，是1998年的8倍，交易规模已达320 000亿日元，是1998年的50倍。而在欧洲的荷兰花卉和园艺中心，也安装有最先进的拍卖系统、新式电子交换式信息和订货系统，从而使荷兰也可以向全球许多国家的广大客户和消费者提供服务。

3. 农产品物流组织化、专业化、规模化程度高

为提高农产品交易水平和交易效率，国外从事农产品物流都有专门的组织协助，其组织化、专业化、规模化程度较高，如日本的农协、美国的行业协会、荷兰的花卉拍卖协会(VBN)、瑞典的合作社都是一些很有影响力的组织，他们在加快农产品流通中所起的作用至关重要。

以日本农协为例,成立于1974年的日本农协是一个拥有强大经济力量的遍及全国的民办官助的农民群众经济团体,作为组织农产品进入流通的关键性组织,它把各个分散的农户组织起来,极大地增强了农民作为卖方的讨价还价能力,保护了农民的利益。基层农协在产地一般都建有农产品集贸所,负责本农协成员产品的集中、挑选、包装或冷藏,然后组织上市。农协不仅为其成员解决产品销售、运输等问题,他们还将批发市场内的购销信息及时传递给农户,引导生产。

4.农产品物流标准化程度高

推行农产品物流标准化对于提高流通效率,降低流通损耗具有非常重要的作用,主要有农产品流通工具的标准化和检测体系的标准化,其中,流通工具标准化是现代物流的重要基础。如日本经过多年努力,目前已实现从农产品净化到包装标准化的变革,形成了从集装箱、小包装箱、托盘到运输设备、库房、搬运机械的一系列标准化系统,为现代化农产品流通提供了条件。而在美国,通过使用条形码技术建立的追踪系统,不仅可以使企业知道自己食品供应链的物流流出状况,而且还能对供应链上游流入农产品的质量安全进行回溯,从而使美国农产品流通的效率相当高。

5.农产品物流有完备的法律法规及市场条例指导

为使农产品流通能够保持协调、灵活、高效的运转状态,提高农产品交易的效率,各国都建立了完备的法律法规及市场条例对农产品流通进行规范。如日本于1921年颁布了《中央批发市场法》,将中央批发市场的开设、管理、交易等纳入了法制轨道。随着经济的发展和批发市场地位的日益提高,日本又于1971年将《中央批发市场法》改为《批发市场法》,将地方批发市场也纳入法制轨道,以后每隔5年修订一次,各地方政府和有关部门也依据该法制定了系列的地方法规,如《食品流通审议会令》等。而在美国也制定了一套《商品交易法案》对商品流通的每一个环节进行规范,随着经济的发展,在1974年美国又对该法案进行了较大的修改,到1992年又4次进行了修订补充,其中把靠不公开情报进行内幕交易定为重罪。由于这些国家有法可依和执法严谨,有效地保护了正常贸易者的利益,维护了公平竞争高效率的自由流通秩序。

六、发展农产品物流的措施

发展我国农产品物流所要采取的对策措施,主要包括物流基础设施与物流技术装备、农产品市场特别是批发市场的建设及第三方物流的发展。

1.农产品物流基础设施及物流技术装备建设

所谓基础设施,是指为生产过程、经济发展提供一般性的共同条件的设施,主要是指为生产力系统的运行直接提供条件的部分,如道路、机场、港口、油田水气管线、通讯线路、厂房仓库等,称为生产性基础设施。在基础设施中,最重要的是交通、通信等。

物流技术装备建设是指要开发生产与改进各式农用运输车、提高储存手段,加强冷藏货运车辆生产与营运,淘汰不符合食品卫生标准的车辆,保障冷藏货物的质量,另外,还要加强棉库、粮库、保鲜库、冷藏库的建设,增强温控设备和防潮设备等。

2.加强农产品市场建设

市场是农产品物流的接点处,也是“吞吐”中心。市场决定农产品物流的流量、流速和流质。农产品市场的主要功能是产品集散、价格形成、信息传递、产销调节、质量控制和经济辐射。发展我国农产品物流,就必须加大加快发展我国农产品市场的建设,要营造农产品物流发展的基础条件。从目前来说，最主要的是抓好农产品批发市场与农产品出口的外向型口岸市场建设。

3. 积极发展第三方物流

积极发展第三方物流，其做法主要是推动我国工商领域由企业物流向社会专业物流的转变，培育社会化的农产品物流市场。

◈ 核心技能点

由于农产品生产的地域性与消费的普遍性、生产的季节性与消费的全年性之间的对立，造成了农产品供给与消费之间的矛盾。解决这个矛盾，靠的就是发展现代农产品物流。通过学习了解农产品物流基本知识，掌握农产品物流的功能和应具备的要素。

◈ 实训活动

1. 选择一个物流企业或到基地进行物流考察。

2. 小组交流分析该企业在物流上存在的问题或不足之处。

3. 请你在小组讨论的基础上，根据所学的知识撰写一份500～1 000字的分析报告。

任务二　农产品基础知识

◈ 案例

美人紫葡萄成为杭州地区首个通过“气候品质认证”的农产品

对于无公害农产品、绿色有机等认证相信大家并不陌生，但产品的气候品质认证，可能很多人会感到很陌生。美人紫葡萄就拿到了“气候品质认证”这样一份认证，它是杭州地区首个通过该认证的农产品。

在位于临浦镇通二村的杭州美人紫农业开发有限公司内，每一箱美人紫葡萄的外包装上都被贴上了邮票大小的农产品气候品质“优”的标签，消费者通过查看气候品质认证标志一眼就能明白其周边的小气候环境。

众所周知，优质的农产品需要长在良好的自然环境里，这当中，光照、湿度、温度等气象要素又起到关键作用。周边的小气候环境是决定农产品质量的硬杠杠，今年年初开始在全省进行的农产品气候品质认证则可让消费者对这些制约因素一目了然。

为了进一步提升萧山名优农产品的知名度和市场竞争力，区气象局联合省气候中心，开展了萧山葡萄的气候品质认证工作。根据美人紫葡萄萌芽展叶期、开花期、浆果膨大期、成熟采收期等生长气象条件分析以及葡萄气候品质模型计算结果，认定杭州美人紫农业开发有限公司2012年生产的美人紫牌葡萄的气候品质等级为优等，同时美人紫葡萄也成为杭州地区首个通过气候品质认证的农产品。

该认证将成为农产品畅销的“身份证”。目前美人紫葡萄的售价约是普通葡萄的三倍，此次气候品质认证，将为企业打造葡萄知名品牌提供支持，大大提高了市场竞争力，成为企业的另一张金招牌。今后,气候认证和其他认证一样,将成为农产品畅销的"身份证",消费者通过查看气候品质认证标志一眼就能明白其周边的小气候环境,同时也为农户打造一个新的营销点。

改编于萧山日报 2012-08-27

上海评价优质农产品:"专家指标测定+市民实际品尝"

从大米到西瓜和桃子,上海市农业部门在评价优质农产品时,开始形成一种新的标准:专家指标测定+市民实际品尝。沪郊金山的蟠桃生产基地,不仅请专家评定等级,还请消费者实地采摘品尝,测定产品的"市场分数"。

这种评价方式是在专家根据科研指标进行评价的基础上,通过网上报名,选出不同领域、不同层次的市民消费者代表,在实际的品尝中进行"打分"。例如在鉴定桃子优质品种时,专家组对生产基地的现场检查、对产品外观和品质的专业指标式测定,这是基础性的。但科研上"优质",并不代表在市场上就是"畅销"产品,一个优质产品一定要有"群众基础"。上海市通过网上报名,网选出"大众评委",包括市区街道、居委会的居民和超市、卖场的销售人员,他们现场的"品尝打分"占相当的权重。

在沪郊"蟠桃之乡"的金山吕巷,蟠桃种植面积已近万亩,是国内规模最大的连片蟠桃种植区域之一。在对各生产基地的等级评定中,除了专家把关基地管理和产品"科技质量"外,消费者也参与其中,通过实地的采摘品尝,对产品的口味和基地的服务及诚信度进行评价。科技人员说,这样的导向,使得农产品在研发源头就具备了"市场意识"。

改编于新华网 2010-08-07

◈ 知识要点链接

一、农产品的概念和品种类别

农产品是指种植业、养殖业、林业、牧业、水产业生产的各种植物、动物的初级产品及初级加工品。按传统和习惯一般把农产品分为粮油、果蔬及花卉、林产品、畜禽产品、水产品和其他农副产品六大类(图 8-2)。

(一)粮油

粮油是对谷类、豆类、油料及其初加工品的统称。粮油产品是关系到国计民生的农产品,它不仅是人体营养和能量的主要来源,也是轻工业的主要原料,还是畜牧业和饲养业的主要饲料。我国粮食有 20 多种,产地分布广泛,长江流域和长江以南是稻米主要产区,黄河两岸是小麦主产区,东北、内蒙古和华北地区盛产玉米、大豆和杂粮,东北水稻、玉米、大豆誉满全国。我国利用植物种子作油料原料的有大豆、芝麻、花生仁、棉籽、菜籽、葵花籽、玉米胚等。

(二)果蔬及花卉

1. 蔬菜和果品

蔬菜和果品,尤其蔬菜是人们日常生活中不可缺少的副食品,它们所含有的营养成分对人类有特殊的食用意义。我国地域辽阔,地跨寒、温、热三带,自然条件优越,气候、土壤和地形等自然环境条件适合于果蔬的生长发育,果树和蔬菜资源极其丰富。也培育了许多优良品种,我

分布在北方各省区，所以有“南蔗北菜”的特点。

4. 其他作物

主要包括茶叶、蜂产品等。我国茶区辽阔，广泛分布在秦岭—淮河以南的广大山地和丘陵地带；蜂产品包括蜂蜜、蜂胶、蜂王浆、蜂花粉等，蜂产品分布于全国各地，主要产地有湖南、湖北、广东、广西、河南、河北、四川、甘肃、青海、山东、黑龙江、吉林、辽宁等。

(三)畜牧业及其产品

1. 牧区畜牧业

中国有12个省区的119个县(旗)是牧业地区，这些牧业区面积约占国土面积的37%。其中，面积较大的有内蒙古、新疆、青海、西藏、四川5个省区，天然草场面积占中国草场面积的75%以上。牧区经营的牲畜以绵山羊、牛(包括黄牛、牦牛)、马和骆驼为主。

2. 农区畜牧业

农区是指中国牧区、半农半牧区以外的以作物栽培为主的区域，该地拥有全国95%以上的农业人口和90%以上的耕地，尤其以东北、华北、长江中下游平原、四川盆地和珠江三角洲最为集中。主要畜禽种类有猪、牛、羊和各种家禽，以舍饲为主，是中国畜产品的主要来源地。

3. 半农半牧区畜牧业

半农半牧区介于农区和牧区之间，自然形成一个农区和牧区的过渡地带。这一地区兼有农区和牧区的某些特点，既有一定的天然草场，又有相当数量的耕地；既放牧较多的牛、羊等牲畜，又饲养一定数量的猪、禽，在收入上种植业和畜牧业都占有相当比重。

4. 城市郊区畜牧业

城市郊区畜牧业是伴随城市经济的发展，从农区畜牧业分化出来，而集约化程度较高的畜牧业。城市郊区畜牧业主要为城市提供新鲜的乳、蛋、肉等畜产品，一般以饲养奶牛、羊、鸡或猪为主。

(四)水产业及其产品

1. 淡水产品

我国淡水水产资源以鱼类为主，有40余种，此外，还有大量的虾、蟹和贝类以及龟鳖类。水生经济植物有莼菜等。我国淡水产品遍及全国各地，主要产地为湖北、广东、江苏、安徽、湖南、江西、山东、广西、浙江等省或自治区。

2. 海水产品

我国主要海产经济动植物共有700种以上，水生动物主要有鱼类、贝类、虾类、蟹类、乌贼类、海胆类、海参类、海蜇类、龟鳖类等，水生植物主要有海带、紫菜等。我国的四大渔场是：黄渤海渔场(主要分布在渤海、黄海)、舟山渔场(舟山群岛附近)、南部沿海渔场(分布在广东沿海)、北部湾渔场(北部湾海域)。

(五)林产、土特产

1. 树坚果类

在世界树坚果类产品中，如栗子、核桃仁、杏仁、腰果、开心果、夏威夷果、榛子、松子、苦杏仁、巴西果、碧根果，除了巴西果外，中国都有种植和生产。栗子主要生产区在华北、华东和西南各省区。核桃主要产区为山西、陕西、甘肃、云南和河北，五省的核桃产量约占全国产量的70%。杏仁的主产区在新疆、甘肃、陕西、河北、辽宁、山东和北京。松子主要生长在东北的长白山和小兴安岭一带的原始森林里。

2. 干菜类

主要有银耳、黄花菜、笋干、桂圆等。银耳产地分布于四川、贵州、湖北、湖南、陕西、浙江、福建、台湾等地，“通江银耳”、“漳州雪耳”驰名世界；黄花菜主要产区是湖南、四川、甘肃、陕西、山西、江苏、安徽等地；笋干主要产于福建、江西、皖南等山区，春季为生产旺季；桂圆又称龙眼，上海、温州、无锡、南京、苏州是全国主要的龙眼干生产和消费集散地。

3. 水果类

主要有苹果、梨、柑橘类、花卉类、药材类、香料类商品。西北黄土高原产区和渤海湾产区是我国最适苹果发展的产区；我国梨产量最多的省是河北、山东、辽宁、江苏、四川、云南等地；全国生产柑橘的地区，包括台湾省在内有19个省、自治区、直辖市；我国最主要的鲜花产地为昆明、凌源、广州；药材生产遍及全国，各地区各有特色；香料生产主要集中在西南、西北、华北、东北地区。

三、农产品标准

1. 农业标准化的内涵

农业标准化是指以农业科技成果、生产技术和实践经验为基础，运用“简化、统一、协调、择优”原理，通过系列化、模块化、通用化等方法，把科技成果转化成标准加以实施，使相关农业生产活动和农产品市场获得最佳秩序和效益的过程。简言之，农业标准化就是农业标准制定、推广与实施的过程。

农业标准化涵盖了种植业、林业、畜牧业、水产业等农业产业，其活动涉及农产品生产的产前、产中和产后的整个过程。从世界范围看，标准分为国际标准、区域性标准、国家标准、行业标准、地方标准与企业标准。按照标准的法律效力来说，标准可分为强制性标准和推荐性标准，强制性标准的代号是GB，国家推荐性标准的代号是GB/T。

20世纪80年代初期，发达国家国内市场的农产品供给开始过剩，开拓农产品国际市场便成了发达国家农业生产的主要目标。国际市场能否开拓成功，关键在于农产品的质量水平，而提高农产品质量水平的有效途径，就是进行标准化的生产。在国内，随着工业和商业的发展，这些国家的农产品交易日益融入工业品交易的规程，特别是超级市场的出现，使包括初级产品在内的农产品交易，逐步发展为连续、规整和统一形式的商品交换。为了确保农产品交易形式与内容的统一，农业标准化在交易领域备受关注，相应的测度标准和检验准则在农产品市场上得到广泛应用。同时，这些标准和准则，也成为阻挡发展中国家农产品进入本国市场的有效技术壁垒。农业标准化的有效实施，促进了发达国家农业生产的发展，也受到了其他国家的广泛关注。

2. 农业标准化的主要内容

农业标准化的内容，就其涉及的范围来看，主要包括种植业标准化、林业标准化、畜牧业标准化、水产业标准化、农用微生物业标准化；就其环节来看，主要包括产前标准化、产中标准化、产后标准化；就其工作来看，主要包括农业标准的制定、农业标准的推广与实施、农业标准实施的监督与检查。

推广与实施农业标准化，首先要有先进合理的农业标准。因此，搞好农业标准的制定，既是农业标准化工作的首要任务，也是农业标准化推广与实施的基础性工作。

制定农业标准要坚持科学先进、效益最佳、因地制宜、协调一致的原则。农业标准的对象即农业领域内需要统一规定的重复性事物或概念，它们遍及品种、技术、管理及作业等领域。具体包括以下内容：

(1)生产环境标准。生产环境是农产品产量高低、质量好坏的决定因素。实现生产环境的标准化，是实现农业标准化的前提和基础。目前，农产品的无公害是我国当前农业发展的大趋势，中国要实现农产品的无公害生产，从生产环境方面分析，就要实现环境标准化。环境标准主要包括土壤、空气、水源等标准。

(2)生产要素标准。农业产业结构无论怎样调整，都离不开种子、农药、化肥等农业生产资料——生产要素。农业生产资料对农业产业结构调整效果的好坏乃至成功与否，起着十分重要的作用。从目前中国农业生产资料的现状来看，标准混乱、有标不依、以次充好现象十分严重，严重地影响了我国农业结构调整的正常进行，必须早日走上标准化之路。生产要素标准主要包括种子、种苗、种畜种禽、农药、化肥、饲料等标准。

(3)生产过程标准。就生产的各个环节来说，要根据不同品种、不同季节制订技术标准，以实现生产过程的规范操作。以种植业为例，生产过程标准主要包括播种期、播种量、田间管理、施肥打药、收割采摘等操作标准。

(4)产品质量标准。农业要发展，就要立足现有的自然资源、社会经济条件以及当地的优势，生产适应国内外市场需求的产品。要生产适应国内外市场需要的产品，就要有适应和满足不同市场的产品质量标准。产品质量标准主要包括品质、外观、等级、卫生等标准。

(5)环节标准。要生产出市场需要的农产品，除了要抓好农产品的田间生产，还要做好生产后的各环节工作。生产环节标准主要包括农产品的前期处理、包装、加工、储藏、运输、销售等标准。

(6)监测标准。监测是农业标准化工作的一条主线，它贯穿于农业标准化的整个过程。从环境监测、生产要素监测，一直到生产的产品质量监测和市场监测。监测标准主要包括抽样及其数量、监测手段与方法、监测过程、监测结果处理等标准。

(7)农产品质量分级标准。农产品质量分级标准是以农产品的质量要求和特性为依据，将相同用途但反映不同消费需求的农产品进行分等定级的规范性技术要求。从广义讲，农产品分级标准包含农产品的等级和规格的要求，他是标准分类中产品标准类的重要组成部分。农产品质量分级标准制定和实施对提高农产品质量标准水平，实现农产品优质优价，增强农产品质量竞争力、促进现代流通方式的转变等方面发挥着重要作用。

①农产品质量分级标准是体现农产品优质优价，保护农民利益的技术依据，也是满足消费多样化和层次性要求促进产业化发展的需要。

②农产品质量分级标准是降低交易成本，提高竞争力和促进市场流通现代化建设的客观要求。

③提高农产品质量分级标准水平，是应对技术壁垒，扩大出口的重要措施。

四、农产品等级评定

农产品分级是农产品商品化处理的重要工作之一，是指根据农产品的质量标准将不同质量的农产品进行归类、分等。它的广泛应用能够降低市场的交易费用，促进市场竞争，更是农产品期货市场、批发拍卖市场运行的基础。

(一)农产品等级评定的含义

农产品等级评定实际上是对农产品内在质量、外观质量和包装质量等做出检验结论。农产品的等级也称为品级。等级常用顺序号来表示,如一等、二等、三等或一级、二级、三级等,此时"等"与"级"无含义上的差别。有些农产品在等下面,还有级,如二等一级、二等二级、二等三级等,此时"等"与"级"的含义有所不同。也有一些农产品用其他的方式来表示,如优级、上级、中级、下级等。随着科学技术和生产技术的发展,农产品质量的提高,不同时期的同一等级所表示的农产品有用性程度会有所提高。农产品的质量受气候及病虫害的影响极大,因此不同年份和不同地区的同一等级,在质量方面也可能有较大差异。

(二)农产品的分级标准

农产品分级标志较多,农产品分级不仅取决于用途和消费层次,还取决于生产方式、成熟度、自然形态、病害、气候等。

1.合格品与不合格品

合格品是符合使用要求的产品,不合格品是不能享用的产品。

2.优级品、等级品和等外品

在农产品中多用"特级"、"特等"反映几乎完全符合要求的农产品,有的也称一等品。等级品是不完善但仍有一定使用价值的农产品,等级品的等级很多。若优级品叫一等品,则等级品从二等品算起,但这种分级法容易混淆等级标准,一般较少使用。等外品,又称次品,是指虽不符合现有产品质量标准,但仍可使用的产品。

3.多级分类标志

多级分类标志是用几个级别表示农产品的质量,如棉花,有纺织用棉和短绒两大类,每类又分为好几个等级。之所以分这么多等的类别,是因为这类产品的质量、性能差异性很大,又不易人为控制。

(三)常用分级方法

1.限定法

这种分级方法就是将农产品各项缺陷和各项要求都列出来,凡不符合要求者作为一项缺陷,缺陷累计超过一定数量,或缺陷大小、位置超过规定标准者,则认为该农产品不符合某一等;缺陷数不足限定数者,则认为符合某一等。用这种限定法分级适用于农产品缺陷易被人肉眼看出的表面性能或易为仪器作无损鉴定的农产品质量的鉴定(图 8-3)。

图 8-3　农产品检验分级的方法

2.计分法

这种分级方法是将农产品的各种缺陷和各项要求列出,根据这些缺陷的重要性逐一确定分数，累计各项分数，分数越高等级数就越低。有些工业原料，对其每种疵点规定一定分数，疵点越多，分数就越多，等级就越低。这种方法的重点是对缺陷不等同对待，而是针对缺陷造成的质量问题的主次分配给不同的分数。国际贸易中这种方法应用也较广泛。

3.百分记分法

这种分级方法是将农产品的各项质量要求列出，将每项要求对农产品的重要性分别用百分数列出，最后累计得分。如水果分等分级时，果品糖度比标准高，分数增加，比标准低，分数减少。西瓜的甜度标准要求一般为11度，比11度高的每高出0.2度加1分，比11度低的每低0.2度减1分。百分法常用于对成熟的鲜活农产品质量的分级。

具体分级时，要根据不同的国家或地区消费者的要求，或根据不同的产品用途，按不同的标准进行分级，如按国际标准、国家标准、行业标准或地方标准进行分级。具体标准这里就不一一叙述了，需要时，可到相关部门咨询、查找。

◈ 项目核心技能点

农产品经纪人应该是所代理的农产品领域的专业人士，所以，不仅要了解市场需求，掌握行情，还需了解农产品的基本知识和质量标准，并能运用合理的鉴定法对所经营的农产品进行品质的鉴别以及等级的评定。

◈ 实训活动

初级农产品经纪人应掌握主要的粮油产品，无公害蔬菜和水果、鲜切花和盆景、畜禽产品、水产品的质量标准和品质鉴别知识；中级农产品经纪人在掌握初级农产品经纪人应掌握的品级鉴定知识的基础上，还需掌握优质粮食、绿色食品、盆栽观果植物、无公害食品等的质量标准和品级鉴别知识；高级农产品经纪人已涵盖了初、中级农产品经纪人应具备的农产品品级鉴别知识，同时还需掌握国际市场对主要的粮油产品、蔬菜、水果、水产品等的质量标准和品级鉴别知识。请你通过上网查找或参考相关资料，了解常见农产品的质量标准和品级鉴别方法，（如主要粮油产品的质量标准和品级鉴别；蔬菜的质量标准和品级鉴别；主要鲜切花和盆景的质量标准和品级鉴别；畜禽产品的质量标准和品级鉴别；水产品的质量标准和品级鉴别；其他农副产品的质量标准和品级鉴别），为今后从事该方面工作打下基础。

任务三　农产品物流体系和运作模式

◈ 案例

深圳农产品创造中国农产品物流新模式

农业产值在深圳GDP中的比重不到1%，但深圳人却从来不用担心农产品市场的供应问题。这是因为，农业生产基础薄弱的深圳却拥有极为发达的农产品流通体系，国内外各地的农产品都可以很顺畅地进入这个市场。

在深圳，流通体系最主要的构建者是深圳市农产品股份有限公司，该公司是创造了多个全国第一的企业：首创企业办市场的“布吉模式”；国内农产品流通领域第一家上市公司；在业内率先探索实施现代农批市场电子化交易模式；国内首家以“零对价”完成股权分置改革的上市公司；已建立起世界范围内独一无二、经营管理遍布全国几十个大中城市的农产品批发市场……历经20多年的发展，深圳农产品公司已成功解决了深圳地区的农产品供应问题，如今更是初步形成了一个覆盖全国范围的农产品流通体系。这个体系的规模还在不断地壮大。而深圳人勇于创新的精神也成为这个体系的精神内核，促使它不断探索着更符合社会发展的内在运营模式。近年来，农产品公司正在推进网络化发展战略，竭力打造国际一流的农产品流通网络。

1989年初春，农产品人以“敢为天下先”的勇气和胆略，打破计划经济的桎梏，在荆棘丛生、泥淖遍地的深圳布吉河边迅速建起一座现代化的农产品交易城，率先闯出“企业办市场、市场企业化”的中国农产品流通体制改革之路。在深圳本土少有蔬菜生产资源的条件下，创办了全国交易量、交易额最大的布吉农产品批发市场，成功地解决了深圳和香港逾千万居民的“菜篮子”供应问题。这条“企业办市场、市场企业化”的新路子，被国内业界誉为“布吉模式”，受到党和国家领导人的高度肯定和赞誉，成为同行竞相效仿、观摩学习的蓝本。之后，深圳农产品公司又先后成立了福田农产品批发市场、布吉海鲜批发市场、南山农产品批发市场，进一步保障了深港两地居民的日常农产品供应。

以“运通天下、服务民生”为使命的农产品人的胸怀中还有深圳之外的广阔天地。在“布吉模式”走向全国，各类综合性或专业性的农批市场大量涌现后，农产品人敏锐地感知到，农产品物流势必走向大吞大吐且流通网络一体化的发展趋势。于是，在创造出“布吉模式”之后，农产品人继续迈出他们原本已经领先的步伐。公司集中主要资源，全力扩张全国性批发市场网络体系，成为国内农产品批发市场连锁经营之首开先河者。经过10多年风雨兼程的努力，公司先后在深圳、南昌、上海、寿光、长沙、北京、成都、西安、柳州、合肥、惠州、昆明、沈阳、南宁等大中城市全资、控股或参股经营20多家大型农产品综合批发市场和大宗农产品电子商务市场，基本构建了覆盖珠江三角洲、长江三角洲、京津唐渤海湾三角区和中南、西北、西南、东北地区的全国性农产品批发市场网络体系。这是目前国内外唯一的农产品批发市场网络化大平台。

为了应对未来不断变化的市场环境和越来越复杂的社会需求，农产品公司从2008年开始全面实施“网络化”发展战略。在继续充实和扩大批发市场网络体系的基础上，公司将农产品流通中的批发节点管理扩大到农产品流通供应链管理和价值链管理，统筹各批发市场业务发展，发挥网络体系的协同效应，致力于将公司发展成为中国农业产业链核心环节的主导者，打造国际一流的农产品流通网络并跻身世界级企业行列。

改编于深圳特区报　2009-10-29

◆ 知识要点链接

一、农产品物流体系的含义

一个完整的农产品物流体系主要包括三个方面的要素：一是参与农产品物流的主体；二是农产品的物流通道；三是功能性物流业务，包括运输、储存、包装、装卸搬运、流通加工、配送和物流信息传递等。

二、我国现行农产品物流体系的特点

1. 物流主体多元化

在现行农产品生产制度下，众多小农户直接与市场对接。而为了改变农户在市场上的弱势地位，农民合作组织介入农产品流通，成为流通过程中一个新兴的主体。再加上众多农产品加工企业、各级批发商、零售商，一起构成了农产品流通主体多元化的格局。由于缺乏专业物流体系，农产品流通过程中商流与物流没有分离，流通主体即物流主体，因此，农产品物流主体同样表现出多元化的特点。

2. 物流通道分散化

我国农产品物流过程中，由农户、农民合作组织、加工企业、产地批发商、销地批发商、贩销大户以及各种零售终端等多种物流主体共同构成十余种物流通路，使我国农产品物流通道呈现出多样化、分散化的格局。

3. 物流组织模式以"产、销、物"一体化为主

我国现阶段农产品流通体制是商物合一的流通体制，尚未形成专业的农产品物流体系，在农产品交易过程中，物流一般由交易双方承担，于是物流成为农户、合作社、加工企业或销售商不得不履行的一项职责。据有关资料，我国 60%～70%的农户要自己解决农产品运销问题。

物流体系的组织特点决定着物流的组织效率。从现行农产品物流体系的运行来看，我国农产品物流系统主要存在以下两方面问题：一是农产品物流组织效率低、成本高，损失浪费严重。农产品从农户或农民合作组织售出，经过产地批发商、销地批发商及其他各类中间商，到达零售终端，再经过零售商最后送达消费者手中，历经多道环节，使得农产品物流周期延长，农产品被多次装卸、仓储、运输，物流成本大增，同时也造成大量的损失和浪费。二是农产品物流过程中专业技术水平低，物流专用资产投资严重不足。农产品所特有的生物属性使得农产品物流过程中物流技术、物流装备水平至关重要。在现行农产品物流体系中，由于缺乏对有明显资产专用性特点的物流专有技术和专用设备进行投资的激励，导致我国农产品物流体系中专用资产的应用严重不足。

三、我国农产品物流体系运作的主要模式

(一)农户或农村合作社自营的农产品物流模式

1. 农户自营农产品物流模式

我国农村土地承包制的改革，使农业生产被分割成极小规模，由分散的农户分别经营，造成农产品流通的组织化程度非常低。小农户作为物流主体参与农产品物流，形成我国在农产品流通初始阶段的农户自营农产品物流模式。这种物流模式是农户独立完成对各种农产品的运送与供应，这是较为古老的一种模式，它具有完全的"自给自足"的特征，而且在一定程度上造成了资源的浪费。此外一家一户的农产品在进入市场时，农户不可能完全自己承担物流功能，把产品送到最终消费者手中。他们很多时候只能选择与中间商进行交易，由中间商承担物流功能，从而实现农产品的最终价值。这样一来，那些具有一定规模和实力的中间商就很容易利用自己在交易中的优势地位向农民加压，迫使农民低价出售农产品，从中牟取高额利润，致使农民收入无法提高。

2. 农村合作社自营的农产品物流模式

农村合作组织在一定程度上可以取代小农户成为进入物流初始环节的物流主体，它们的职能就是提供技术、信息、购销、储运、加工等服务，保证专业生产正常进行，这些服务也就构成了合作社日常经营管理的主要方面。农村合作社在农民和市场以及消费者之间架起了一座桥梁，提高了农民面对市场的组织化程度，促进了农产品的销售和价值实现，降低了农产品的流通成本，沟通了生产与市场的信息，维护了农民的利益。农村合作社在近年来得到了迅速发展，并在促进农产品物流中发挥着越来越重要的作用。

（二）“一体化”农产品物流运作模式

1. 农产品加工企业“产—物”一体化物流运作模式

许多农产品在进入消费之前要经过不同程度的加工，因此，农产品加工企业成为农产品物流中的必要环节和重要主体。在对初级农产品加工中，加工企业不仅要承担生产过程中所必需的企业内部原材料、半成品、成品等物流管理的工作，往往还要承担农产品原材料的采购物流和加工后产品在销售过程中所发生的销售物流，形成农产品物流与加工生产一体化管理的运作模式。

2. 农产品销售企业的“销—物”一体化物流运作模式

农产品销售企业有很多类型，如批发商、零售商，以及农产品贩销大户等，批发商一般又分为产地批发商和销地批发商。这些企业是农产品物流过程中的主体，为实现农产品的价值发挥着重要的作用。农产品销售组织不仅要承担农产品的物流职能，还要帮助农产品完成实际的交割，以实现农产品的使用价值。于是，形成了农产品销售与物流一体化管理的模式。目前我国“销—物”一体化物流模式的主导者主要是农产品批发中心和农产品销售商。

四、农产品第三方物流运作模式

（一）农产品第三方物流的含义

农产品第三方物流是由供应链上的第一方（供应商或生产商）和第二方（买方或顾客）之外的第三方来承担客户物流服务的运作模式。它不拥有商品，不参与商品买卖，为顾客提供以合同为约束、以结盟为基础的系列化、个性化、信息化物流代理服务。

农产品物流外包是指物流需求企业不再由内部运作物流，而将物流业务交给第三方物流企业。其本质是企业把价值链中原本由自己完成的物流活动委托给外部物流供应商来完成，以期达到优化价值的效果。将物流外包的对象定位在农产品领域，则形成了农产品物流外包。由此，将农产品物流外包的内涵界定为：农产品生产或销售企业为集中精力增强企业核心竞争力，将农产品物流业务以合同（契约）方式委托给专业物流公司（第三方物流企业）运作。它是一种长期的、战略的、相互渗透的、互利互惠的业务委托和合约执行模式。

第三方物流与物流外包本质是一样的，即利用专业化的第三方物流企业来运作物流业务。两者最大的区别在于其研究视角不同，前者的研究大多站在物流供应者的角度，而后者则站在物流需求者的角度。

（二）农产品第三方物流的经济效益与社会效益

农产品第三方物流这种模式是一种可以真正实现双赢的流通模式，它能带来较好的经济效益和社会效益。

1.农产品第三方物流模式的经济效益分析

第三方物流可大大缩短产销距离,信息流的加入可有效保证供应的及时性、敏捷性,同时第三方物流专业化的运作模式为农产品销售渠道的畅通提供了保障。

(1)提升农产品经营者的核心竞争力。多数农产品经营者规模较小,协调能力和谈判能力较弱,在应付与顾客间的物流活动方面远不及第三方物流企业。同时,自营物流会分散资金,对农产品经营者形成负担,导致核心业务资金投入不足。农产品第三方物流可使之将更多资源和精力投入到生产业务中,重点研究新产品或新品种,提高农产品工艺技术水平,提升农产品经营者的核心竞争力。

(2)实现资源的优化配置。物流外包中的资源优化一方面指经营者内部资源的释放,通过资源从非核心业务向核心业务转移以获取更大的效益回报;另一方面指外部资源的获取,如最小化物流成本需要使用详尽周密的生产和仓储计划以及装运规模、方式等的分析模型,对于农民来说可能不具备这方面的专长。

(3)减少农业风险。农业风险除自然灾害带来的风险外,还有市场价格、生产资料质量及供应延误农时等经营风险,外包将使企业变得更加灵活,更具动态性,更能适应环境的变化。在农产品供应链环境下,物流外包能将风险分摊到各个主体,使得投资不仅代表一个经营者,而且代表许多的客户,通过分享这些投资,单一主体所承担的风险大大减少了。

(4)降低直接成本。第三方物流企业具有规模经济效益,由于拥有强大的购买力和货物配载能力,可以得到更为低廉的运输价格,可大批量购买运输能力,集中配载较多客户的货物,大幅降低单位运输成本。农产品经营者还可减少相应的工资支出,降低存货水平,削减存储成本,减少商品周转时间。通过发展物流外包降低物流成本空间很大,经济效益十分明显。

(5)加速农产品周转。第三方物流服务提供者借助精心策划的物流计划和实时的运送手段,可提高农产品流通速度,节省物流费用,减少在途货物积压,最大限度地加速库存商品周转,提高销售额,从而为企业带来经济效益。

(6)精简组织结构。农产品经营者可以利用物流外包策略精简传统的中层经理监督协调功能和机构,使金字塔状的总公司、子公司组织结构让位于更加灵活、对信息流有高度应变性的扁平式结构,以确保公司的快速反应能力。

2.农产品第三方物流模式的社会效益分析

建设社会主义新农村关键是推进农村体制改革和制度创新,增加农民收入,提高农产品竞争力。发达国家和地区的实践表明,使现代物流与农业相结合是实现该目标的根本方法,而农产品第三方物流模式是发展农产品物流的重要一环。

(1)农产品第三方物流模式能增加农民收入。实施农产品第三方物流可从如下三个方面提高农民收入:一是减少农产品损耗;二是促进农产品加工增值;三是增加农民就业。另外,第三方物流的专业化程度也会间接促进就业农民文化素质的提高。农村剩余劳动力问题的解决不仅可有效促进农民增收,更有利于农村社会的稳定。

(2)农产品第三方物流模式能提高农产品的品质,加强质量监督。首先是农产品物流外包宣传推广可提高消费者对安全优质农产品消费的信心;其次是第三方物流对技术和管理方法进行研究开发。农产品质量安全涉及农产品生产者、加工企业、物流配送企业及超市等环节,它们之间有着“一毁俱毁、一荣俱荣”的双赢关系,为企业整个供应链的长远利益着想,它们会自觉地对农产品进行全程质量监控,严格执行农产品的质量标准。此外,通过农产品物流外包加强质量监管，使政府和社会的监督变得简便易行。

(3)农产品物流外包能加快农村城镇化进程。近年来，物流外包中的第三方物流可以带来信息流、资金流、商品物资流等的有效整合，并广泛应用于农产品市场开拓，对农业经济发展意义重大。基于此，政府将加大对农产品物流的投资力度，这不仅可以改善农村基础设施，增进科技应用与推广，同时也带动了运输设备生产、石油供应、修理修配、饮食服务等产业的同步增长和繁荣，伴之而来的又将是农村对计算机网络、通信设备、住房条件、自来水供应、食品、服装等更多、更新的需求，进而为农村城镇化建设创造积极条件。

(4)农产品物流外包能促进现代农业产业化发展。与工业生产方式相比，农业生产之所以效益较低，在很大程度上是因为农业生产规模小，产业化水平低。农产品第三方物流模式的实施使第三方物流企业集仓储、运输、配送、信息服务等多种功能于一体，也促使对过去分散于多处的物流资源进行集中处理，发挥整体优势和规模优势，实现传统农业物流的现代化、专业化和互补性。同时，农民的生产积极性也大大提高，愿意生产更多的产品，带动农业生产向规模化、产业化方向发展。

(5)农产品物流外包能提升农业国际竞争力。近年来，跨国公司看准了中国这个农业大国物流发展的潜力，正在将更多的业务转向中国，通过农产品第三方物流来降低供应链成本。让农民专心于农业生产，企业致力于生产经营，把繁杂的采购、存储、运输等活动交给物流经营者，从而促进农业可持续发展，不断增强与国外农业的竞争和抗衡能力。

◈ 项目核心技能点

通过学习，认识发展农产品物流的意义，掌握我国农产品物流体系运作的主要模式。

◈ 实训活动

随着市场竞争的不断深化和加剧，企业建立竞争优势的关键已经从节约原材料的“第一方利润源泉”、提高劳动生产率的“第二方利润源泉”，转向建立高效物流系统的“第三方利润源泉”。农产品物流业的发展使农业生产的效益最大化。但新事物必然存在很多难以克服的问题，如我国农产品物流标准体系仍未出台，物流方面的统计缺乏量化指标等。

请你通过查找资料，对比国外的成功经验，找出一种或一类你熟悉的商品，并为其设计最合理的物流运作模式。

任务四　农产品加工与包装

◈ 案例

物美改善包装案例提高物流效率

作为国内最大的连锁零售企业之一，物美特别重视生鲜产品经营，实现了农超对接，仅北京地区每天销售的果蔬产品在1 000吨左右。物美原来使用塑料包装箱用于果蔬包装、存放，但是经过一段时间的使用后，很多包装箱已经损坏。而且原来的包装箱不能进行堆叠，否则会对下层货物造成损坏，在装载一些重物的时候货品相互压伤情况非常严重。由于包装箱对果蔬产品的保护性较差，损耗率高达20%。同时，物美使用的包装箱有5种规格，作业人员在装卸货物时需要花时间考虑如何区别处理，影响了物流效率。

塑料包装方案及材料处理的全球领先企业——舒乐阿卡，经过对超市果蔬产品经营情况的调研发现，果蔬产品在超市中的地位很高，约占超市总销量的10%。有些超市为了达到吸引顾客的目的，蔬菜甚至是负毛利销售。为了解决农产品在物流中的高损耗问题，舒乐阿卡在中国市场大力推行"ONE TOUCH"理念。"ONE TOUCH"理念的核心是：农产品在基地采摘后直接放入周转筐，周转筐再装入笼车，笼车直接装车运输；到达批发市场或物流配送中心后，用叉车将笼车卸货；向各大超市或门店配送时，装有果蔬的周转筐或笼车直接装车，到门店后将笼车快速卸货；最后拉至卖场直接售卖。这种作业方式使得农产品从上游采摘直到进入下游门店销售的整个过程只经过一次翻箱，可以有效地降低果蔬产品的损耗，大幅提高果蔬产品的品质和保鲜时间。

舒乐阿卡针对物美果蔬物流包装存在的问题，舒乐阿卡公司提出了一系列解决方案，并专门为物美提供了具有革命性的可折叠式高强度包装箱，在降低果蔬损耗的同时提高了物流效率。这种新型包装箱具有以下特点：第一，可折叠式设计，折叠后体积仅为原来的1/5，大大节省了返程运输及存储空间，降低了回收成本，适用于长途往返运输。第二，表面光滑，易清洁、易干燥。第三，可循环使用、寿命长。第四，可直接用于果蔬在终端卖场展示与销售。第五，采用食品级PP材料制成，安全环保。第六，可维修。箱子由5个部件组成，任何一个部件损坏后都可以更换，节省了后续费用。而物美原先使用的包装箱都是一体成型的，并且大多采用再生塑料制造，强度不高，损坏后无法维修只能购买新的。

物美在北京地区使用了舒乐阿卡为其提供的专门针对西瓜这类重量大、体积大的货品的大型包装箱后，西瓜的损耗量比上年减少了2/3。而且该包装箱可以直接配送果蔬进入卖场销售，不再需要倒换包装，使每辆车的装卸货时间节约3～4小时，大大提高了物流效率。

改编于中国物流产品网　2012-11-23

◈ 知识要点链接

在物流作为一个新兴的产业发展之际，一些农产品加工企业，特别是发达国家的农产品加工企业或集团，把物流理念和方法引入企业，形成一个以加工为主体的，涵盖从资源的调配到对加工出来的产品进行包装、储运、配送、甚至销售等整个流通环节整合为一体，形成一个大系统，统一经营集团内的全部物流事务。这样，对于降低集团成本、创造更强的竞争力等方面发挥了重要作用，如乳业食品加工集团，从奶源基地建设、乳品加工、机械设备到包装、配送等方面所构成的物流系统覆盖了整个乳业产业链。这样一来，从生产的角度看，它是一个加工企业，从流通的角度看又是一个物流企业，具有双重功能。

一、农产品加工与农产品加工业

(一)农产品加工与农产品加工业的概念

农产品加工是将农民种植、养殖得到的直接产品经过一定的技术处理，改变其原来的外观形态属性。并运用一定的技术处理，使其变成制成品的过程。农产品加工业是指以农、林、牧、渔产品及其加工品为原料所进行的工业生产活动。我国将农产品加工业分为12大类，即：食品加工业，食品制造业，饮料制造业，烟草加工业，纺织业，服装及其他纤维制品制造业，皮革毛皮羽绒及其制品业，木材加工及竹藤棕草制品业（含家具制造），造纸及纸制品业，印刷业、记录媒介的复制，中药材加工和橡胶产品加工等。农产品加工业发展水平是衡量一个国家农业现代化程度的重要标志，也是提升农业整体效益的关键环节。

（二）农产品加工的意义

（1）农产品加工能够保护农产品的有益成分。农产品普遍具有易腐易变的特性，容易丧失使用价值。通过加工可以有效地保护和改善农产品使用价值，提高品质，而且可以充分利用农产品资源，做到物尽其用。例如，目前已经有一些农产品生产和销售企业针对消费者的烹调习惯，将各种蔬菜除皮、去废、洗净，加工成各种不同规格的片、丁、块进行销售了。

（2）农产品加工可以延长储藏时间。有一些鲜活农产品经过加工后可以延长保存时间，甚至可以做到一年四季销售。

（3）农产品加工能提升农产品的附加价值，增加经营者的利润。自然状态的农产品叫初级产品，这种产品一般在市场上售价比较低，经营者除非大规模经营，否则很难得到较丰厚的利润。但是初级产品经过加工会使价格倍增，从而提高农产品的经营效益。

（三）农产品加工的种类

1.初加工

农产品的初加工是指对农产品的一次性的不涉及对农产品内在成分改变的加工。初加工只改变原料表面状况或尺寸、形状，或清洁度、含杂状况，或进行质量分级。如粮食清选、干燥等。初级加工特点是投资少（少者数千元即可），技术较易掌握，基本可保持原料中的各种营养成分，产生的废料少，产品的附加值也相对较小。农产品的初加工较为适合那些资金实力较弱，对技术了解、掌握不多，初次踏入产品加工领域的企业。

2.深加工

农产品的深加工是指对农产品二次以上的加工，主要是对蛋白质资源、植物纤维资源、油脂资源、新营养资源及活性成分，以物理、化学或生物的办法来提取和利用。如果汁饮料加工、酒类加工等。深加工特点是投资较大、规模较大、技术含量往往较高，产品的附加值较高，社会效益也相对较高，同时还可以在一定的地域内带动某一农产品实现产业化发展。

（四）农产品加工项目的确定

1.加工项目的选择

加工项目的选择要根据资金、原料、市场、技术等几个方面来选择加工项目。

（1）根据市场机会选择项目。市场机会是由供求变化决定的，当某种产品供不应求时，价格就上涨，利润就增大；反之，不仅没有利润，甚至成本也无法收回。

（2）根据实际情况选择项目。每个企业都应根据各自不同的情况选择加工项目。

（3）判断加工项目的优劣。面对丰富繁杂的致富项目、方法和信息，要结合实际情况和事物的变化来判断项目的真假优劣，以便正确地选择。

2.进行项目可行性研究

一个正式的项目可行性研究可能涉及的内容较多，也较为复杂。在开展加工项目之前，以下几个方面可能是需要考虑的：

(1)基本情况与条件。厂房面积、人员情况、技术力量、设备情况、所生产的产品、产量、交通运输条件、销售网点销售渠道等。

(2)市场需求情况和生产规模。当前该产品的市场需求情况，以及已有和在建的生产能力。

(3)产品销售情况。产品销售数量、销售方式、销售渠道。

(4)原材料、辅料、燃料、动力及其他设施的落实情况。主要原、辅材料，能源，动力及运输条件等供应安排，供应途径落实情况及费用估算。

(5)技术。产品制造工艺过程和工厂工艺布置；引进技术的内容、引进方式、报酬、支付方式、掌握技术的能力及采取的措施。

(6)设备选择。选购设备，进行价格估算。

(7)环境保护及劳动安全情况。生产过程中产生的废水、废气、废液等的处理方法和费用估算；劳动安全、卫生设施及其依据。

(8)生产组织安排。职工总数、构成、来源及经营管理。

(9)总投资及投资方式。总投资估算、注册资本金额、自有资金额、各方投资比例和投资方式、资金来源及落实情况。

(10)经济效益分析。成本估算(总成本及单位产品成本)、投资利润率和投资回收期、利润分配方案、投资风险分析。

(五)农产品加工的方法

农产品的理化性质不同，加工的方法、目的和要求也有所区别，常用的农产品流通加工方式，主要有以下几种：

1.农产品的初加工

这种加工方法比较简单，加工费用便宜，主要用于提高农产品原料的品相。

(1)除杂去废加工。将农产品中的杂质和废物去掉，获得比较清洁纯净的产品。

(2)分类分等加工。分类分等加工是将农产品按照不同的品种和规格或按照一定的技术等级标准进行整理分装，便于进一步加工运输。

(3)切削分割加工。切削分割加工是将农产品切割成一定的规格、形状，供进一步加工、销售、储运等处理。

(4)粉碎加工。粉碎加工是将农产品粉碎成一定大小的颗粒，如大部分中药材的粉碎、小麦的磨制等。

(5)压缩打包加工。压缩打包是将疏松、有膨胀性质的农产品通过压缩体积、排除空气、打包打捆加工，使之便于储藏和运输的过程，如皮棉、毛类的压缩打包等就属于这一类加工。

2.农产品的深加工

这种加工往往能杀菌消毒，防腐防变，可以有效地保护和改善农产品使用价值，便于农产品长期储存和长途运输，或者直接供应给消费者。

(1)腌渍加工。腌渍加工是用盐、糖、醋、酱油等各种调味品对农产品进行腌泡，以改变其性状，便于储存。一般用于鲜活农产品的加工，如对鱼、肉、蛋、蔬菜的加工。

(2)提纯加工。提纯加工是将农产品通过物理或化学的方法清除其中的各种异物、提高产品纯度的加工过程。如蜂蜜、动物油脂、植物油的过滤和精炼等加工就是提纯加工。

(3)干燥脱水。将含水分较高的农产品按一定的质量要求脱去适量水分，以便于储存或进一步加工处理的过程就是干燥脱水加工。

(4)冷冻、冷藏。为抑制农产品中酶的活性、减弱农产品的理化性质变化、防止腐败变质而采取的低温冷冻或冷藏措施。

(5)密封包装。密封包装是对农产品迅速进行杀菌脱氧、高压密封的包装加工方法。

二、农产品包装

商品的包装是商品生产的继续，包装是保护商品在流通过程中质量完好和数量完整的重要措施，有些商品甚至同包装成为不可分割的统一体。

(一)农产品包装的含义

农产品包装是指采用适当的包装材料、容器和包装技术，将农产品包裹起来，以使农产品在运输和储藏过程中保持其价值和原有状态的包装材料及包装技术活动。

(二)农产品包装的功能

1.农产品包装具有保护功能

许多农产品在采摘后仍然是有生命的，易发生微生物所引起的腐败。酵母、霉菌、细菌、真菌等微生物会在农产品的表面上生长和繁殖，特别是通过产品外表的伤痕或裂口侵入内部引起内部的腐败。许多昆虫对产品的表面和内部也同样起着严重的破坏作用。农产品包装就要最大限度地保护包装对象的寿命和品质，防止天然(自然)因素的破坏，以保护其内容、形态、品质和特性。采取适当的包装措施，能有效地延长农产品的储存期。

2.农产品包装具有方便运输、陈列的功能

农产品包装作为农产品物流的起点，主要的功能是可方便物流的其他环节，如装卸、搬运、储存和运输，能提高仓库的利用率，提高运输工具的装载能力。同时方便商场的陈列销售，也方便消费者携带、取用和消费。

3.农产品包装具有销售功能

在农产品质量相同的条件下，精致、美观、大方的包装可以激发消费者的购买欲望和购买动机，从而产生购买行为。因为农产品包装往往给消费者形成“第一印象”，在很大程度上影响消费者的购买决策，精美的包装往往在市场上履行着推销员的职能，所以当前果蔬类农产品包装趋向于精美化、礼品化。

4.农产品包装具有价值增值的功能

那些经过精美包装的产品在出售时明显能提高单位产品的价格，并且经过包装的产品还能间接地塑造产品的品牌，从而间接地使产品增值。

(三)农产品包装的分类

1.运输包装

运输包装又称大包装、外包装。它是将货物装入特定容器，或以特定方式成件或成箱的包装。其作用：一是保护货物在长时间和远距离的运输过程中不被损坏和散失；二是方便货物的搬运、储存和运输。

(1)单件运输包装。是指农产品在运输、装卸、储存中作为一个计件单位的包装,如纸箱、木箱、铁桶、纸袋、麻袋等。

(2)集合运输包装。是指将一定数量的单件包装组合成一件大的包装或装入一个大的包装容器内。包括托盘、集装袋、集装箱等。

2.销售包装

销售包装又称小包装、内包装或直接包装。是指产品以适当的材料或容器所进行的初次包装。销售包装除了保护农产品的品质外,还有美化农产品,宣传推广,便于陈列展销,吸引顾客和方便消费者识别、选购、携带和使用,从而能起到促进销售,提高农产品价值的作用。

(四)农产品包装决策

1.相似包装决策

是指在所销售的农产品包装上采用相似的图案、颜色,体现共同的特征。其优点是能节约设计和印刷成本,树立良好的形象,有利于新产品的推销。但有时也会因为个别产品质量下降影响到其他产品的销路。

2.差异包装决策

是指所经营的各种产品都有自己独特的包装,在设计上采用不同的风格、色调和材料。能避免由于某品种推销失败而影响其他品种的声誉,但会增加包装设计费用和新产品促销费用。

3.复用包装决策

是指包装的产品用过之后,包装物本身还可作其他用途使用。

4.分等级包装决策

是指对同一种农产品采用不同等级包装,以适应不同的购买力水平。如送礼用的水果包装和自用的采用不同档次的包装。

5.改变包装决策

是指当某种产品销路不畅或长期使用一种包装时,可以改变其包装设计、包装材料,使用新的包装。这可能使顾客产生新鲜感,从而扩大产品销售。

◈ 项目核心技能点

通过学习认识包装、流通加工对提高农产品价值的作用,掌握基本的农产品加工、包装知识和操作技能。

◈ 实训活动

按产品自身特点设计系列包装,要求倡导绿色包装设计,崇尚自然、健康、环保、实用,设计风格时尚,凸显产品高档,设计思路明确,具有原创性,重点突出创意设计、本土风格和地域文化特征,能吸引消费者的注意,并具有可实施性。产品种类可以是五谷杂粮类、肉制品加工类、果品蜜饯类、酒水饮料类、糕点月饼类、保健品类、茶油制品类、生鲜蔬果类、速冻产品类、南北干货类等。

任务五 农产品仓储保管与物流配送

◈ 案例

新疆库尔勒香梨走上冷链运输之路

新疆水果甘美、天然，但劣势同样明显。远离国内主要市场、运输途中损失大等因素，无疑增加了“疆果东送”的成本。因此，搭建适合水果的全程冷链运输体系，成为香梨能否成功进京的关键。

9月正是库尔勒香梨的上市期，但新疆的梨农并不发愁销路，果园里也不见卖不掉烂在地里的香梨。每年9月收获的库尔勒香梨，在中秋节之前只销售20%左右，春节期间销售50%左右，剩下的30%在春节后销售。可以这么说，产于秋季的库尔勒香梨，大约有80%出现在冬春市场进行反季节销售。销售周期之所以这么长，主要得益于库尔勒香梨成熟的冷链系统。

20世纪90年代后期，随着种植规模的不断扩大，尤其是盛果期梨树的逐年增多，库尔勒香梨的年产量猛增到几十万吨(2012年预计产量达50万吨左右)。由于上市过于集中，每千克香梨的产地售价一度跌至四五角钱，个别种植户的香梨甚至无人收购。

2000年，库尔勒当地一位干练的果品经销商楚元新，凭借自己从事果品20年的丰富经验，决定成立专营水果冷链业的新疆拓普农产品有限公司。楚元新投入近4 000万元，建造了当时全国最大、储量达7 600吨的果品保鲜库，专门储存库尔勒市出产的香梨，把香梨的销售周期从两个月延长到12个月以上。在拓普的带动下，当地其他果品经销商也纷纷搞起了冷藏保鲜。现在，库尔勒香梨每年产量40多万吨，当地的冷库完全能够“吃下”当年的香梨。香梨下了树，梨农或批发商再也不用着急销路了，产地售价连年上涨，现在，库尔勒香梨冷藏保鲜技术已成为国家标准。

如何把香梨运出库尔勒、运出新疆，如何出口到欧美等地区，南疆铁路通车后，开通了铁路专用线路，利用冷藏车皮运输库尔勒香梨到内地或沿海港口。虽然铁路冷链灵活性和时效性不如汽车，不过单位运价更低，品质更能保证，在一定程度上保证了库尔勒香梨的品质。

改编自国际商报 2012-09-29

◈ 知识要点链接

一、农产品的仓储与保管

农业生产的大部分产品，特别是植物性产品，都是季节性生产，一年一次或一年两次收获，常年消费。这种特点决定了农产品的生产过程和消费过程之间存在一定的时间间隔，因此农产品的仓储保管问题就显得尤为突出。

(一)农产品储存期间易出现的损失

1. 由氧化而造成的损失

某些农产品，如毛、棉、麻、丝等天然纤维，由于长期接触阳光和空气，与氧发生化学作用，会使这些天然纤维褪色、变色、老化、脆化、分子链裂解造成纤维强度大大下降，这就是氧化。

氧化严重损害农产品的使用价值，进而影响其销售，造成损失。

2. 自燃而造成的损失

有些农产品，如粮食、棉花在氧化过程中产生热量，当热量达到一定程度时，会发生自燃，因此会带来损失。

3. 溶化造成的损失

有些农产品，当吸收水分达到一定程度时，就会发生溶化现象，部分或全部变为液体，造成损失。

4. 破损造成的损失

有些农产品如鸡蛋、鲜果、鲜花、蔬菜等，受到机械力的碰撞、挤压时便会破损造成货物的损失。

5. 虫害造成的损失

仓库害虫一般都有飞翔和爬行的能力，会爬进或飞进仓库而危害储存的货物。此外仓储的机械用具、包装、交通工具等，都可以成为仓库害虫的载体，将害虫由此地传播到彼地。

6. 鼠害造成的损失

老鼠喜欢啃咬多种农产品，会给储存的农产品造成损失。

7. 渗漏造成的损失

有些农产品，如食油、蜂蜜等，若包装破损或封闭不严，而使内装的货物漏出。

8. 由微生物引起的霉变造成的损失

与霉变有关的微生物主要有细菌、酵母菌、霉菌等。只要温度和湿度适宜，微生物就会在农产品中吸收蛋白质、脂肪等营养物，迅速繁殖，造成货物的变质或腐烂，失去其使用价值。

（二）农产品的保管方法

1. 常规储存

常规储存是指采用一般库房，不配备其他特殊技术设施的储存方式。其特点是简单易行，适宜储存含水分较少的干性耐储货物。常规储存应注意一是要通风，二是储存时间不宜过长。

2. 窖藏储存

窖藏是一种古老的蔬菜储藏方法，在我国已有 2 000 多年的历史，至今仍为广大农村普遍使用。按菜窖离地面的位置，可分为地上式、半地下式和地下式三种类型。避免阳光直射，窖身多为坐南朝北或坐西朝东。这是民间储存农产品的传统方法，可采用散堆、架堆、筐储。农产品之间应保持适当的空间距离，以利于空气流通和散热。

3. 堆藏储存

堆藏是我国广大农村最广泛和普遍采用的储藏方式。堆藏一定要选地势高、排水好的地方，将农产品如甘蓝、白菜、圆葱等直接堆积在地面上，表面用土和席子、秸秆等覆盖以防寒保温。由于在储藏过程中不便随时检查，为了避免在储藏中的腐烂损失，储藏前应进行严格的挑选，剔出有病和伤残的产品。

4. 通气库储藏

由于各地区的气候条件和地下水位高低有别，通气库的形式有地上式、地下式和半地下式三种。这类储藏库是具有良好隔热性能的永久性建筑，内设有灵活的通气系统，利用季节和昼夜温差，以通风换气的方式，引进库外低温空气，排除库内热空气，维持库内处于比较稳定低温的一种储藏方式。

5. 机械冷藏(冷库储藏)

机械制冷的工作原理是借助制冷剂的不断循环,把储藏库内的热传递到库外而使库内温度降低,并不断移去库内热源所产生的热而维持恒定的库温。冷藏时产品应先用适当容器包装,在冷藏室内按一定方式堆放,尽可能避免散储。机械储藏适宜储藏的蔬菜种类较多,是现阶段蔬菜冷藏应用较多的一种,其储藏量约占蔬菜冷藏总量的1/3。试验表明,绝大多数的根、茎、叶菜都适于储藏在接近于它们冰点的低温中。如将捆好的蒜装筐,每筐30捆约15千克,码叠成垛。在温度0℃左右,湿度90%以上的冷库或菜窖内,可储存100天左右。

6. 气调保鲜储藏

该方法是目前被公认的蔬菜保鲜技术中最为有效的先进方法。气调储藏是在机械制冷的基础上,对储藏环境中的气体成分加以调节,主要是降低氧气的浓度,增加二氧化碳的浓度,控制蔬菜的呼吸率,使它的呼吸降低到最低的代谢水平,又不出现异常的生命活动,以此来减少营养物质的消耗。气调储藏具有推迟蔬菜衰老,降低蔬菜对乙烯的敏感性,减轻或缓和某些生理失调病,降低腐烂率,控制储藏蔬菜发生虫害等很多优点。

我国应用较多的气调保鲜技术是薄膜包装技术。这种方法是利用蔬菜自身的呼吸作用,降低环境中的氧气浓度,增加二氧化碳的浓度。薄膜包装可减轻产品水分蒸腾,保护产品防止机械损伤,而且包装材料来源广、制造简单、保存方便、费用低,既卫生又美观,袋上还可印刷商标和说明,提高商品价值。所以,现今薄膜包装已广泛应用于储藏、运输和零售。

另一种方法是低压气调,即利用气调机械控制储藏环境的气体成分,将氧气浓度降为正常空气的10%。要想同样地降低氧气浓度,排除90%的空气即可。排除90%的空气后,气压也降至0.1。气调库经常更换空气还可以防治乙烯在库内的积聚,延长冷冻蔬菜储藏时间。此法保鲜蔬菜以蒜薹最佳,保鲜期可达7～10个月,储藏番茄能达3个月之久。

7. 辐射保鲜

辐照杀菌技术是利用放射线同位素钴60、铯157产生的γ射线或低能加速器放射出的β射线对包装食品进行辐照处理。将密封包装后的食品以2 500～5 000千拉德辐照,能使所有损坏食品的致病性微生物死灭,从而达到商品消毒目的。经研究证明,放射源辐射有效地阻止了储藏中作物的生长,控制了洋葱、蒜头的发芽,延长数种蔬菜的储期。微波杀菌就是用微波使水分子发生振动,利用分子产生的摩擦热进行杀菌,适用于导热不良的食品和因加热而易降低品质的食品,亦适用于以塑料类等包装的蔬菜汁、清凉饮料等食品。目前由于该技术的成本高和作物生产的季节性质,辐射只能作为蔬菜储存的一种辅助措施。

8. 电磁处理

电磁处理是近年来应用于果蔬储藏的一门新技术。果蔬采收后的一系列生理生化变化及衰老过程,其实质是电荷不断积累和工作的过程(主要是正电荷),通过空气中的负离子干扰果蔬表面的电荷平衡,即中和果蔬表面的正电荷,即可延缓其衰老过程。其次,利用臭氧具有极强的氧化能力,可使果蔬释放的乙烯被氧化破坏。再次,负离子和O_3(臭氧)对各种病原菌有强烈的抑制作用和致死效应。

二、农产品的物流配送

农产品物流中最关键的问题在于农产品配送,如何提高农产品的配送效率,降低农产品配送成本,是目前需要解决的重要问题。

(一)农产品物流配送的概念

农产品物流配送是指按照农产品消费者的需求,在农产品配送中心、农产品批发市场、连锁超市或其他农产品集散地进行加工、整理、分类、配货、配装和末端运输等一系列活动,最后将农产品交给消费者的过程。农产品配送的主体是指提供农产品配送服务的个体、组织或企业,主要包括农产品配送企业、农产品批发市场、农产品生产者和农产品生产者专业协会、农产品物流中心。

(二)农产品物流配送模式

1.以批发市场为主体的配送模式

以批发市场为主体的配送模式是以批发市场为核心,通过批发市场将农产品从上一级流通主体(如生产者、收购商、批发商、仓储企业等),经过供需双方的竞买竞卖,形成公平的价格,进行相对公平的交易,然后向下一级流通主体转移。农产品批发市场所反映的农产品价格也比较真实,能比较准确地反映农产品的供求状况。

2.以连锁超市为主体的配送模式

农户和商家签订意向性协议书,由农户向超市、菜市场和便民店直供农产品的新型流通方式,主要是为优质农产品进入超市搭建平台。"农超对接"的本质是将现代流通方式引向广阔农村,将千家万户的小生产与千变万化的大市场对接起来,构建市场经济条件下的产销一体化链条,实现商家、农民、消费者共赢。

3.以加工企业为主体的配送模式

农户或农产品生产基地将自己的农产品运往加工企业,通过加工后由加工企业再配送,或农产品加工企业将自己或别的基地的初级农产品和从农户手中收购来的农产品经过加工后进行配送。该模式可以借助企业品牌优势、渠道优势来提升旗下相关产品的附加值,实现优质优价。

(三)农产品配送的一般程序

1.进货

即组织货源,包括订货或购货,由农产品配送主体向生产者订货,然后由生产者供货。

2.储存

即按用户提出的要求,依据配送计划对购到或收集到的各种货物进行验收,然后分门别类地储存在相应的设施或场所之中,以备配货送货。

3.送货

包括搬运、配装、运输和交货等活动,其作业的程序为:配装—运输—交货。交货是配送作业的终结,在送货流程中除要圆满完成货物的移交任务外,还必须及时进行货款结算。

(四)农产品的主要运输方式

目前,我国的农产品运输通常有公路运输、海洋运输、内河运输、铁路运输、航空运输和联运等(图 8-4)。运输农产品的车辆尽可能做到专车专用,要具有防雨、防尘、冷藏保鲜设施,定期对运输车进行清洗消毒,最大限度地保持农产品新鲜度及避免在运输环节带来二次污染。

1.公路运输

公路运输是以各种汽车和公路为载体的运输方式。它具有灵活、迅速、方便、辐射面广的优势,运输过程中不需改换包装即可直接送达,实现门对门的运输,适合蔬菜这样的遍及广大

图 8-4　农产品运输方式

农村的时令性农产品的运输，因而在蔬菜运输体系中占据了主导地位。

2. 海洋运输

海洋运输主要是以大型远洋货轮为载体的运输方式。远洋运输成本低，较平稳，运量大，但是受自然条件尤其是台风海浪的限制，其连续性差、速度慢，中转、装卸环节多，易造成损耗，主要适用于农产品的对外出口运输。如我国对日本、韩国、东南亚等国家和地区的农产品出口主要就是采取远洋运输的方式。

3. 内河运输

内河运输与远洋运输相比较，主要是以内河船只和河道为载体的运输方式。这种运输方式对船舶的要求较低，适合各种船只的使用，大到万吨货轮，小到农家小船都可以作为运送农产品的工具。但是受河道和水量、降雨量等自然条件制约。内河运输同样具有成本低，运量大的优点，但是不适合远距离、大范围的农产品运输，适合近距离直线式的运输。在我国的长江、淮河、珠江、松花江、京杭大运河和江南水网比较发达的地区较多地采用这种方式运输。

4. 铁路运输

铁路运输是以火车和铁路为载体的运输方式。铁路运输的特点是运输量大、运费低、受季节变化影响小、连续性好，但是中间环节多(编组)，灵活性小。目前铁路运输仍然是农产品的一种主要运输方式，适合大宗农产品的中远距离运输。随着集装箱运输、直达运输、冷藏运输等多种运输技术的普及，铁路承载的农产品运输量将会进一步扩大。

5. 航空运输

航空运输是以飞机和机场为载体的运输方式。航空运输速度快、保质好、受损少，但是运费高、运量少、覆盖面小。空运适合新鲜、柔嫩、易受机械损伤的高档蔬菜和水果，有时也为特需供应使用(用于救灾的农产品)。目前，由于运费的原因，航空运输还不能用在更多的农产品运输上。

6. 联运

所谓联运，是指农产品从产地到目的地的运输全过程使用同一运输凭证，采用两种或两种以上不同运输工具的相互衔接的运送过程。如铁路与公路的联运、公路与水路的联运、江海联运等。国外普遍应用的联运方式是：把适用公路运输的拖车装于火车的平板车上或轮船内，到达终点站或港口时，把拖车卸下来，挂在牵引车后面，进行短距离的公路运输，直达目的地。联运可以充分利用运输能力,促进各种运输方式协作,简化托运手续,缩短途中滞留时间,节省运费。

农产品对运输方式的要求是载运量大、运费低、速度快、受季节和环境变化的影响小。目前,各种运输方式都有自身的优缺点,如公路运输方便,但振动大、运载力小、效率低。海洋运输运载量大、成本低,但易受地理条件限制,且航行受季节影响较大。内河运输成本低、运载量大、行驶平稳、震动损伤少,但速度慢。铁路运输运载量大、速度快、安全性好、受季节影响小,但没有铁路的地方,不能直接运达。航空运输优点是不受地形条件限制、运行速度快、途中损伤少,但运量少、运费高。

◈ 核心技能点

通过本项目的学习,认识配送的重要作用,能根据不同的农产品的特性,选择合适的配送方式,最大限度地保持农产品的品质、外观等。熟悉配送的途径,能够采用适当的配送方式,合理规划,掌控好最后的交接环节,保证农产品安全地送达到客户手中,直到客户满意接收货物。

◈ 实训活动

[案例分析]

北京顺鑫首联绿色物流有限责任公司成立于2003年9月,是由北京顺鑫农业股份有限公司和北京首联商业集团有限公司共同投资组建的物流配送企业。公司位于北京顺义区金马工业园区,占地面积190亩,紧邻北京首都国际机场。

一、经营情况

公司以"配送健康新生活"为经营理念,依托顺鑫农业绿色农产品生产加工基地和首联集团商业零售网络的优势,以完善投资方商业物流配送体系和农产品加工配送体系为目标,着力发展商品仓储配送、农产品加工配送业务,最终发展成为规模较大的、专业性强的物流企业,为客户提供全方位、高效率、一体化的第三方物流服务。该公司主要是为华普超市进行配送,包括十几家店,如航天桥、西罗园、华威桥、明光楼、地安门、广安门、昌平店、顺义店、涿洲店、通州店、高碑店、廊坊店、白佛店、万寿路、复兴路、东海店等。

二、作业流程

顺鑫物流公司有两个仓库,1号常温配送中心和2号生鲜加工中心。所有的货物都经过这样一个流程:经过预检组后入库,贴上入库标签,系统会自动记录货物数量和库存位置,紧接着,根据订单需求,系统会打印出库签.根据出库签,工人拣货,复核(两个组之间交接),分货,再次复核,发货,运送到华普的各大超市。

(1)预检组。预检组是整个仓库运作的源头,预检组的工作就是:当供货商送货过来,预检组的工作人员从预检处领取打印好的订货单和手持终端,与送货人员一起对送来的产品进行初步检验。

(2)装调组。装调组分为酒饮组、小食品组、副食品组、非副食品组,每个组都有固定的货架位置,对应的货物都放在对应的货架上,该组的负责人根据系统打印出来的出库签,分发给操作人员(具有开叉车证书相应人员)。

(3)发运组。发运组属于运输部的管辖下,运输部下设发运组,即负责门店配送的司机们以及安排发运的调度师傅,发运组负责分拣符合要求的产品和发运。另外在这里还有一名会计，主要负责与门店的财务核算以及第三方送货的交接。

(4)拆零组。拆零组所在的地方就像一个小型仓库，流程基本上差不多，但这里的电子化程度要高得多。这里使用的是电子货架，每两个电子货架中间会有一个传送带直接通往终端复核处。拆零组的工作是将整箱的商品拆散再重新包装。拆零组的工作人员先将客服部送来的出库签用电脑扫描进系统；然后通过系统确定电子货架上产品所在的位置，相应的货格会亮起红灯并显示要取得数量。此时，工作人员就可以根据红灯的位置和数量从整箱中取出零散的商品放到传送带上。直接用传送带送到下一个环节进行复核，由于需要拆零的商品绝大多数都是贵重产品，所以这个环节十分重要。最后就将需要包装的产品再重新包装起来，统一送到发货处。

请你根据上述案例分析：

(1)北京顺鑫首联绿色物流有限责任公司的经营优势和劣势各是什么？

(2)该公司面临的机遇和挑战是什么，企业应如何调整其物流战略？

改编于 blog. sina. com. cn　2007-04-26

◆ 阅读材料

国外农产品物流模式及其经验借鉴

一、国外农产品物流模式概况

世界级城市的农产品流通渠道大体可分为“市场流通”和“市场外流通”两部分。市场流通，即生产者直接或经过上市团体、货物收集者将农产品经各类批发市场集散、交易、形成价格后，经零售商、加工业者和大的消费团体将农产品最终转移到消费者手中的过程；市场外流通，则指农产品不经过批发市场交易而是经过全国农协、商社的集配中心、果蔬超市、生协径直转移到零售机构、消费团体或出售给个体消费者或者说是生产者、上市团体与零售业者、消费者直接交易的流通形态。世界农产品流通交易体制和农产品市场体系的形成，受各国社会体制、农业生产、经济发展水平等的影响而有所不同，当前，世界农产品物流模式可归纳为以下三种。

1. 东亚模式

日本、韩国是这种模式的主要代表，均以批发市场为主渠道，以拍卖为手段。以日本为例，目前，全日本共有88个由中央财政和地方财政投资的中央批发市场，年成交金额达6.2亿日元，1 513个多元化投资的地方批发市场，年成交金额达5.18亿日元。经由日本批发市场流通的蔬菜占81%，果品占72%。在批发市场从事蔬菜果品交易的客户中，通过农协或其他任意组合组织的上货量各占上货总量的59%和66.5%，而其他商人等则占总上市量的17.8%和20.1%。交易方法以拍卖为主。在大阪中央批发市场通过拍卖成交的果蔬比率高达90%以上。采用该模式的国家农产品流通主要呈现出以下特点：① 流通渠道环节多，流通成本较高，其流通过程表现为“生产者—上市团体—批发商—中间批发商—零售店—消费者”，这样其利润也分配不均；②流通规范化、法制化、效率高。

2. 西欧模式

法国、德国、荷兰等国是这种模式的主要代表。西欧模式的批发市场与东亚模式相比，批发市场流通比例较小，而且大多数大型批发市场仍然坚持公益性原则，如法国就指定了全法的23所批发市场为国家公益性批发市场。与此同时，这些国家的农产品批发市场形式也有所不同，农产品直销比例呈现出不断上升趋势，如在法国巴黎郊外设立的一个批发市场——汉吉斯国际批发市场，由于鼓励发展产、加、销一体化，并将产前、产后相关企业建立在农村，巴黎的农产品直销比例呈现出不断上升的趋势。另外由于西欧国家市场信息网络发达，地域内、国家间的农产品贸易十分活跃，进出口产品在批发市场中也占据一定比率。其国家农产品流通主要呈现出以下特点：①鼓励发展产、加、销一体化，并将产前、产后相关企业建在农村；②建有完善的现代化大型公益性农产品批发市场；③农产品实行标准化生产。

3. 北美模式

美国、加拿大和澳大利亚是这种模式的主要代表。北美模式的直销体系很发达，农产品销售均以直销为主。如美国农产品市场体系的特点是，粮食类期货市场发达，果蔬类产地与大型超市、连锁经销网络间的直销比例约占80%，经由批发市场流通销售的仅占20%左右。由于这些国家零售连锁经营网络和超级市场的发展，使其零售商的规模和势力不断壮大，要求货源稳定、供货及时，产地直销的流通形式也应运而生，在这些国家中大型超市、连锁经销的零售商左右着农产品的交易。如美国纽约农产品的供应就没有集中于城郊附近，而是来自遥远的专业化生产区域，农产品流通交易大部分是由产地直接出售给零售商。发达的高速公路网络和现代化的运输保鲜设施，也为纽约实现产地直销提供了重要的技术保障。其国家农产品流通主要呈现出以下特点：①产地市场集中；②销地批发市场分布在大城市；③流通渠道短、环节少、效率高；④服务机构齐全；⑤现货市场与期货市场并举，市场交易以对手交易为主。

二、经验借鉴

当前我国农产品物流与国外发达国家还有很大差距，改善目前我国农产品物流落后状况，提高我国农产品物流效率，促进其迈向现代化，我国还需借鉴国外经验，采取以下措施：

1. 加快农产品物流基础设施的投入

为实现农产品的顺畅流通，我国需要良好的包括农产品批发市场、仓储、交通运输条件和工具等基础设施支持，其中重点应完善批发市场的功能，提高批发市场的档次，在全国大中城市和主要产区建设一批布局合理、交易方式先进、功能齐全、安全卫生的骨干批发市场；积极发展连锁超市、直销配送等新型流通组织，建立多层次、多业态、多种经营方式的农产品市场体系；加快农产品的储藏、加工、运输、配送等物流设施建设，建立现代化的农产品物流服务体系；在资金来源上，应学习日本经验，采取多种形式，鼓励个人、集体、政府等多渠道资金投资农产品流通设施建设。

2. 培育和壮大农产品物流主体

我国应通过体制创新，改造、培育与壮大农产品物流主体，降低流通成本，将农产品从农户或产品生产企业直接放到零售商的货架上，甚至是消费者的菜篮子里。重点培育规模化经营的批发商，使其在农产品物流发展中发挥重要作用。如美国的批发市场，每个市场的批发商虽不多，但他们的经营活动都是大规模的，几乎垄断了美国的蔬果流通，这将使其能承担市场竞争中市场变化的风险。因此，我国有意识地培育农产品物流主体，重点壮大一批具有承受市场变化压力的大型批发商，将能有效地组织产销衔接，促进农产品流通顺畅。

3. 加快农产品物流的信息化建设

面对全国逐步开放的农产品大市场大流通格局，需要在科学准确的市场信息指导下发展农产品生产，地方政府相关部门有必要强化规划协调作用，以市场为导向，做好农产品市场交易信息采集和发布工作，建立农业生产科技和新产品开发信息的普及、指导、规划组织一条龙的信息交流和服务体系。在原有农村经济信息系统的基础上，加强市场信息硬件基础设施建设，实现生产者、销售者计算机联网，信息共享。对物流各环节进行实时跟踪、有效控制与全程管理，并逐步搞好农产品信息处理与发布工作以及市场信息咨询服务，建立农产品物流信息管理系统。

4. 加快农产品物流标准化进程

在包装、运输和装卸等环节，推行和国际接轨的关于物流设施、物流工具的标准，如托盘、货架、装卸机具、条形码等，不断改进物流技术，以实现物流活动的合理化。重点应联合有关部门制定全国统一的相关农产品质量标准，包括：理化指标、感官指标、安全食用指标、鲜度指标等，并对产地进行大气环境测试、土壤成分测试、水资源测试，控制农药使用，以加速农产品流通。

5. 优化农产品物流管理的组织结构，提高流通效率和行政管理效率

建立农产品批发市场体系是一项系统工程，日本、欧美等国家经过了几十年、甚至上百年的发展，才形成了从农产品生产到流通一整套的理论和体制，基本上实现了经营规模化，功能综合化，资本股份化，市场开设和经营管理分离化。值得我们参考的一条重要经验就是：发达的市场经济国家都将农产品的生产管理、产后加工、安全卫生、上市运销、零售消费等的生产和流通诸环节的行政管理职能，归口于农业行政管理部门。如日本，在全国层面上由农林水产省流通局负责农产品的流通行政管理，在省、市级层面上由地方农林行政部门的流通室负责行使职能。在美国和法国农产品流通行政管理职能也由农业行政管理部门负责。事实证明，这种管理体制符合市场经济条件下的农产品生产与流通一元化的运行原理，也符合农产品商品化生产经营的规律，可减少政出多门，充分发挥农业行政部门的管理与服务职责，提高行政管理效率。

6. 立法建章，加快制定和完善相关法规

日本于 1921 年颁布了《中央批发市场法》，将中央批发市场的开设、管理、交易等纳入了法制轨道，并于 1971 年又修订了该法，将地方批发市场也纳入了法制轨道，进一步确立了以批发市场流通为主的农产品物流地位。以后每隔 5 年修订一次，各地方政府和有关部门依照该法制定具体地方性法规和市场运行规则。我国也应尽快制定《农副产品批发市场法》和《农副产品批发市场标准》等相关法规，对我国农副产品批发市场的市场规则、市场准入制度、软硬件设施管理以及违规处罚等问题做出明确规定，将农副产品批发市场的管理纳入法制化轨道。

7. 建立中国式的农产品物流组织机构

我国要建设现代化的农产品流通体系，没有一个规范化的物流组织机构，就会直接影响到批发市场的规范化、现代化建设。根据日本的经验，可以组建起中国式的农协流通组织机构，可以引导农民自发地组织，也可以由批发市场协调组织农户成立流通组织协会，也可以由批发市场直接参与流通组织协会。总之，加强物流组织机构的建设，不仅能够形成规模化的集货、送货体系，而且对形成现代化的农产品流通体系，建设规模化的农产品批发市场都会起到积极的重要的作用。

改编于上海农业网　2013-07-31

我国生鲜物流发展与信息化需求

近年来所发生的食品安全问题，让各级政府和机构高度重视食品安全性。生鲜食品加工和流通关系到每一位消费者的生活和健康，生鲜食品安全越发备受关注。经过10余年的探索和发展，我国的生鲜食品加工和冷链物流取得了一定的进展，但同国际标准还相距很远，对生鲜物流的认识程度以及对其信息化需求的理解和掌握都存在一些偏差。对这些问题的分析和指导，有利于我国生鲜物流的顺利发展。

一、我国生鲜物流发展的现状与趋势

我国超级市场经营生鲜食品以来，生鲜加工以及销售方式从农贸市场逐步向更加安全、可靠的超级市场转变。果蔬、肉类、禽蛋和水产品等农副产品的品质、安全性、新鲜度等越来越受到消费者的关注，生鲜物流也越来越受到大家的重视。

近几年，有实力的连锁超市和连锁餐饮企业都建立了自己的生鲜加工和物流中心。成立于2003年9月的北京顺鑫首联绿色物流有限责任公司，以“配送健康新生活”为经营理念，依托顺鑫农业绿色农产品生产加工基地和首联集团商业零售网络的优势，不断完善商业物流配送体系和农产品加工配送体系。公司生鲜加工配送中心规划建筑面积10 000米^2，按照HACCP体系进行设计，集蔬菜、肉类、水果、水产品等农副产品加工配送为一体，建成后可加工80多个品种，年加工能力达20 000多吨。

2006年新年伊始，北京京客隆超市连锁集团有限公司投资亿元打造的低温供应链配送系统及生鲜食品配送中心正式投入使用，生鲜食品配送中心占地30亩，一期工程包括2 432米^{2}的蔬果恒温加工配送中心、日分切加工处理250头猪的肉类分切加工中心和储存能力为600吨的冷库。二期包括冷冻食品集中配送车间及三期的主食厨房加工基地。

山东家家悦超市有限公司在生鲜经营方面，投资3 000多万元建成了20 000米^{2}的生鲜配送中心，进行生鲜的“统一采购、统一加工、统一配送。”为了突出经营特色，强化生鲜管理，保证超市生鲜食品的安全，企业从生鲜食品的采购、加工到销售，全部实行自主经营，并建立了无公害蔬菜生产基地，与农户签订种植协议，积极发展订单农业，利用物流优势，打开农副产品的销售渠道。2005年家家悦的生鲜产品销售额占到了总销售额的26%，达到了12亿元。

2009年7月2日上午，利群集团胶州物流三期正式奠基，生鲜物流配送中心总面积3.4万米^2，预计年配送额将达到12.4亿元，年配送数量13.59万吨。届时将着力打造专业的生鲜物流配送中心，解决市民菜篮子的“保鲜”问题和安全问题。

另外，如全聚德、草原兴发、小肥羊等有实力的连锁餐饮企业，都建立了自己的加工配送中心，肉品都需在生鲜加工配送中心进行二次检验、加工，确保食品新鲜安全。

然而目前生鲜物流配送的信息化问题，却困扰了众多企业。特别是生鲜加工过程的专业化及专业化设备，以及连锁总部、分销和客户等系统的衔接等问题，还需要深入的研究和探讨。

二、生鲜物流的经营模式

按照国家物流术语标准，农产品冷链物流系统指的是以农产品全程恒温为中心，从农产品的采收开始，经过分级、包装、收购、分配到运输、销售，每一个环节都在较适宜的低温条件下运行的一种物流供应链。

从整体农产品冷链看，它是一个销售过程所伴随的加工和物流过程；从生鲜产品的经营模式看，可以是自产自销、批发分销和零售；从生鲜加工和物流的过程看，需要专业化的手段，又

涉及农产品的属性和加工特点；从生鲜物流的模式看，可以是企业内物流、分销物流和第三方物流。

企业内生鲜物流是指由企业有关部门负责对生鲜产品进行多品种、少批量的采购，经过生鲜物流配送中心进行生鲜加工后，再进行配送到各销售网点的物流模式，如连锁超市的生鲜物流。这种模式的物流特点是物流配送中心只为自己的企业服务，即只有一个货主，而配送的客户则为自己企业的多个网点或加盟本企业的多个网点，物流配送中心一般不涉及销售价格的管理。生鲜分销物流是指将企业自产或采购的农产品，在生鲜物流配送中心进行生鲜加工后，再配送给销售的客户。该模式的特点是，企业与配送的服务对象之间是销售的关系，需要在处理过程中，考虑客户的销售价格、信誉度等因素，在产品不足时进行相关的产品分配，同时需要考虑客户的结算等问题。第三方生鲜物流是指仅仅为委托的客户提供生鲜加工和相应的配送业务，即按照客户的指令进行收货、保管、加工、配送等。这种模式的特点是要考虑该企业要为多个委托客户进行服务，不用考虑产品的价格和被配送客户的结算等问题，只对委托企业收取仓储费、加工费和配送费，需要具有收费计费的功能。

三、生鲜物流的主要加工流程

生鲜加工配送中心是根据各个下游客户的生鲜订货内容，统一向产地、供应商或自采的渠道采购订货，经由配送中心统一验收、加工、称重、包装、贴标，并且快速准确地将商品配送到各个客户，在配送中心中属于专门进行处理生鲜食品的专业型加工配送中心。

其特点表现在其有着独特的运作方式、多品种少批量的物流配送要求，以及众多的配送客户，需要具有很强的订单接收和处理能力；由于生鲜产品的保质期很短，有些商品要求一天配送3～4次，要求系统的效率也很高；由于生鲜商品的新鲜度要求，配送服务的半径较小，需要在短时间内将商品配送到目的地；生鲜商品要进行分类加工等活动，需要具备很强的加工能力，尤其是对产品的加工和包装有着非常严格的要求，还要考虑温度的控制和食品的检验等环节；由于生鲜产品的加工和配送都要在低温下进行，属于低温物流，对加工时间和配送时间的要求高，要求加工配送具有强大的快速处理能力；由于生鲜配送中心需要进行相应的加工处理，对卫生条件的要求比较严格，环境废弃物等需要特殊处理，涉及一些专业性强的设施和设备。

生鲜物流的加工流程主要可以分为：入库验货、冷藏或冷冻储存、开捆或解冻、清洗、脱水、切割加工（切片、切丝、切丁）、杀菌清洗、脱水、包装、金属检测、计量贴标、分拣和出货等环节。

生鲜物流所涉及的主要加工设备有：分割设备、自动包装设备、金属探测仪、包装机、不锈钢设备、畜产加工设备、水产加工设备、农产加工设备、净菜和配菜设备、熟食设备、清洗消毒设备、计量和贴标设备、冷藏运输设备等。

四、对生鲜物流信息化需求的分析

由于生鲜物流的经营模式多样，加工和物流过程复杂，在信息化需求方面所要考虑的问题也比较多。因此，要考虑好以下几个方面的问题：

1.运营模式问题

上面所提到的三种生鲜物流的经营模式，一定要根据企业的情况进行具体的分析，因为每一种情况在系统的架构方面都不同，一旦确定后在处理的过程中出现问题，则很难重新架构。还要考虑到是单独的配送中心系统，还是区域总部（营销）以及全国的总部与单物流配送中心或多物流配送中心的组织形式，更复杂的情况还要考虑不同配送中心的配送区域划分和中心的替代以及产品的客户覆盖等问题。

2.生鲜物流的运营规律和特点

生鲜物流具有独特的运营规律和特点，如不仅仅需要订单的汇总、进行库存匹配、采购、下达加工任务单等，还要考虑提前进行商品的加工，提前下达加工的品种和加工的数量，以及非固定数量包装、集货时的例外情况和分拣、发货等环节的处理，会存在库存(DC)型、加工(PC)型和通过(TC)型配送中心的复合集货形态，因为具有加工管理功能，还要考虑产品的配方表(BOM)、损耗等，还有配送线路的灵活确定和配送时间的严格要求，特别是周转箱的回收处理等，都需要信息系统的支持。

3.系统的架构和功能

生鲜物流配送系统是企业信息化管理的一部分，连接着总部的采购、销售、财务、人力资源以及客户等系统，由于在不同的地点和区域，要考虑系统采用分布式或集中式，采用C/S还是B/S等架构。从功能方面看，成本核算方式是采用加权平均还是先进先出的方式，按照批次和产品的保质期管理也非常重要；还有商品的季节性、称重商品的管理等。

4.与其他系统和加工设备的数据接口

生鲜物流配送系统不但需要与外部的总部、客户，以及财务、人力资源等系统进行数据的交换，还要与系统内部的条码手持终端、加工设备、称重和贴标设备进行数据通信；有些设备需要批处理，有些设备要实时处理。还有配送系统管理中与车辆GPS、温度检测仪等设备的接口，并做相应的数据处理。

5.配送过程的控制和数据反馈

配送过程是一个繁琐的过程，需要对自有和外包车辆进行记录和管理。要能根据每日配送的数量和地点来选择需求的车辆种类和数量以及配送的线路；要监控配送车辆位置和配送时间的准确性以及监控车厢的温度；对外包车辆能够做不同计费方式的统计，如按照吨千米计费或按照配送的商品重量、货值等方式计费。同时，信息系统还要能灵活处理配送回单和退回商品等情况。

五、生鲜物流的展望及对信息系统的更高要求

随着人民生活水平的不断提高，人们对食品的安全和新鲜度、营养的要求会越来越高，自然对生鲜物流的发展会提出更高的要求。人们对食物消费趋向多样化、优质化、营养化、方便化，新鲜蔬菜、水果、水产品的消费量会日益增加，速冻食品的消费量也会迅速增长，配餐食品业快速发展。由此，对生鲜物流配送的信息化依赖性越来越强，需求也增多，如消费者所关注的营养饮食，要对有关食品做出营养标识和营养搭配；还会发展生鲜食品和配餐的家庭配送，需要系统能够对各个客户家庭的饮食结构和喜好、消费数量、营养以及各种疾病的禁忌等进行科学、合理的组织和管理等。

改编于中国电子商务研究中心　2010-06-25

参考文献

[1] 王静.农村财务管理.北京:中国社会出版社,2010.

[2] 牟少飞.我国农产品质量安全管理理论与实践.北京:中国农业出版社,2012.

[3] 赵宪军.农产品经纪人知识讲座.北京:中国劳动社会保障出版社,2012.

[4] 上海市标准化研究院.农产品市场准入指南.北京:中国计量出版社,2005.

[5] 陶益清.农民经营决策技巧.北京:中国农业出版社,2006.

[6] 郑小兰.农产品经纪人(中高级)实务.杭州:浙江大学出版社,2013.

[7] 赵磊.农产品经纪人培训教程.北京:中国农业科学技术出版社,2012.

[8] 中华全国供销合作总社职业技能鉴定指导中心.农产品经纪人基础知识.北京:中国财政经济出版社,2006.

[9] 中华全国供销合作总社职业技能鉴定指导中心.农产品经纪人高级技能知识.北京:中国财政经济出版社,2005.

[10] 中华全国供销合作总社职业技能鉴定指导中心.农产品经纪人中级技能知识.北京:中国财政经济出版社,2005.

[11] 蒋珠燕.农产品经纪人实务.苏州:苏州大学出版社,2012.

[12] 李志荣.农产品经纪人业务技能.长春:吉林人民出版社,2010.

[13] 梁红波.现代推销实务.北京:人民邮电出版社,2010.

[14] 汪彤彤.商务口才实用教程.北京:中国人民大学出版社,2011.

[15] 刘燕.商务谈判技巧.北京:人民邮电出版社,2010.

[16] 王若军.谈判与推销.北京:清华大学出版社,2010.

[17] 汪泉.农村网络基础与农产品网络营销.郑州:黄河水利出版社,2012.

[18] 李志荣.农产品经纪人业务技能.长春:吉林人民出版社,2010.

[19] 钟声.30个可复制的网上开店成功案例.昆明:云南科技出版社,2009.

[20] 王宜.赢在网络营销.北京:人民邮电出版社,2011.

[21] 袭宝仁.市场调查与预测.北京:航空工业出版社,2012.

[22] 王宜.赢在网络营销.北京:人民邮电出版社,2011.

[23] 王珍.WTO与农产品国际竞争力.北京:中国经济出版社,2004.